中经金课会计专业精品课程

新时代高等教育创新型教材

成本管理会计
Cost Management Accounting

主　编　王　冰　张宏艳　陈小英

副主编　古怡源　武花勇

中国经济出版社

图书在版编目（CIP）数据

成本管理会计 / 王冰，张宏艳，陈小英主编. --
北京：中国经济出版社，2024.8. --（中经金课会计专
业精品课程 / .）. -- ISBN 978-7-5136-7871-1

Ⅰ.F234.2

中国国家版本馆 CIP 数据核字第 2024DU7380 号

选题策划	雷　生
责任编辑	彭　欣
责任印制	马小宾
封面设计	牧野春晖

出版发行	中国经济出版社
印 刷 者	北京富泰印刷有限责任公司
经 销 者	各地新华书店
开　　本	889 mm × 1194 mm　1/16
印　　张	16
字　　数	451 千字
版　　次	2024 年 8 月第 1 版
印　　次	2024 年 8 月第 1 次
定　　价	59.00 元

广告经营许可证　京西工商广字第 8179 号

中国经济出版社　网址 www.economyph.con　社址 北京市东城区安定门外大街 58 号　邮编 100011
本版图书如存在印装质量问题，请与本社销售中心联系调换（联系电话：010-57512564）

版权所有　盗版必究（举报电话：010-57512600）
国家版权局反盗版举报中心（举报电话：12390）　服务热线：010-57512564

前言 PREFACE

随着组织规模的扩大和经营管理环境的动态化发展，企业只有提升自身的管理水平，才能适应时代发展的需要。成本管理是企业管理的一个重要组成部分，对于促进增产节支、加强经济核算、改进企业管理、提高企业整体管理水平具有重大意义。成本管理会计是本科院校财务管理专业的核心课程之一，是财务管理专业人才培养知识体系的主要组成部分。

本书紧紧围绕应用型本科院校财务管理专业人才的培养目标，以素质教育为基础，结合理论知识与实务能力的传授与培养，在继承国内现有成本管理会计教材优秀成果的基础上，融合了国外成本会计教材的先进成果，全面论述了成本管理会计的基本理论与实务方法。

本书具有以下几个特点：

（1）内容新颖，与时俱进。本书依据我国最新的法律法规，力求阐述《企业会计制度》的新内容，并结合成本管理会计岗位工作流程的实践情况推陈出新，重点介绍了我国工业制造业企业的产品成本核算方法。同时，本书吸收了理论界和实际工作中的最新成果及实践经验，体现了与时俱进的特色。

（2）重点突出，针对性强。本书针对应用型本科院校财务管理专业学生紧跟企业产品成本核算制度改革步伐的学习要求，以工业制造企业发生的经济业务事项为基础，重点突出了对成本会计岗位业务知识的介绍。

（3）案例经典，操作性强。本书选用的案例大部分源于实践，通俗易懂。每章后都附有复习思考题，增强了教材的实践操作性。

本教材响应党的二十大报告中"推进教育数字化，建设全民终身学习的学习型社会、学习型大国"的精神指示，编写了与教材配套的课程大纲、教案、教学课件、教学视频、配套习题和期末考试参考试卷等电子学习资料，使得教材更具及时性、丰富性和适应性等特征，使读者学习时更轻松、更有趣，促进了碎片化学习，提高了学习效果和效率。

　　本教材由长沙师范学院王冰副教授负责主持编写，湖南信息学院黄桂英副教授审阅了全书并提出了宝贵意见。长沙学院邓中华教授为本教材内容的确定、架构的确立提供了建设性意见。本教材的编写得到了长沙师范学院经济管理学院领导和财务管理教研同人的大力支持。另外，在编写本教材的过程中，编者参考、引用和改编了国内外出版物中的相关资料以及网络资源，在此表示深深的谢意！

　　由于编者水平有限，加之时间紧迫，书中难免存在疏漏与不足，恳请各位读者批评指正，以使教材日臻完善。

编　者

2024 年 3 月

目录 CONTENTS

第一章 总论 ··· 001
 第一节 成本与费用 ··· 002
 第二节 成本管理会计的概述 ··· 006
 第三节 成本核算的原则和要求 ·· 009
 第四节 成本核算的主要会计账户和一般程序 ·· 013

第二章 生产费用的归集与分配 ·· 017
 第一节 要素费用的归集与分配 ·· 018
 第二节 辅助生产费用的归集与分配 ·· 028
 第三节 制造费用的归集与分配 ·· 036
 第四节 生产费用在完工产品与在产品之间的归集与分配 ··· 039

第三章 产品成本计算的基本方法 ··· 050
 第一节 产品成本计算方法概述 ·· 051
 第二节 产品成本计算的品种法 ·· 053
 第三节 产品成本计算的分批法 ·· 062
 第四节 产品成本计算的分步法 ·· 069

第四章 产品成本计算的辅助方法 ··· 085
 第一节 产品成本计算的分类法 ·· 085
 第二节 产品成本计算的定额法 ·· 089
 第三节 联产品和副产品的核算 ·· 096

第五章 成本会计报表的编制与分析 ·· 102
 第一节 成本报表编制与分析概述 ··· 103
 第二节 产品生产成本表的编制与分析 ··· 106
 第三节 主要产品单位成本表的编制与分析 ·· 110
 第四节 各种费用报表的编制与分析 ·· 113

第六章 成本性态及本量利分析 ··· 119
第一节 成本性态 ··· 119
第二节 本量利分析 ··· 126

第七章 变动成本法 ··· 136
第一节 变动成本法概述 ··· 137
第二节 变动成本法与完全成本法的比较 ··· 138
第三节 变动成本法的优缺点及应用 ··· 142

第八章 作业成本法 ··· 145
第一节 作业成本法概述 ··· 146
第二节 作业成本计算 ··· 151
第三节 作业成本控制 ··· 156

第九章 质量成本管理 ··· 166
第一节 质量成本概述 ··· 167
第二节 质量成本核算与控制 ··· 172
第三节 质量成本报告与分析 ··· 173

第十章 成本计划 ··· 179
第一节 成本计划概述 ··· 180
第二节 成本计划编制的方法 ··· 185

第十一章 成本控制 ··· 198
第一节 成本控制的基本原理 ··· 199
第二节 标准成本控制 ··· 201
第三节 责任成本控制 ··· 211
第四节 目标成本控制 ··· 216

第十二章 战略成本管理 ··· 230
第一节 战略成本管理概述 ··· 231
第二节 战略成本管理的方法 ··· 237
第三节 战略成本管理的具体措施 ··· 247

参考文献 ··· 250

第一章 总论

ITEM 1

教学目标

○ 了解成本的定义与作用；
○ 熟悉费用的含义及分类；
○ 掌握成本管理会计的对象、职能；
○ 掌握成本核算的基本原则和一般要求；
○ 掌握成本核算的主要会计账户设置和一般程序。

知识导航

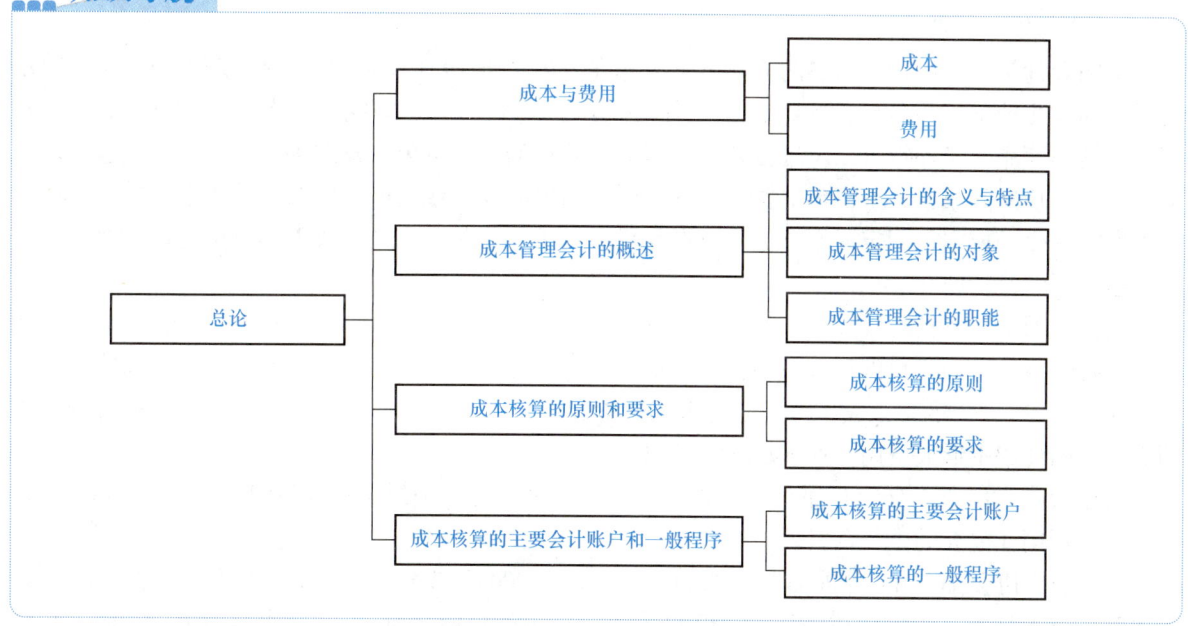

企业是以盈利为目的，运用各种生产要素（如土地、劳动力、资本、技术等）向市场提供商品或服务，实行自主经营、自负盈亏、独立核算的法人或其他社会经济组织。盈利是企业赖以生存和发展的基础，成本是影响企业盈利水平的一个重要因素，也是一个能够引起企业利益相关者密切关注和重视的问题。如何向各利益相关者提供相关的成本信息，已经成为现代企业会计的重要议题。本章作为成本管理会计的总论，主要阐述了成本管理会计的基本概念和基本理论。

第一节　成本与费用

一、成本

(一) 成本的定义

人们从事的生产、生活、学习等一切社会活动，都要耗费人力、物力、财力、信息等资源。这些为达到特定目的所消耗的资源，就是成本。成本在人类社会中无处不在、无时不有。人们为了生活、学习的需要而发生的成本，在社会经济活动中意义不大。在自然经济社会中，社会生产是为了直接满足生产者个人或经济单位的需要的自然生产，所发生的成本在社会经济活动中意义也不大。在商品经济社会中，社会生产是直接以交换为目的的商品生产，商品生产者只有使自己的产品在市场上交换成功，才能取得相应的经济利益，因此，商品生产中发生的成本作为商品价值的组成部分，在社会经济活动中举足轻重。随着商品经济的不断深入发展，人们对成本的认识和研究的视角也千差万别，因此，成本定义的内涵和外延不断演绎。

成本定义有广义和狭义之分。

1. 广义的成本定义

美国会计学会（AAA）所属的成本概念与标准委员会于 1951 年提出："成本是指为了达到特定的目的而发生或应发生的价值牺牲，它可用货币单位加以衡量。"即成本是指企业制造产品、取得存货、销售商品、对外投资以及进行各项管理活动耗费的能以货币计量的各项资源，不仅包括产品成本，还包括期间成本；不仅包括实际成本，还包括可能发生或应该发生的预计成本、进行预测和决策所需的变动成本、固定成本、边际成本和机会成本。因此，广义的成本不只单纯地涉及会计核算职能，还涉及管理。

美国注册会计师协会（AICPA）在 1957 年发布的《第 4 号会计名词公报》中提出："成本系指为获取货物或劳务而支付的现金或转移的其他资产、发行股票、提供劳务或发生负债而以货币衡量的数额。"按照这个定义，成本可以分为未耗成本和已耗成本。未耗成本形成资产，列示在资产负债表中；已耗成本形成费用，列示在利润表中。

美国会计学家查尔斯·T. 亨格瑞等在《成本与管理会计》中提出："成本是为了达到某一种特定目的而耗用或放弃的生产资料。"

中国成本协会（CCA）在 2005 年发布的 CCA2101：2005《成本管理体系·术语》标准第 2.1.1 条中提到"成本是为过程增值或结果有效已付出或应付出的资源代价"，即成本是过程中（输入和输出转化中）的一组资源消耗的总和，是换取过程增值或结果有效的代价。

2. 狭义的成本定义

卡尔·马克思在《资本论》中指出："按照资本主义方式生产的每一个商品 W 的价值，用公式表示是 $W = C + V + M$。如果从这个产品价值中减去剩余价值 M，那么商品中剩下的只是一个生产要素上耗费的资本价值（$C + V$）的等价物或补偿价值……商品价值的这个部分，即补偿所消耗的生产资料价格和所使用的劳动力价格的部分，只是补偿商品使资本家自身耗费的东西。所以，对资本家来说，这就是商品中的成本价格。"即成本指的是生产成本。

马克思从耗费和补偿两个方面对成本进行了论述。从耗费的角度看，成本是商品生产中所消耗的物化劳动和活劳动中必要劳动的价值，即 $C+V$ 的部分，它是成本最基本的经济内涵；从补偿的角度看，成本是补偿商品中生产资本消耗的价值尺度，即成本价格，它是成本最直接的表现形式。成本是已耗费而又必须在价值或实物上得到补偿的支出。因此，产品成本是指企业为生产一定种类和数量的产品所消耗而又必须补偿的物化劳动和活劳动中必要劳动的货币表现，这种由 $C+V$ 构成的成本称为理论成本。需要注意的是，虽然马克思是基于资本主义社会研究成本的，但它同样适用于社会主义商品生产领域，对于成本的理论研究和成本管理都具有重要意义。

可见，在商品生产条件下，耗费和补偿是对立统一的。任何耗费总是个别生产者的事，而补偿则是社会的过程。耗费要求得到补偿和能否得到补偿是两件不同的事情。由于理论成本不考虑生产经营活动中偶然因素和异常情况的消耗，只对"正常"的物化劳动和活劳动消耗进行货币计量，所以它是抽象的，无法直接计量。

在成本管理会计实务中，企业计量取得产品的成本是应用成本，也就是实际成本、制度成本或财务成本，它是理论成本的具体化，是按照现行国家成本制度规定的成本开支范围，以正常生产经营活动为前提，根据生产过程中实际消耗的物化劳动的转移价值和活劳动所创造价值中应纳入成本开支范围的那部分价值的货币表现。

我国《企业会计制度》对成本所下的定义为："成本是指企业为生产产品、提供劳务而发生的各种耗费。"根据《企业产品成本核算制度》规定，制造企业的产品成本包括采购成本、加工成本和其他成本。

（1）采购成本。采购成本包括产品生产过程中实际消耗的各种原材料、辅助材料、备品配件、外购成品、周转材料等从采购到入库前发生的全部支出。

（2）加工成本。加工成本包括直接人工和制造费用。直接人工是指直接从事产品生产的人员的职工薪酬；制造费用是指企业为生产产品而发生的各项间接费用，包括生产部门发生的机物料消耗、管理人员的职工薪酬、折旧费、租赁费、办公费、水电费、季节性和修理期间停工损失等。

（3）其他成本。其他成本是指除采购成本、加工成本以外的，使产品达到预定可销售状态所发生的其他支出。

需要指出的是，应用成本是历史范畴，往往受国家经济工作方针政策和当期生产经营条件变化等客观因素的影响。随着国家宏观管理政策和经济体制的变动，应用成本在构成内容和范围上也需不断调整。

（二）成本的特征

根据成本的定义，可以看出成本具有下列两个特征：

1. 成本是资源转化的量度

在商品经济社会里，企业要获得一项资源，必然要以牺牲另一项资源为代价，这是价值规律的基本要求。成本没有独立的存在形式，必须依附特定的资产或劳务而存在，离开了特定的资产或劳务谈成本是没有意义的。成本核算只是用来说明企业为获得一项资产或一项劳务而付出了多少代价，因此，成本是资源转化的量度。

2. 成本不会减少所有者权益

由于成本是企业资源转化的量度，所以，企业发生成本，并没有发生资源的纯耗费，而是资源从一种形态转变成了另一种形态，企业总的资源并未发生变化，因而不会减少所有者权益。

（三）成本的作用

在经济管理中，成本是一项重要的经济指标，并具有十分重要的作用：

1. 成本是衡量企业简单再生产的尺度

市场经济中的企业是自主经营、自负盈亏的经济实体，为了维持再生产的不断进行，必须用自身的生产经营收入来补偿生产经营的耗费。而生产经营的耗费通常是由成本来反映的。只有生产经营过程中发生的成本悉数得到补偿，才能保证简单再生产的正常进行。因此，成本作为补偿尺度对衡量企业简单再生产具有重要意义。

2. 成本是制定产品价格的基础

商品的价值由三个部分组成：一是生产过程中已消耗的生产资料价值；二是劳动者为自己劳动所创造的价值；三是劳动者为社会劳动所创造的价值。在这三个部分中，前两个部分构成产品，也是商品价值的基本部分。企业在制定商品价格时，只有商品价格高于其应补偿的费用和成本，才能获得利润。虽然在制定价格时，还需要考虑国家的价格政策、产业政策和经济政策，以及产品比价关系、市场供求关系、竞争对手的定价策略等诸多因素，但不论怎样，成本的高低总是值得重视的一项重要因素。

3. 成本是企业进行生产经营决策的重要依据

在市场经济条件下，企业只能依靠不断提高经济效益来增强自身的竞争能力。为了提高经济效益，企业必须及时进行正确的生产经营决策，而在制定生产经营决策时，需要考虑的因素很多，其中一个重要方面就是成本。因为在市场经济条件下，企业的竞争主要是产品（劳务）价格与质量的竞争。只有降低成本，才能降低产品的销售价格，从而有可能提高市场占有率，扩大销售量，取得较好的经济效益并提高企业的市场竞争能力。因此，成本是企业进行生产经营决策的重要依据。

4. 成本可以综合反映企业的工作质量

成本是企业为生产特定产品（或提供劳务）而发生的各种资金耗费的总和。企业资金耗费的发生即成本的形成与企业生产经营各个环节、各个方面的工作质量有紧密联系。企业产品产量的多少、产品质量的好坏、材料使用的节约与浪费、劳动生产率的高低、平均职工薪酬的增减、固定资产利用的程度、企业生产经营管理水平的高低等，都会直接或间接地反映在成本指标上，所以成本指标可以综合反映企业各个方面的工作质量。

二、费用

（一）费用的含义

费用是指企业在日常经营活动中发生的，会导致所有者权益减少、与向投资者分配利润无关的经济利益的总流出。费用是企业核算和管理的重要内容之一，是一种重要的会计要素，只有正确认识支出与费用、费用与成本的关系，掌握费用的确认方法，才能科学地核算费用，正确计算产品成本。

（二）费用的分类

为了合理地确认和计量费用，应对费用按不同标准进行分类。其中最基本的分类方式是按费用的经济内容分类和按费用的经济用途分类。

1. 按费用的经济内容分类

（1）外购材料。外购材料是指企业为进行生产经营而耗用的一切从外部购进的原料及主要材料、半成品、辅助材料、包装物、修理用备件和低值易耗品等。

（2）外购燃料。外购燃料是指企业为生产产品和提供劳务而耗用的一切从外部购入的固体、液体、气体等燃料。

（3）外购动力。外购动力是指企业为生产产品和提供劳务而耗用的一切从外部购入的电力、蒸汽等动力。

（4）职工薪酬。职工薪酬指企业在生产产品和提供劳务过程中，为获得职工提供的服务而给予职工各种形式的报酬及其他相关支出。

（5）折旧费与摊销费。折旧费与摊销费是指企业生产车间、部门按照规定方法计提的固定资产折旧费和无形资产等的摊销费。

（6）借款费用。借款费用是指企业借入资金所付出的代价，包括发生的借款利息、折价或溢价的摊销、金融机构手续费以及汇兑损失。

（7）税费。税费是指企业根据税法规定应缴纳并计入生产经营管理费用的各种税和费，包括增值税、消费税、营业税、城市维护建设税、资源税、所得税、土地增值税、房产税、车船使用税、土地使用税、教育费附加、矿产资源补偿费、印花税、耕地占用税等。

（8）其他支出。其他支出是指企业生产车间、部门为生产产品和提供劳务而发生的不属于以上各要素费用的支出。如办公费、差旅费、租赁费等。

将生产费用按经济内容分类，可以了解企业生产过程中物化劳动和活劳动的耗费情况，为计算工业净产值和国民收入等指标提供依据。

2. 按费用的经济用途分类

生产经营费用的经济用途，是指生产经营费用在生产产品和提供劳务过程中的实际用途。费用按经济用途分类，可分为生产成本和期间费用两大类。

（1）生产成本。生产成本是指企业为生产产品所发生的材料费、人工费、水电费、折旧费、摊销费、劳动保护费等。为了具体地反映计入产品成本的生产费用和各种用途，生产成本又可以分为若干个费用项目，即产品生产成本项目，一般包括以下几项：

1）直接材料。直接材料包括企业生产过程中实际耗用的原材料及主要材料、辅助材料、设备配件、外购半成品、燃料、动力、包装物、低值易耗品和其他直接材料。

2）直接人工。直接人工包括企业直接从事产品生产工人的工资、奖金、津贴和补贴、福利费、社会保险费、住房公积金、工会经费、职工教育经费、非货币性福利等职工薪酬。

3）制造费用。制造费用包括企业各个生产车间为生产产品和提供劳务所发生的各项间接费用。如生产车间管理人员薪酬、折旧费、保险费、办公费、差旅费、运输费、设计制图费、试验检验费、劳动保护费、季节性停工损失以及其他制造费用。

上述构成产品成本的各项生产费用中，直接用于产品生产的费用称为直接费用（包括直接材料费用和直接人工费用），间接用于产品生产的费用称为间接费用（制造费用）。

（2）期间费用。期间费用是指不构成产品生产成本，直接计入当期损益的管理费用、财务费用和销售费用。这三项费用在《财务会计》中已作具体阐述，这里不再赘述。

（三）成本与费用的区别

虽然成本和费用都是企业日常活动中发生的资源耗费，但是它们之间存在本质的区别，主要表现在以下几个方面：

（1）成本与企业特定资产或劳务对象相关，是对象化了的支出；费用则与特定会计期间相关，是已经消耗的成本。

（2）成本是企业为取得某种资产或劳务所付出代价的量度，费用则是为取得收入而发生的资源消耗金额。

（3）成本中的未耗成本是资产，不能直接抵减收入，只能先以资产的形式反映在资产负债表中，再通过耗费转化为费用；而成本中的已耗成本是费用，应直接冲减当期收入，反映在利润表中。

第二节　成本管理会计的概述

一、成本管理会计的含义与特点

（一）成本管理会计的含义

成本管理会计作为会计的一个领域和一个完整的信息系统，定义不是一成不变的，而是随社会经济的发展不断变化的。

在成本会计产生的初期，成本会计主要是对企业生产过程中消耗的材料、人工、制造费用进行系统的汇集和计算，用来确定产品的生产成本和销售成本，因而，这一时期的成本会计实际上是核算型成本会计或记录型成本会计，即狭义的成本会计。其代表性定义正如成本会计专家劳伦斯所提出的："成本会计就是应用普通会计的原理、原则，系统地记录一工厂生产和销售产品时所发生的一切费用，并确认各种产品或服务的单位成本和总成本，以供工厂管理当局决定经济的、有效的和有利的产销政策时参考。"

到了近代成本会计阶段，成本会计主要采用标准成本制度为生产过程中的成本控制提供条件。其代表性定义正如会计学家杰·贝蒂所提出的："成本会计是用来详细描述企业在预算和控制它的资源（指资产、设备、人员及所耗的各种材料和劳动）利用情况方面的原理、惯例、技术和制度的一种综合术语。"

在现代成本会计阶段，成本会计发展成为以管理为主的现代成本会计，即成本管理会计（广义的成本会计）。其定义一般为："现代成本会计是成本会计与管理会计的直接结合，它根据成本核算资料和其他资料，采用现代数学和数理统计的原理和方法，针对不同业务，建立起数量化的管理技术，用来帮助人们按照成本最优化的要求，对企业的生产经营活动进行预测、决策、控制、分析、考核，促使企业的生产经营实现最优运转，从而大大提高企业的竞争能力和适应能力。"可见，广义的成本会计与狭义的成本会计相差的内容即为管理会计。

（二）成本管理会计的特点

成本管理会计是从财务会计中分离出来的一门专业会计，与财务会计相比，它具有以下特点：

1. 研究依据具有两重性

成本管理会计一方面依据企业产品成本核算制度开展工作，另一方面强调为企业内部管理服务，不必遵循任何规则，这是其区别于财务会计的一个显著特点。

2. 研究对象具有专业性

成本管理会计的研究对象是企业在社会再生产过程中发生的，能以货币计量的有关成本、费用的经济活动。与成本、费用经济活动无关的经济业务不属于成本管理会计的研究对象。这体现了成本管理会计的研究对象的专业性。

3. 研究方法具有独特性

成本管理会计除了运用财务会计中有关的设置账户、复式记账、填制和审核凭证等专门方法外，还更多地运用现代数学方法。

4. 研究资料具有多样性

财务会计的研究资料几乎全部来自企业用于积累财务信息的基础会计系统，而成本管理会计的研究资料来自基础会计系统以及其他各种途径。

5. 研究报告具有内向性

成本管理会计通常注重向企业内部管理者报告企业内部的基于一系列历史数据的预测、计划未来活动的信息。

二、成本管理会计的对象

成本管理会计的对象是指成本管理会计反映和监督的内容。明确成本管理会计的对象，对于确定成本管理会计的任务、研究和运用成本管理会计的方法、更好地发挥成本管理会计在经济管理中的作用具有重要意义。

（一）狭义成本会计的对象

在不同的行业，生产经营管理的过程、方式和内容不同，成本会计的对象也有所不同。

1. 制造企业成本会计的对象

制造企业的主要经营活动包括材料物资采购、产品生产和产品销售三个环节，其中产品生产是中心环节。

在产品的直接生产过程中，要发生各种各样的生产耗费，主要包括劳动资料与劳动对象等物化劳动耗费和活劳动耗费两大部分。其中，房屋、机器设备等作为固定资产的劳动资料，在生产过程中长期发挥作用，直至报废而不改变其实物形态，但其价值则随着固定资产的磨损，通过计提折旧的方式，逐渐地、部分地转移到所制造的产品中去，构成产品生产成本的一部分；原材料等劳动对象，在生产过程中或者被消耗掉，或者改变了实物形态，其价值也随之全部转移到新产品中去，构成产品生产成本的主要部分。同时生产过程是劳动者借助劳动工具对劳动对象进行加工、制造产品的过程，通过劳动者对劳动对象的加工，才能改变原有劳动对象的使用价值，并且创造出新的价值来，其中劳动者为自己劳动所创造的那部分价值则以职工薪酬的形式支付给劳动者，用于个人消费，因此，这部分职工薪酬也构成了产品生产成本的一部分。具体来说，在产品的制造过程中发生的各种生产耗费主要包括原料及主要材料、辅助材料、燃料等支出，生产单位固定资产的折旧，直接生产人员和管理人员的职工薪酬以及其他一些货币支出等。这些支出就构成了企业在产品制造过程中的全部生产费用，而为生产一定种类、一定数量的产品所发生的各种生产费用支出的总和就构成了产品的生产成本。上述产品制造过程中各种生产费用的支出和产品生产成本的形成，就是成本会计反映和监督的主要内容。

在产品的销售过程中，企业为销售产品而发生的各种各样的费用支出，以及专设销售机构的人员职工薪酬和其他经费等就构成了企业的销售费用；企业的行政管理部门为组织和管理生产经营活动，也会发生各种各样的费用，统称为管理费用；此外，企业为筹集生产经营所需资金等也会发生一些费用，统称为财务费用。这些费用是企业在生产经营过程中所发生的一些重要费用，它们的支出和归集过程，也应该成为成本会计所反映和监督的内容，只不过它们的发生与产品的生产没有直接联系，不构成产品的生产成本，直接计入当期损益，构成了企业的期间费用。

综上所述，按照企业会计准则和会计制度的有关规定，可以把制造企业成本会计的对象概括为企业生产经营过程中发生的生产经营业务成本和期间费用。

2. 商品流通企业成本会计的对象

流通企业的主要经营活动包括商品的采购和销售。因此，商品流通企业的成本会计对象是商品采购成本和商品销售成本，以及各项商品流通费用。为了简化核算，商品采购成本和商品销售成本按直接进价确定，不包括相关费用。商品流通费用是商品流通企业的经营管理费用，包括为采购、储存、销售商品发生的经营费用，以及在经营管理中发生的管理费用和财务费用。这些费用虽然不计入商品的采购成本和销售成本，但直接影响当期损益核算，应当作为成本会计的对象。

3. 其他行业企业成本会计的对象

其他行业企业成本会计的对象，总的来说包括计入成本和不计入成本的相关费用两部分。但不同行业的生产经营特点不同，其核算和监督的内容也各不相同：

（1）施工企业的基本经济活动是进行建筑工程的施工，其成本会计的对象是工程成本以及不计入工程成本的管理费用和财务费用。

（2）房地产开发企业主要从事房地产的开发，其成本会计的对象是房屋和土地的开发成本以及不计入开发成本的营业费用、管理费用和财务费用。

（3）交通运输企业主要从事公路、铁路、航空和水上运输，其成本会计的对象是各种运输成本以及不计入运输成本的管理费用和财务费用。

（4）农业企业主要从事种植类、畜牧类、水产类等产品的生产，其成本会计的对象是各种农产品的生产成本以及农业企业发生的管理费用、营业费用和财务费用。

（5）旅游、饮食服务业主要是为人们提供旅游观光、临时住宿和其他生活服务，其成本会计的对象是营业成本以及不计入营业成本的营业费用、管理费用和财务费用。

由此可见，狭义成本会计的对象既包括生产经营成本，又包括各种相关费用，可以概括为：各行业企业经营业务的成本和有关的经营管理费用，简称成本、费用。因此，狭义成本会计实际上是成本、费用会计。

（二）广义成本会计（成本管理会计）的对象

随着社会经济的不断发展和企业经营管理要求的不断提高，企业成本会计需要提供多方面的成本信息，因而，成本会计对象的内涵不断得到丰富。例如，为了正确计算利润以及进行成本管理，成本会计需要计算企业生产经营的业务成本；为了进行生产经营短期预测和决策，成本会计需要计算变动成本、固定成本、机会成本、差别成本等；为了加强企业内部的成本控制和考核，成本会计需要计算可控成本、责任成本、目标成本、标准成本等；为了进一步提高成本信息的决策相关性，成本会计需要计算作业成本等。上述成本中，除了企业生产经营的业务成本之外的其他成本，统称为专项成本或管理成本。

因此，随着成本的定义不断发展、变化，成本会计的对象也相应地发展、变化。广义成本会计的对象可以概括为：各行业企业生产经营的业务成本、有关期间费用和各项专项成本。

三、成本管理会计的职能

成本管理会计的职能是指成本管理会计所具有的功能，在不同的历史时期体现为不同的内容。最初的成本管理会计的职能仅是成本核算，而且核算的目的仅是确定商品的价格和经营的盈亏。后来，随着经济的发展，生产复杂程度增加，对企业的生产经营管理提出了更高的要求，成本管理会计的职能也扩大到了成本控制和成本分析。第二次世界大战以后，由于生产和资本的日益集中，企业规模越来越大，企业生产经营更加复杂，产品更新换代的周期大大缩短，市场竞争十分激烈。在这样的经济环境下，成本管理会计必须与管理科学紧密结合，因此成本管理会计的职能又增加了预测、决策、计划和考核等方面的内容。成本管理会计的职能可以概括为以下七个方面。

（一）成本核算

成本核算是指针对一定的成本计算对象，采用适当的成本计算方法，按规定的成本项目，通过各种费用要素的归集和分配，计算出各成本计算对象的总成本和单位成本。成本核算既是对生产经营过程中发生的生产耗费进行如实反映的过程，也是进行反馈、控制的过程。成本核算可以反映成本计划完成情况，并为进行成本预测、编制成本计划提供可靠的资料，同时也为以后的成本分析和成本考核提供必要的依据。

(二) 成本分析

成本分析是利用成本核算资料等，将本期实际成本与本期计划成本、上年同期实际成本、本企业历史先进成本以及国内外同类产品先进成本进行比较，揭示产品成本差异并分析产生差异的原因，以便采取相应措施，改进管理，降低耗费，提高经济效益。

(三) 成本预测

成本预测是指根据成本核算和成本分析的有关数据，以及可能发生的企业内外环境变化和可能采取的各种措施，运用一定的技术方法对未来的成本水平以及发展趋势做出的科学估计。成本预测可以减少生产经营管理的盲目性，提高成本管理的科学性和预测性。

(四) 成本决策

成本决策是在成本预测的基础上，根据其他有关资料，在若干个与生产经营和成本有关的方案中选择最优方案以确定目标成本。做出最优化的成本决策是编制成本计划的前提，也是提高经济效益的途径。

(五) 成本计划

成本计划是根据成本决策所确定的目标成本，具体规定在计划期内为完成规定的任务所应达到的水平，并提出为达到规定的成本水平所应采取的各项措施。成本计划是进行成本控制、成本分析和成本考核的依据。

(六) 成本控制

成本控制是根据成本计划，对成本发生和形成过程以及影响成本的各因素进行限制与监督，使之能按预定的计划进行的一种管理活动，可以保证成本目标的实现。成本控制主要包括事前控制和事中控制。

(七) 成本考核

成本考核是定期对成本计划及其相关指标的实际完成情况进行总结和评价，以监督和促使企业加强成本管理，履行经济责任，提高成本管理水平。成本考核一般与奖惩制度结合，以调动各责任人努力实现目标成本的积极性。

上述各项成本管理会计的职能也应当作为成本管理会计的具体内容，它们是相互联系、相互依存的；成本预测是成本决策的前提，成本决策是成本预测的结果；成本计划是成本决策所确定目标的具体化；成本控制是对成本计划实施进行的监督；成本核算是对成本计划是否完成的检验；成本分析是对计划完成与否的原因进行的检查；成本考核则是实现成本计划的重要手段。这七项职能中，成本核算是基础，没有成本核算，其他各项职能都无法进行。

第三节 成本核算的原则和要求

一、成本核算的原则

为了加强成本管理、降低生产消耗、提高经济效益，企业成本核算必须遵循一定的原则，按照成本费用开支范围和成本核算的基本要求进行，提供真实、可靠的成本资料，满足企业经营管理的需要。成本核算主要应遵循以下原则：

（一）权责发生制原则

权责发生制是确定收入和费用归属期应当遵循的原则。它要求在确定本期收入和费用时，凡是本期已实现的收入和应当负担的费用，不论款项是否在本期收付，都应作为本期的收入和费用；凡不属于本期的收入和费用，即使款项在本期收付，也不作为本期的收入和费用。现代企业会计采用权责发生制的核算原则，反映企业经营成果的真实状况。根据这一原则，应正确核算企业的待摊费用和预提费用，禁止通过待摊和预提的方式随意摊销费用，混淆各期产品成本界限。

（二）实际成本核算原则

实际成本核算原则是指各项财产物资都应当按取得或购建时的实际成本计算。根据企业会计准则要求，企业在进行成本核算时，应按实际成本核算。例如，材料、燃料、动力等存货要按其实际数量和实际单位成本计算，折旧要按固定资产原始价值和规定使用年限计算，等等。企业在生产经营过程中发生的各种耗费，都要根据实际消耗量和实际单价，计算耗费的实际成本，不允许以计划成本、估计成本、定额成本等代替实际成本。因此，平时按计划成本、定额成本、标准成本核算的企业，期末应结转差异，将其调整为实际成本。

（三）一贯性原则

一贯性原则是指成本核算时前后期所采用的方法必须一致，使各期的成本资料有统一的口径，前后连贯，互相可比。企业在进行成本核算时，可以根据企业生产的特点和管理的要求，选择不同的成本核算方法，但产品成本核算方法一经确定，没有特殊情况，不应随意变动，以使计算出来的成本资料便于比较。如因特殊情况确实需要改变原有的成本核算方法，应在有关财务会计报告的附注中加以说明，并对原成本计算单中的有关数据进行必要的调整。

（四）合法性原则

合法性原则是指计入成本的费用都必须符合法律、法规、制度的规定。我国很多法规、制度对不同性质的企业的成本开支范围，以及不得列为企业成本、费用的各个项目做出了明确的规定。企业在进行成本、费用核算时，必须严格遵守成本开支范围的规定，不能乱列成本，人为提高或降低成本，使企业的成本失真。目前，有些企业把被盗损失以及应在企业留用利润中开支的奖金、赔偿金、违约金、罚金和罚款，以及在销售过程中发生的折让、回扣款等列入生产、销售成本，这些行为严重违反了成本开支范围的规定，要坚决制止。

（五）技术与经济相结合原则

技术与经济相结合原则是指企业工程技术人员要具有成本意识，懂一些相关的成本知识；成本管理会计人员则必须改变传统的知识结构，具备生产技术方面的相关知识，正确进行成本预测，参与经营决策。

（六）重要性原则

重要性原则是指将一些主要产品、主要费用作为重点，采用比较详细的方法进行分配和计算，力求精确；而对于那些次要一些的产品或费用，则可采用简化的方法，进行合理计算和分配，以体现重要性原则。

（七）分期核算原则

分期核算原则是指企业应分期进行成本核算，确定各期的产品成本。企业的生产经营活动是连续不断地进行的，在成本管理会计中，一般以月份作为核算期，也可以将产品的生产周期作为核算期。成本分期核算对于正确确定企业经营成果和财务状况、比较和分析各期产品成本、加强成本控制具有重要意义。

（八）真实性原则

真实性原则是指所提供的成本信息与客观的经济业务应当一致，不能人为地提高或降低成本，以保证成本核算信息的正确、真实。

二、成本核算的要求

成本核算过程实际上是费用的归集和分配过程，要做好成本核算工作，充分发挥成本核算的作用，就必须准确地归集和分配各种费用，因此，产品成本的核算需要满足以下要求：

（一）做好成本核算的基础工作

做好成本核算的基础工作是做好成本管理的前提条件。为了保证成本核算的质量，加强成本管理，必须做到以下几点。

1. 建立健全原始记录制度

原始记录是企业最初记载各项业务实际情况的书面凭证，是企业编制成本计划、制定各项定额的主要依据，也是成本管理的基础。它是按照规定的格式，对企业生产经营活动中材料的领用、工时的耗用、动力的消耗、费用的开支、废品的产生、产品质量的检验、在产品在生产过程中的转移、产品和自制半成品的入库等进行的记录。企业必须建立健全原始记录制度，做到原始记录的数据可靠、内容完整、提供及时。原始记录要符合企业管理和成本管理的要求，有利于开展班组经济核算，力求简便易行，讲求实效，并根据实际使用情况和加强企业成本管理的要求，随时补充和修改，以充分发挥原始记录的作用。

2. 实行定额管理制度

定额是企业在一定的生产技术和组织条件下，在充分考虑人的能动性的基础上，对生产过程中消耗的人力、物力、财力的配备、利用和消耗等所规定的应遵守和达到的数量标准。各项定额既是企业制定成本计划、控制成本和进行成本分析的主要依据，又是衡量企业经营活动好坏的尺度。实行定额管理制度，是企业加强全面管理的基础。因此，为了加强生产管理和成本管理，企业必须建立健全定额管理制度，定额工作要做到全、准、快。"全"就是定额要全面，要制定先进、合理、切实可行的消耗定额；"准"就是要正确地确定定额水平，提高定额的准确性；"快"就是要及时制定消耗定额，并随着生产技术水平的提高和管理的要求不断修订，以保持定额的先进性。

3. 建立计量验收制度

计量验收是对各项财产物资的收发、领退和盘点进行正确的数量计量并进行技术鉴定以确定其质量的方法。计量验收既可以为成本核算提供准确可靠的资料，又可以反映企业各项物资的结存。因此，为了进行成本管理，正确核算成本，必须建立健全材料物资的计量、收发、领退、验收和盘点制度。要做好计量验收工作，首先，要提高对计量验收工作的认识，根据不同的计量对象配备必要的计量器具，设置专职的质量检验机构经常校正和维修；其次，应建立计量仪器和工具的管理与定期检查制度，对财产物资进行定期和不定期盘点，确保计量的准确性，并防止财产物资的丢失、损坏、积压，提高其使用效益。

4. 制定内部价格制度

在计划管理基础较好的企业中，为了分清企业内部各部门的经济责任，便于分析和考核企业内部各单位成本计划的执行情况和管理业绩，以及加速和简化核算工作，应对原材料、半成品、厂内各车间相互提供的劳务制定厂内计划价格，作为企业内部结算和考核的依据。厂内计划价格要尽可能符合实际，保持相对稳定，一般在年度内不变。在制定了厂内计划价格的企业中，各项原材料的耗用、半成品的转移以及各车间与部门之间相互提供的劳务等，都首先要按计划价格计算。月末计算产品实际成本时，再在计划价格成本的基础上，采用适当的方法计算各产品应负担的价格差异，将产品的计划价格成本调整为实际成本。这样做既可以加速和简化核算工作，又可分清内部各单位的经济责任。

(二)正确划分各种费用的界限

为了正确地核算生产费用和经营管理费用,正确地计算产品实际成本和企业损益,保证产品成本的真实可靠,还需要在不同时期、不同产品以及产成品和在产品之间正确地分摊费用,因此必须正确地划分以下五个方面的费用界限:

1. 生产经营管理费用与非生产经营管理费用的界限

制造企业的经济活动是多方面的,除了生产经营活动以外,还有其他方面的经济活动,因而费用的用途也是多方面的。只有用于产品的生产与销售、组织和管理生产经营活动以及筹集经营资金的各种费用才应计入生产经营费用。企业在经营过程中发生的一些资本性支出,如购建固定资产、购买无形资产以及对外投资等都不应该计入当期生产经营费用,而应计入资产的价值中。与生产经营无关的营业外支出,如企业违法经营支付的罚金、罚款,企业对外捐赠等支出等,也不能计入生产经营费用。企业必须正确划分生产经营费用与非生产经营费用的界限,遵守国家关于成本、费用开支范围的规定,多计和少计生产经营费用都会使成本、费用开支不实,不利于企业成本管理。

2. 生产费用与经营管理费用的界限

制造企业的生产费用应计入产品成本,产品成本要在产品完工并销售后才计入企业的损益,而当月投入生产的产品不一定当月完工销售,当月完工销售的产品也不一定是当月投入生产的,因而本月发生的费用往往不是计入当月损益、从当月利润中扣除的产品销售成本。但是,制造企业发生的经营管理费用作为期间费用处理,不计入产品成本,而直接计入当月损益,从当月利润中扣除。因此,为了正确地计算产品成本和经营管理费用,正确地计算企业各个月份的损益,还应将生产经营管理费用正确地划分为生产费用和经营管理费用,也就是划分为成本和费用。用于产品生产的原材料费用、生产工人职工薪酬费用和制造费用等,应该计入生产费用,并据以计算产品成本;用于产品销售、组织和管理生产经营活动、筹集生产经营资金所发生的费用,应该计入经营管理费用,并归集为销售费用、管理费用和财务费用,直接计入当月损益,从当月利润中扣除。要防止混淆生产费用和经营管理费用的界限,也就是防止混淆成本和费用的界限,防止将产品的某些成本计入期间费用,或者将某些期间费用计入产品成本,借以调节各月产品成本和各月损益的错误做法。

3. 各个月份的费用界限

为了按月分析和考核产品成本和经营管理费用,正确计算各月损益,应将计入产品成本的生产费用和作为期间费用处理的经营管理费用在各月之间划分清楚。因此,要贯彻权责发生制原则,正确核算待摊费用和预提费用。本月支付,但属于本月和以后各月已经受益的成本费用,应列作待摊费用,分摊计入本月和以后各月费用;本月虽未支付但本月已经受益的成本费用应列作预提费用,预提计入本月的成本、费用。为了简化核算工作,数额较小的应待摊和预提的费用,可以不作待摊和预提费用处理,全部计入支付月份的成本费用,但应防止利用费用待摊和预提来人为调节各月份的产品成本和经营管理费用从而调节各月损益的错误做法。

4. 各种产品的费用界限

如果企业生产两种或两种以上的产品,为了正确地计算各种产品的成本,分析和考核各种产品成本计划或定额成本的执行情况,必须将计入本期产品成本的生产费用在各种产品之间正确地进行划分。凡属于同种产品共同负担的费用,应列作间接费用,选择适当的分配标准和分配方法分配计入各种产品的生产成本;凡属于某种产品单独发生的费用,应列作直接费用,直接计入该种产品的生产成本。这样可以防止有意抬高某种或某些产品的生产成本而压低其他产品的生产成本,在盈利产品和亏损产品之间、可比产品与不可比产品之间任意转移生产费用,借以掩盖成本超支或以盈补亏的错误行为。

5. 完工产品和在产品的费用界限

月末计算产品成本时，如果某种产品已全部完工，这种产品的各项生产费用之和，就是这种产品的完工产品成本；如果某种产品一部分已经完工，另一部分尚未完工，这种产品的各项生产费用还应采用适当的分配方法在完工产品和在产品之间进行分配，分别计算出完工产品的成本和在产品的成本。具体的分配方法，既要较为合理，又要比较简便。企业通过划分完工产品和在产品的费用界限，可以有效地防止任意提高或降低期末在产品费用以调节完工产品成本水平的错误行为。

第四节 成本核算的主要会计账户和一般程序

一、成本核算的主要会计账户

为了正确地归集和分配生产费用，正确地反映和核算产品生产过程中所发生的生产费用并计算产品成本，企业一般应设置"生产成本""制造费用""长期待摊费用""废品损失"等账户进行核算。

(一)"生产成本"账户

"生产成本"账户属于成本类账户，用于核算企业进行工业性生产（包括生产各种产成品和自制半成品、自制材料、自制工具、自制设备等）发生的各项生产费用。制造企业的生产根据企业内部各生产单位任务的不同，分为基本生产和辅助生产。基本生产是指为完成企业主要生产任务而进行的产品生产，包括生产各种产品和自制半成品等；辅助生产是指为了向企业基本生产单位或其他部门提供服务而进行的产品生产或劳务供应，包括内部供水、供电、供气、自制材料、自制工具、自制设备等。企业辅助生产单位的产品，虽然有时也对外销售，但主要任务是为企业内部基本生产单位和管理部门服务。为了分别核算基本生产和辅助生产，应在生产成本总账账户下设置"基本生产成本"和"辅助生产成本"两个二级账户。

1."基本生产成本"账户

该账户用于核算企业为完成主要生产任务而进行商品、产品生产所发生的各种生产费用。其借方登记企业为进行基本生产而发生的各种费用，如直接材料、直接人工和从"制造费用"账户中分配转入的制造费用，贷方登记完工入库转出的产品生产成本；余额在借方，表示尚未完工的在产品的成本。"基本生产成本"账户应按产品品种、批别、生产步骤等成本计算对象设置明细分类账（或称产品成本计算单），账内按产品成本项目分设专栏或专行。其格式如表1-1所示。

表1-1 基本生产成本明细账

产品名称：××产品

年		凭证		摘要	直接材料	直接人工	制造费用	合计
月	日	字	号					

2. "辅助生产成本"账户

该账户用于核算企业为服务基本生产而进行的产品生产和劳务供应所发生的各项费用。该账户的借方登记企业为进行辅助生产而发生的各种费用，贷方登记完工入库的成本或分配转出的劳务成本；余额在借方，表示辅助生产在产品的成本。"辅助生产成本"账户应按辅助生产车间和生产的产品劳务分设明细账，账内按辅助生产的成本项目分设专栏或专行进行明细登记。其格式如表1-2所示。

表 1-2　辅助生产成本明细账

车间：供电车间

年		凭证		摘要	材料费	职工薪酬	办公费	折旧费	水电费	…	其他	合计
月	日	字	号									

在实际工作中，大中型企业由于生产经营复杂、成本管理要求较高，一般将"生产成本"账户拆分为"基本生产成本"和"辅助生产成本"两个总分类账户；而小型企业由于生产经营简单、成本管理要求较低，一般将"生产成本"和"制造费用"账户合并为"生产成本"一个总分类账户。

(二)"制造费用"账户

"制造费用"账户用于核算企业各个生产单位（车间）为组织和管理生产经营活动而发生的各项间接费用。该账户为成本类账户，其借方登记各生产单位为生产产品和提供劳务而发生的各项间接费用，贷方登记期末分配转出的制造费用，结转后期末一般无余额。辅助生产车间如果只提供一种劳务，则可不设"制造费用"账户，所发生的制造费用直接计入"辅助生产成本"。"制造费用"账户应当按照企业的生产单位（车间）设置明细账并按费用项目设专栏进行明细核算。其格式如表1-3所示。

表 1-3　制造费用明细账

车间：第一基本生产车间

年		凭证		摘要	机物料消耗	职工薪酬	办公费	折旧费	水电费	…	其他	合计
月	日	字	号									

(三)"长期待摊费用"账户

"长期待摊费用"账户用于核算企业已经发生但应由本期和以后各期负担的分摊期限在一年以上的各项费用，如以经营租赁方式租入固定资产的改良支出等。以经营租赁方式租入固定资产的改良支出应当在租赁期限与租赁资产尚可使用年限两者孰短的期限内平均摊销。该账户的借方登记企业发生（支出）的各项长期待摊费用，贷方登记分期摊销转入"管理费用""销售费用"等账户的数额；期末余额在借方，表示企业已经发生（支出）尚未摊销完毕的长期待摊费用的摊余价值。

（四）"废品损失"账户

企业一般无须设置"废品损失"账户，废品损失可直接在"生产成本"账户下设专栏进行核算，但如果企业需要单独核算废品损失，也可以设置"废品损失"账户。该账户属于成本类账户，其借方登记不可修复废品的生产成本和可修复废品的修复费用，贷方登记废品残料回收的价值、应收的赔款和转出的废品净损失；月末一般无余额。该账户应按车间设置明细分类账，按产品品种分设专户，并按成本项目设置专栏进行明细核算。

除以上账户外，为了归集和结转不计入产品成本的期间费用，还需设置"管理费用""销售费用"和"财务费用"账户，这几个账户的性质、结构和用途在《财务会计》中已作具体说明，这里不再重复叙述。

二、成本核算的一般程序

产品成本核算程序是指对企业生产经营过程中发生的各项生产费用，按照成本核算的要求，逐步进行归集和分配，最终计算出各种产品成本的核算顺序和步骤。企业可以根据自身的生产经营特点、生产经营组织类型和成本管理的要求，自行确定成本计算方法，但无论企业采用何种成本计算方法，在进行成本核算时，都应按如下一般程序进行：

（一）确定成本计算对象、成本项目和成本计算期

成本计算对象的确定是成本计算中要解决的首要问题，也是影响成本计算质量的关键步骤之一。成本计算对象的确定受到生产工艺特点、生产组织方式及管理要求的影响，因而产品成本的计算通常可以以某种产品、某批产品为归集费用、计算成本的对象，也可以以提供的非工业性劳务为成本计算对象，还可以以产品的生产步骤、产品类别作为成本计算对象。

在确定了成本计算对象后，应按产品成本构成情况，确定若干个成本项目。制造企业的成本项目一般分为"直接材料""直接人工"和"制造费用"三个成本项目，根据管理需要，企业还可以单独设置"废品损失"和"燃料及动力"来详细核算企业发生的废品损失和耗用的燃料及动力。

成本计算期是指上下两次计算产品成本的间隔期间，可以选择会计结算期（月），也可以选择生产周期，无论何种选择，都应根据企业生产类型的特点和考核产品成本的发生情况来确定。

（二）生产费用的审核和控制

生产费用的审核和控制，是以国家有关法律、法规、财务会计制度以及企业内部有关制度和管理办法等为依据，审核和控制生产费用开支，以确定应计入本期产品成本的生产费用和应计入期间费用的数额。费用的审核和控制实际上就是要正确划分成本费用开支范围，按照企业内部财务会计制度和成本费用核算办法中规定的费用审核标准来进行生产费用的审核和控制。企业只有对所发生的费用支出进行严格的审核和控制，才可以正确确定应计入产品成本和期间费用的数额。

（三）生产费用的归集与分配

将应计入本月产品成本的各种要素费用在各对象之间，按成本项目进行归集和分配。产品在生产过程中所发生的各项费用，不外乎两类：一类是直接计入的费用，如生产产品领用的直接材料和发生的直接人工费用，可直接计入产品计算对象的相关成本项目；另一类是间接计入的费用，如车间发生的管理人员职工薪酬、固定资产折旧费用等，这类费用应先按车间归集到"制造费用"账户，然后按一定的分配方法分配计入有关成本计算对象相应的成本项目。

（四）生产费用在完工产品与期末未完工产品之间进行分配

将产品生产过程中所发生的各种费用，按成本项目在各成本计算对象之间进行分配和归集后，

为了计算各种完工产品的实际总成本和单位成本，还必须把同一产品的生产费用，采用适当的方法进一步在完工产品和期末在产品之间进行分配，以确定完工产品和月末在产品的成本。

本章小结

本章主要讲述了成本的定义、特征、作用和费用的含义及分类，成本管理会计的对象、职能，成本核算的基本原则和一般程序以及进行成本核算需要设置的会计账户。

成本是为了获得一项资产或某种服务而付出的代价。成本在经济管理中具有十分重要的作用：成本是衡量企业简单再生产的尺度；成本是制定产品价格的基础；成本是企业进行生产经营决策的重要依据；成本可以综合反映企业的工作质量。费用是企业在日常经营活动中发生的，会导致所有者权益减少、与向投资者分配利润无关的经济利益的总流出。费用按经济内容可分为外购材料、外购燃料、外购动力、职工薪酬、折旧费与摊销费、借款费用、税费和其他支出等八类；费用按经济用途可分为生产成本和期间费用两大类。

成本管理会计是随着商品经济的发展而逐步形成和发展起来的，以费用和成本为主要对象的一种专业会计。不同的行业，成本核算的对象是不同的。成本管理会计具有核算、分析、预测、决策、计划、控制和考核等七大职能。在进行成本核算时，应遵循权责发生制、实际成本核算、一贯性、合法性、技术与经济相结合、重要性、分期核算和真实性等八项基本原则，并满足以下要求：一是要做好成本核算的基础工作；二是要正确划分各种费用的界限。

为了归集和分配生产费用，应设置"生产成本""制造费用"等主要会计账户。在实务中，大中型企业可以将"基本生产成本"和"辅助生产成本"提升为一级科目；小型企业则可以将"生产成本"和"制造费用"合并为"生产成本"一个总分类账户。辅助生产车间只提供一种劳务或只生产一种辅助产品的，不设"制造费用"，而提供两种或两种以上劳务或生产两种或两种以上辅助产品的，应设置"制造费用"科目，间接辅助生产成本则按一定标准分配转入"辅助生产成本"。

复习思考题

1. 简述成本的含义及作用。
2. 为了正确计算产品成本，应正确划分哪些费用的界限？
3. 进行成本核算应设置哪些主要会计账户？
4. 简述成本核算的一般程序。
5. 成本核算的基础工作有哪些？

第三章 生产费用的归集与分配

ITEM 2

教学目标

○ 了解制造企业生产过程中要素费用的构成及核算程序；
○ 了解在产品和完工产品的含义、在产品与完工产品成本计算的关系；
○ 熟悉各项要素费用及辅助生产费用、制造费用的归集；
○ 掌握各种生产费用的归集方法；
○ 掌握生产费用在完工产品与在产品之间的分配方法；
○ 掌握完工产品成本结转的账务处理。

知识导航

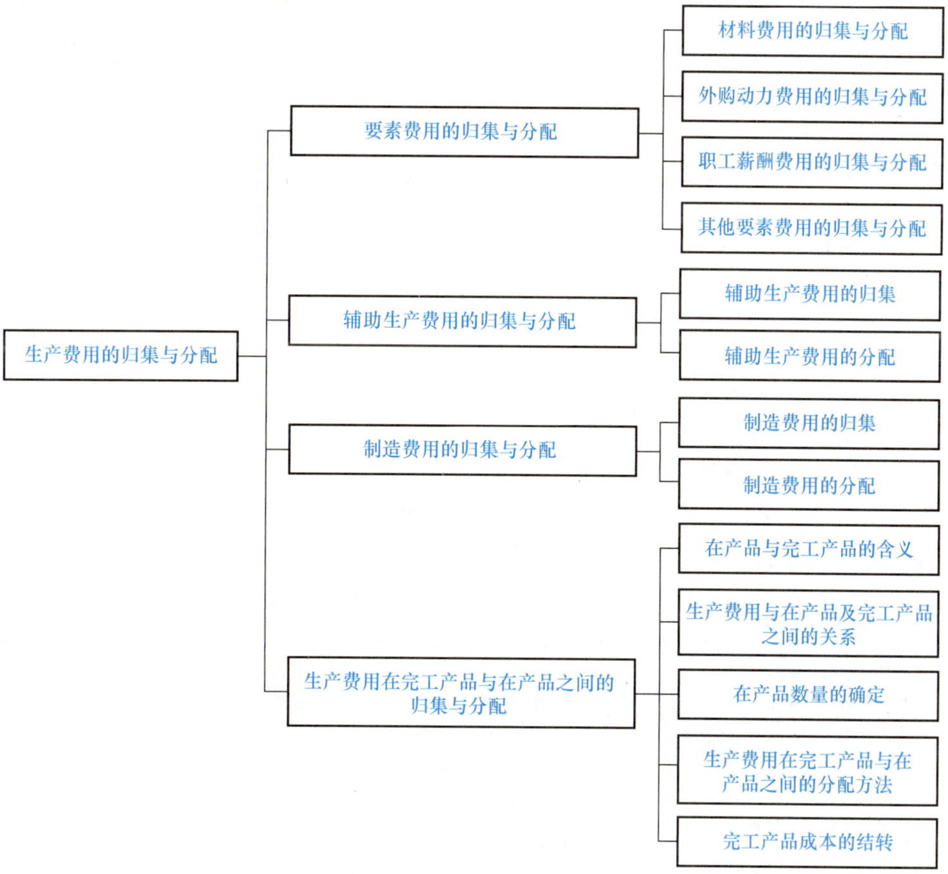

生产费用的归集与分配
- 要素费用的归集与分配
  - 材料费用的归集与分配
  - 外购动力费用的归集与分配
  - 职工薪酬费用的归集与分配
  - 其他要素费用的归集与分配
- 辅助生产费用的归集与分配
  - 辅助生产费用的归集
  - 辅助生产费用的分配
- 制造费用的归集与分配
  - 制造费用的归集
  - 制造费用的分配
- 生产费用在完工产品与在产品之间的归集与分配
  - 在产品与完工产品的含义
  - 生产费用与在产品及完工产品之间的关系
  - 在产品数量的确定
  - 生产费用在完工产品与在产品之间的分配方法
  - 完工产品成本的结转

产品成本是以产品为对象归集的生产耗费，企业生产产品耗费的料、工、费等要素费用是构成产品成本的基础。为了正确核算产品的生产成本，企业必须将这些要素费用进行合理的归集与分配。本章对材料、外购动力、职工薪酬、辅助生产费用、制造费用、生产费用的归集与分配作了较为全面的介绍。学好本章知识将为产品成本计算的基本方法和辅助方法的学习打下坚实基础。

第一节　要素费用的归集与分配

一、材料费用的归集与分配

材料是生产过程中的劳动对象，是产品生产中必不可少的物质要素。制造企业生产中消耗的各种材料，包括原料及主要材料、辅助材料、燃料、修理用备件及外购半成品等，按其来源渠道，有外购，还有自行加工、委托加工和投资者投入等。但不论材料的来源渠道怎样，费用核算的方法均相同。进行材料费用的核算，应首先归集并计算本期发出材料的成本，即进行材料发出的核算；然后根据发出材料的具体用途在各受益部门、产品之间分配材料费用，将其计入有关产品成本和经营管理费用。

材料费用的归集就是按材料品种和规格计算确定本期消耗的材料总成本，进行发出材料的核算。

本期各种材料的发出数量应根据各部门的领料单、限额领料单、领料登记表等发料凭证和退料单等退料凭证进行汇总计算。会计部门应该对发料凭证所列材料的种类数量和用途等进行审核，检查所领材料的种类数量、用途是否符合规定，只有发料凭证经过审核、签章，才能据以发料，并据以计算本期发出材料的成本，归集材料费用。

（一）材料费用的归集

进行材料费用的核算，首先要正确核算发出材料的成本，发出材料成本的核算一般有两种计价方法：

1. 材料按实际成本计价

在材料日常收发核算按实际成本计价时，发出材料成本与收入材料成本一样，都应按材料的实际成本计价，其实际成本即为材料的采购成本或自制完工入库材料的生产成本。对于同一种材料因采购地点、采购数量、采购时间、生产批次不同等造成实际单位成本不一致时，发出材料的实际单位成本可按先进先出法、加权平均法等方法加以确定。

2. 材料按计划成本计价

在材料日常收发核算按计划成本计价时，材料的收发凭证都按计划成本计价，材料明细账中收入和发出都按计划成本登记，月末计算材料成本差异，并将发出材料的计划成本调整为实际成本。

首先，月终应计算材料成本差异率。其计算公式如下：

$$材料成本差异率=\frac{月初结存材料成本差异+本月收入材料成本差异}{月初结存材料计划成本+本月收入材料计划成本}\times 100\%$$

其次，根据材料成本差异率和发出材料的计划成本，计算发出材料应负担的成本差异额和发出材料的实际成本。其计算公式如下：

$$发出材料应负担的成本差异额=发出材料计划成本 \times 材料成本差异率$$

$$发出材料的实际成本=发出材料计划成本+发出材料应负担的成本差异额$$

上述各计算公式中的材料成本差异，如为超支差异，按正数计算；如为节约差异，按负数计算。

材料费用中，材料和燃料费用数额根据全部领料凭证（如有退料，应根据退料单抵减领料数）汇总编制"发出材料汇总表"来归集；外购动力费用数额根据有关付款凭证等来归集。归集的材料费用应按照领料部门、领料用途，分别由不同的对象来负担：凡属于制造产品耗用的直接材料费用，应直接记入"基本生产成本"账户；凡属于辅助生产车间为进行产品或劳务生产而耗用的直接材料费用，应直接记入"辅助生产成本"账户；凡属于几种产品共同耗用的直接材料费用，则应按照一定的标准在各种产品或劳务之间进行分配，记入"基本生产成本"或"辅助生产成本"账户。车间、行政管理部门以及其他部门为组织和管理生产领用的材料的费用，不能作为直接材料费用，而应按照费用发生的地点和用途进行归集和分配，分别记入"制造费用"和"管理费用"账户。

（二）材料费用的分配

材料费用的分配就是按照材料用途将费用计入成本计算对象中。产品生产直接耗用的材料费用应直接记入各产品的"直接材料"成本项目；不同产品共同耗用的材料费用，属于间接计入费用，应采用既合理又简便的分配方法，在各种产品之间进行分配，再记入各产品的"直接材料"成本项目。

对于不同产品共同耗用的直接材料费用，应选择合理的分配标准，在各种产品之间进行分配。选择的分配标准应尽可能与材料费用的发生有密切关系。可供选择的分配标准很多，如可以按产品的重量、体积分配，在材料消耗定额比较准确的情况下，原材料费用可以按照产品的材料定额耗用量比例或材料定额费用比例分配。企业应根据耗用材料的情况选择合理的标准进行分配。

1. 定额耗用量比例法

定额耗用量比例法是按照产品材料定额消耗量比例分配材料费用的方法。定额消耗量是指一定数量产品按照消耗定额计算的可以消耗的数量。其计算公式为：

某种产品材料定额耗用量＝该种产品实际产量 × 单位产品材料定额耗用量

$$材料消耗量分配率 = \frac{材料实际消耗量总额}{各种产品材料定额耗用量之和}$$

某种产品应分配的材料数量＝该种产品材料定额耗用量 × 材料消耗量分配率

某种产品应分配的材料费用＝该种产品应分配的材料数量 × 材料单价

【例 2-1】特立企业 2021 年 3 月生产甲、乙两种产品，产量分别为 200 件、400 件。甲产品直接耗用 A 材料 30 000 元，乙产品直接耗用 B 材料 40 000 元，两种产品共同耗用 A 材料 60 000 元，按定额消耗量分配。辅助车间中机修车间耗用 A 材料 6 000 元，供电车间耗用 B 材料 4 000 元，基本生产车间耗用 B 材料 3 000 元，行政管理部门耗用 B 材料 2 500 元。甲产品 A 材料单位消耗定额为 40 千克，乙产品 A 材料单位消耗定额为 30 千克。根据上述资料编制的"直接材料费用分配表"如表 2-1 所示。

表 2-1 直接材料费用分配表

2021 年 3 月 单位：元

分配对象		产量（件）	共同消耗				直接耗用材料	合计
会计科目	成本或费用项目		单位消耗定额（千克）	定额消耗（千克）	分配率	分配金额		
基本生产成本	甲产品 直接材料	200	40	8 000		24 000	30 000	54 000
	乙产品 直接材料	400	30	12 000		36 000	40 000	76 000
	小计			20 000	3	60 000	70 000	130 000

续表

分配对象		成本或费用项目	产量（件）	共同消耗				直接耗用材料	合计
会计科目				单位消耗定额（千克）	定额消耗（千克）	分配率	分配金额		
辅助生产成本	机修车间	直接材料						6 000	6 000
	供电车间	直接材料						4 000	4 000
制造费用	基本生产车间	材料费						3 000	3 000
管理费用		材料费						2 500	2 500
合计							60 000	85 500	145 500

借：基本生产成本——甲产品　　　　　　　　　　　　　　　　　54 000
　　基本生产成本——乙产品　　　　　　　　　　　　　　　　　76 000
　　辅助生产成本——机修车间　　　　　　　　　　　　　　　　 6 000
　　辅助生产成本——供电车间　　　　　　　　　　　　　　　　 4 000
　　制造费用　　　　　　　　　　　　　　　　　　　　　　　　 3 000
　　管理费用　　　　　　　　　　　　　　　　　　　　　　　　 2 500
　贷：原材料——A 材料　　　　　　　　　　　　　　　　　　　96 000
　　　　　——B 材料　　　　　　　　　　　　　　　　　　　　49 500

这种分配方法的好处是可以考虑材料消耗定额的执行情况，有利于进行材料消耗的实物管理，不足之处是分配计算的工作量大。

2．材料定额费用比例法

材料定额费用比例法是以产品材料定额成本为标准分配材料费用的一种方法。材料费用定额和材料定额费用，就是材料消耗定额和材料定额消耗量的货币表现。其计算公式如下：

某种产品材料定额费用＝该种产品实际产量×单位产品该种材料费用定额＝该种产品实际产量×单位产品该种材料消耗定额×该种材料计划单价

$$材料费用分配率 = \frac{各种产品共同耗用的材料费用总额}{各种产品材料定额费用之和}$$

某种产品应分配的材料费用＝该种产品材料定额费用×材料费用分配率

【例 2-2】特立企业 2021 年 3 月生产甲、乙两种产品，共同领用 C 材料 60 000 元。本月投产甲产品 200 件，乙产品 400 件。甲产品 C 材料消耗定额 40 千克，乙产品 C 材料消耗定额 30 千克，C 材料单价为 2.5 元。分配计算如下：

甲产品 C 材料定额费用＝200×40×2.5＝20 000（元）
乙产品 C 材料定额费用＝400×30×2.5＝30 000（元）

$$材料费用分配率 = \frac{60\ 000}{20\ 000+30\ 000} = 1.2$$

甲产品应分配 C 材料费用＝20 000×1.2＝24 000（元）
乙产品应分配 C 材料费用＝30 000×1.2＝36 000（元）

3. 重量分配法

重量分配法是以各种产品的重量为标准来分配材料费用的方法。如果企业生产的几种产品共同耗用某一种材料，而耗用量的多少与产品重量有直接关系，可采用重量分配法。与重量分配法类似的方法还有产品产量分配法、产品体积分配法等。重量分配法的计算公式如下：

$$材料费用分配率 = \frac{各种产品共同耗用的材料费用总额}{各种产品的重量之和}$$

某种产品应分配的材料费用＝该种产品的重量 × 材料费用分配率

【例2-3】 特立企业2021年3月生产甲、乙、丙三种产品，共同耗用D材料50 000元，本月三种产品的重量分别为2 000千克、3 000千克、5 000千克。按重量分配法分配材料费用如下：

分配率＝50 000/（2 000 + 3 000 + 5 000）= 5（元/千克）

甲产品应分配D材料费用＝2 000×5 = 10 000（元）

乙产品应分配D材料费用＝3 000×5 = 15 000（元）

丙产品应分配D材料费用＝5 000×5 = 25 000（元）

材料费用的分配方法除了上述几种以外，还有产品产量比例分配法、系数分配法等。

二、外购动力费用的归集与分配

外购动力费用是指向外单位购买各种动力，如电力、热力等所支付的费用。外购动力费用的核算，包括外购动力费用归集的核算和外购动力费用分配的核算。

（一）外购动力费用的归集

从理论上讲，在支付外购动力费用时，应按动力的用途，将其直接计入有关成本、费用账户，贷记"银行存款"账户。但实际工作中，一般是通过"应付账款"账户核算，即在付款时先将其作为暂付款处理，借记"应付账款"账户，贷记"银行存款"账户，月末按照外购动力的用途和数量分配费用时，再借记各成本、费用账户，贷记"应付账款"账户。

（二）外购动力费用的分配

外购动力有的直接用于产品生产，有的间接用于产品生产，有的用于经营管理，因此外购动力费用应按车间、部门和用途进行分配。在有计量仪表记录的情况下，直接根据仪表所示的耗用数量和单价进行分配；在没有计量仪表的情况下，要按照一定的标准在各种产品之间进行分配。分配方法有：生产工时比例法、机器工时比例法、定额消耗量法等。相关计算公式为：

$$电力费用分配率 = \frac{电力费用总额}{\sum 车间、部门动力和照明用电度数}$$

某车间、部门照明用电费用＝该车间、部门照明用电度数 × 电力费用分配率

某车间动力用电费用＝该车间动力用电度数 × 电力费用分配率

$$某车间动力用电费用分配率 = \frac{该车间动力用电费用}{\sum 该车间产品生产工时数（或机器工时、定额工时）}$$

直接用于产品生产的动力费用，应借记"基本生产成本"账户及所属产品成本明细账"燃料及动力"成本项目；直接用于辅助生产又单独设置"燃料及动力"成本项目的动力费用，借记"辅助生产成本"账户及所属明细账的"燃料及动力"成本项目；用于基本生产车间和辅助生产车间的动力费用，如照明用电以及行政管理部门的照明用电的动力费用等，应分别借记"制造费用""辅助生产成本""管理费用"账户及其所属明细账有关项目；如果基本生产车间和辅助生产车间不单独设置"燃料及动力"成本项目，则发生的燃料动力费用记入"制造费用"账户或"基本生产成本"账

户中的直接材料"制造费用"成本项目。

【例2-4】特立企业2021年3月共用电28 000度，共发生电费18 200元。其中基本生产车间生产产品用电15 000度，照明用电2 000度，机修车间用电4 500度，供电车间用电3 000度，企业管理部门用电3 500度。该企业采用生产工时比例分配法分配动力费用。基本生产车间生产甲、乙两种产品。本月两种产品的生产工时分别为6 000工时和4 000工时。

在实际工作中，动力费用分配是通过编制外购动力费用分配表进行的，如表2-2所示。

表2-2 外购动力费用分配表

2021年3月　　　　　　　　　　　　　　　　　　　　　　　　　　单位：元

应借记账户		成本或费用项目	分配费用			电力费用分配		
			生产工时	分配率	分配金额	用电度数	分配率	分配金额
基本生产成本	甲产品	燃料及动力	6 000		5 850			
	乙产品	燃料及动力	4 000		3 900			
小计			10 000	0.975	9 750	15 000		9 750
辅助生产成本	机修车间					4 500		2 925
	供电车间					3 000		1 950
小计						7 500		4 875
制造费用		水电费				2 000		1 300
管理费用		水电费				3 500		2 275
合计						28 000	0.65	18 200

```
借：基本生产成本——甲产品                 5 850
    基本生产成本——乙产品                 3 900
    辅助生产成本——机修车间               2 925
    辅助生产成本——供电车间               1 950
    制造费用                              1 300
    管理费用                              2 275
  贷：应付账款                           18 200
```

三、职工薪酬费用的归集与分配

职工薪酬，是指企业为获得职工提供的服务或解除劳动合同关系而给予的各种形式的报酬或补偿。职工薪酬包括短期薪酬、离职后福利、辞退福利和其他长期职工福利。按照《企业会计准则》规定，企业发生的职工薪酬费用应当按照其性质和用途计入相关成本、费用。下面重点介绍短期薪酬中工资费用的归集与分配。

（一）短期薪酬费用的归集

短期薪酬，是指企业在职工提供相关服务的年度报告期间结束后12个月内需要全部予以支付的职工薪酬，因解除与职工的劳动关系给予的补偿除外。短期薪酬具体包括：职工工资、奖金、津贴和补贴，职工福利费，医疗保险费、工伤保险费和生育保险费等社会保险费，住房公积金，工会经费和职工教育经费，短期带薪缺勤，短期利润分享计划，非货币性福利以及其他短期薪酬。

1. 工资费用核算的原始凭证

工资费用核算的原始凭证，主要包括考勤记录、产量工时记录等。为了正确地计算应付给每个职工的工资，各单位应根据本单位生产经营管理工作及工资制度的具体要求，建立健全各项工资计算的原始记录，保证各项工资计算原始记录的正确、真实、完整。

（1）工资卡片。工资卡片是反映职工到职、离职、内部调动、职务职级变动、工资标准等级变动、各种津贴等基本情况的一种卡片。工资卡片由劳动人事部门按人设置，并分部门进行保管。财务部门应根据劳动人事部门职工调入、调出的通知，起发、停发职工工资，并根据工资卡片和其他有关记录核定每位职工的工资标准。

（2）考勤记录。考勤记录是反映职工出勤情况的原始记录，是计算职工工资、分析与考核职工出勤和工作情况的依据。考勤记录一般采取考勤簿或考勤卡的方式。月末，考勤人员应将经过有关负责人检查、签章后的考勤记录送交会计部门审核。经过审核的考勤记录，即可据以计算每个职工的工资。

（3）产量工时记录。产量工时记录是记录职工或生产小组在出勤时间内完成的数量、质量和生产产品所用工时的原始记录。它不仅是统计产品产量和工时、计算计件工资的原始依据，也是监督生产作业计划和工时定额完成情况、考核劳动生产率的重要依据。会计部门应对产量记录进行审核，经过审核的产量记录即可作为计算计件工资的依据。产量工时记录通常包括工作通知单、工序进程单和工作班产量记录等。

2. 工资的计算

工资的计算，包括计时工资和计件工资的计算。

（1）计时工资的计算。计时工资，是根据考勤记录登记的每个职工出勤或缺勤天数，按照规定的工资标准计算的。计时工资的计算方法有两种：月薪制和日薪制。

1）月薪制。月薪制是按全勤月标准工资扣除缺勤工资来计算应付工资的一种方法，也称为扣缺勤制。计算公式如下：

$$实发工资 = 月标准工资 - 缺勤工资$$

$$缺勤工资 = 缺勤天数 \times 日工资率 \times 扣款比例$$

日工资率的计算方法有两种：一是每月固定按 30 天计算，则日工资率＝月标准工资 /30。在这种日工资率下，法定节假日应计付工资，但缺勤期间的节假日按缺勤处理，扣发工资；二是按月平均工作天数计算。在这种工资率下，法定节假日不付工资，因而缺勤期的节假日不扣工资。

【例 2-5】特立企业基本生产车间职工刘华月标准工资 1 050 元。2021 年 3 月，刘华请事假 3 天（包括一个周末双休），病假 2 天。其病假工资按 80% 计发，则月薪制下刘华本月应发计时工资额计算如下：

①按 30 天计算：

$$日工资率 = 1\,050 \div 30 = 35（元/天）$$

$$应发工资 = 1\,050 - 3 \times 35 - 2 \times 35 \times 20\% = 931（元）$$

②按 20.83 天计算：

$$日工资率 = 1\,050 \div 20.83 = 50.41（元/天）$$

$$应发工资 = 1\,050 - (3-1) \times 50.41 - 2 \times 50.41 \times 20\% = 929.02（元）$$

2）日薪制。日薪制是按职工实际出勤天数和标准工资来计算应付工资的方法，也称出勤制。计算公式如下：

$$应发工资 = 月出勤天数 \times 日工资率 + 应发缺勤工资$$

或：

$$应发工资 = 月出勤天数 \times 日工资率 + 病假天数 \times 日工资率 \times (1 - 病假扣款比例)$$

【例 2-6】仍以【例 2-5】为例，日薪制下刘华本月应发工资计算如下：

日工资率按 30 天计算：

$$应发工资 =（31-3-2）\times 35 + 2\times 35 \times（1-20\%）= 966（元）$$

日工资率按 20.83 天计算：

$$月应得工资 =［31-8-（3-1）-2］\times 50.41 + 2\times 50.41\times 80\% = 1\ 038.44（元）$$

从以上计算结果可以看出，采用不同的工资计算方法，计算结果不同。具体采用哪种方法，可由企业自行确定，但方法一旦确定，为保持会计信息的可比性，不得随意变更。

（2）计件工资的计算。计件工资是根据有关产量记录和规定的计件单价计算的工资额，按照结算对象不同，可分为个人计件工资和集体计件工资两种。

1）个人计件工资的计算。应根据产量记录中每一职工个人完成的产品产量计算。计算公式如下：

$$应发工资 = \sum（个人完工产品产量 \times 计件单价）$$

式中，产品产量包括合格品产量和不是由于工人本人过失造成的不合格品数量（如料废数量）。对于后者，如未完成整个加工过程，则应按生产工人完成的定额工时计算计件工资。由于工人本人过失造成的工废产品，不计算、支付工资，有的还应该由责任人赔偿损失。

【例 2-7】特立企业基本生产车间工人张伟 2021 年 3 月加工完成甲产品 400 个，均为合格产品；完成乙产品 500 个，其中合格品 480 个、工废品 5 个、料废品 15 个。计件单价甲产品每个 0.8 元，乙产品每个 1.2 元。

$$应付张伟计件工资 = 400\times 0.8 +（480+15）\times 1.2 = 914（元）$$

2）集体计件工资的计算。生产小组等集体计件工资的计算方法与个人计件工资的计算方法相同，不同之处在于计算出集体应得计件工资总额后，还要将集体计件工资在小组内部各成员之间按贡献大小进行分配。由于职工的级别或工资标准一般体现该职工劳动的质量和技术水平，工作时间一般体现劳动数量，所以小组内部一般按每人的工资标准和工作日数（或工时数）的乘积占比进行分配。

$$计件工资分配率 = \frac{小组应得计件工资总额}{按小组每小时工资率与实际工时计算的工资额之和}$$

【例 2-8】特立企业基本生产车间第一生产小组由甲、乙、丙、丁四人组成，2021 年 3 月共同完成某项工程，获得集体计件工资 9 450 元，其工资标准和实际工作时间见表 2-3。计算该小组成员个人应得计件工资，结果如表 2-3 所示。

表 2-3　小组计件工资分配表

2021 年 3 月　　　　　　　　　　　　　　　　　　　　　　　　　单位：元

姓名	小时工资率	实际工作小时	按小时工资率与实际工时计算的工资	计件工资分配率	应得计件工资
甲	7	110	770		2 695
乙	6	120	720		2 520
丙	5	130	650		2 275
丁	4	140	560		1 960
合计		500	2 700	3.5	9 450

3．工资费用的归集

会计部门应该根据计算的每个职工工资，按车间、部门分别编制工资结算单，结算单中按照职工类别和姓名分行填列应付每个职工的各种工资、代发款项（交通补贴等）、代扣款项（如代扣住房公积金、养老保险金、医疗保险金、个人所得税等）和应发金额，作为与职工进行工资结算的依据。

为了掌握整个企业的工资结算和支付情况，还应根据各车间、部门的工资计算单等资料编制全厂工资结算单（也称工资结算汇总表），同时据以编制工资费用分配表。在工资结算单中，应付工资的金额即为归集的应分配计入成本、费用的工资费用。

现列示特立企业2021年3月的工资结算汇总表，见表2-4。

表2-4 工资结算汇总表

2021年3月 单位：元

车间、部门		应付工资						代扣款项				实发工资
		基本工资	加班工资	奖金	津贴补贴	缺勤扣款	合计	养老金	公积金	个人所得税	合计	
基本生产	生产工人	46 000		7 000	800	100	53 700	4 600	1 950	350	6 900	46 800
	管理人员	5 400		2 600	600		8 600	1 800	240	120	2 160	6 440
辅助生产	机修	6 500	500	2 800	200	50	9 950	2 000	260	140	2 400	7 550
	供电	4 200		1 800	200		6 200	1 500	200	100	1 800	4 400
行政管理人员		7 500		3 200	300		11 000	3 500	340	160	4 000	7 000
福利部门		2 800		1 000	50		3 850	950	200	80	1 230	2 620
合计		72 400	500	18 400	2 150	150	93 300	14 350	3 190	950	18 490	74 810

（二）短期薪酬的分配

短期薪酬的大部分应计入产品成本和经营管理费用，但并不是所有的短期薪酬都计入费用、成本，如在建工程施工人员的薪酬应计入工程成本。具体情况如下：基本生产车间产品生产工人的薪酬记入"基本生产成本"账户借方及所属明细账的"直接人工"成本项目；基本生产车间管理人员的薪酬记入"制造费用"账户的借方；辅助生产车间工人、管理人员的薪酬，如企业分设"辅助生产成本"和"制造费用——辅助车间"账户核算的，分别记入上述账户的借方，如企业辅助生产费用均在"生产成本——辅助生产成本"账户核算，则将辅助车间的职工薪酬费用均记入"辅助生产成本"账户的借方；行政管理人员的薪酬及长期病假人员的工资、福利人员的工资记入"管理费用"账户的借方；专职销售机构人员的薪酬，记入"销售费用"账户的借方；从事基本建设工程人员的薪酬，记入"在建工程"账户的借方，已分配的薪酬总额，记入"应付职工薪酬"账户的贷方。

在分配基本生产车间工人的工资费用时，其计件工资属于直接计入费用，只需直接记入该产品成本明细账的"直接人工"成本项目；计时工资、奖金、津贴要视情况而定，月内如果只生产一种产品，仍可作为直接费用直接计入所生产产品的成本，如果生产多种产品，则属于间接费用，应在各产品之间进行分配。

【例2-9】如表2-5所示，基本生产工人应付工资53 700元，属于甲、乙两种产品共同发生的工资费用，按规定，依据产品的生产工时标准进行分配。甲、乙两种产品的生产工时分别为6 000小时和4 000小时，则分配如下：

$$工资费用分配率 = \frac{53\ 700}{6\ 000 + 4\ 000} = 5.37$$

计入甲产品工资费用 = 6 000×5.37 = 32 220（元）
计入乙产品工资费用 = 4 000×5.37 = 21 480（元）

工资费用的分配是通过编制"工资费用分配表"进行的。该表数据是根据工资结算单或工资结算汇总表得出的，如表 2-5 所示。

表 2-5 工资费用分配表

2021 年 3 月　　　　　　　　　　　　　　　　　　　　　　　　　单位：元

分配对象		工资			直接计入	合计
应借记科目	成本或费用项目	生产工时	分配率	分配金额		
基本生产成本	甲产品	直接人工	6 000		32 220		32 220
	乙产品	直接人工	4 000		21 480		21 480
	小计		10 000	5.37	53 700		53 700
制造费用	基本生产车间	工资				8 600	8 600
辅助生产成本	机修车间	直接工资				9 950	9 950
	供电车间	直接工资				6 200	6 200
	小计					16 150	16 150
管理费用		工资				14 850	14 850
合计					53 700	39 600	93 300

编制会计分录如下：

借：基本生产成本——甲产品　　　　　　　　　　　　　　　　　　　32 220
　　　　　　　　——乙产品　　　　　　　　　　　　　　　　　　　21 480
　　辅助生产成本——机修车间　　　　　　　　　　　　　　　　　　　9 950
　　　　　　　　——供电车间　　　　　　　　　　　　　　　　　　　6 200
　　制造费用　　　　　　　　　　　　　　　　　　　　　　　　　　　8 600
　　管理费用　　　　　　　　　　　　　　　　　　　　　　　　　　　14 850
　贷：应付职工薪酬——工资　　　　　　　　　　　　　　　　　　　93 300

四、其他要素费用的归集与分配

（一）折旧费用的归集与分配

企业的固定资产在长期的使用过程中，会不断地发生损耗，其价值会随着固定资产的损耗而逐渐减少，减少的那部分价值就是固定资产折旧。固定资产价值应该在固定资产的有效使用年限内进行分摊，形成折旧费用，分别记入相关的成本费用账户。

1. 折旧的计算

（1）折旧范围。按现行制度的规定，企业除单独估价作为固定资产入账的土地、已提足折旧仍继续使用的固定资产、以经营租赁方式租入的固定资产以外的固定资产都要计提折旧。

企业一般按月提取折旧，以月初固定资产原值作为计提折旧的依据。当月增加的固定资产当月不提折旧，从下月开始计提；当月减少的固定资产当月照提折旧，从下月起不再提取折旧。固定资产提足折旧后，不管其是否继续使用，均不再提取折旧，未提足折旧提前报废的固定资产不再补提折旧。

（2）计提折旧的方法。企业固定资产计提折旧的方法主要有平均年限法、工作量法、双倍余额递减法和年数总和法。采用不同的方法计算出的各期折旧费用是不同的，因而直接影响企业某期的成本、费用水平。企业应注意选择适当的折旧方法，固定资产的折旧方法一经确定，不得随意变更。各种折旧方法的具体内容，可参阅《财务会计》，本书不再赘述。

2．折旧费用的分配

一种产品的生产往往需要多种机器设备，而每一种机器设备又可能生产多种产品。因此，机器设备的折旧费是直接用于产品生产的费用。但是，将其直接计入所生产的产品成本的分配工作比较复杂，所以，为了简化产品成本的计算工作，将生产产品用机器设备的折旧费和间接用于产品生产的车间房屋等其他固定资产的折旧费用，一起作为制造费用的一个费用项目。也就是说，折旧费应按固定资产使用的车间、部门分别记入"制造费用""基本生产成本""辅助生产成本""管理费用"等账户的借方，折旧总额记入"累计折旧"账户的贷方。

当固定资产折旧的变化不是很频繁时，为减轻折旧计算的工作量，企业各车间、部门每月计提的折旧额可根据下述公式计算：

$$\text{本月应提折旧额} = \text{上月提取的折旧额} + \text{上月增加固定资产应计提的折旧额} - \text{上月减少固定资产应减少的折旧额}$$

月末，会计部门应根据计算的结果编制"折旧费用分配表"，据以进行折旧的账务处理。现列示特立企业2021年3月"折旧费用分配表"，见表2-6。

表2-6 固定资产折旧费用分配表

2021年3月　　　　　　　　　　　　　　　　　　　　单位：元

车间、部门		2月固定资产折旧额	2月增加固定资产折旧额	2月减少固定资产折旧额	本月固定资产折旧额
基本生产车间		8 240	460	300	8 400
辅助生产车间	机修车间	2 260	240	100	2 400
	供电车间	1 230	170	60	1 340
管理部门		2 080		180	1 900
合计		13 810	870	640	14 040

根据表2-6，编制会计分录如下：

借：制造费用　　　　　　　　　　　　　　　　　　　　　　　　　　　　8 400
　　辅助生产成本——机修车间　　　　　　　　　　　　　　　　　　　　2 400
　　　　　　　　　——供电车间　　　　　　　　　　　　　　　　　　　1 340
　　管理费用　　　　　　　　　　　　　　　　　　　　　　　　　　　　1 900
　　贷：累计折旧　　　　　　　　　　　　　　　　　　　　　　　　　　14 040

(二) 利息费用的归集与分配

利息费用不是产品成本的组成部分，而是财务费用的一个费用项目。

利息费用一般按季结算支付，为了正确划分各个月份的费用，季内各月应付的利息费用应按月预提，作为应付利息；季末实际支付时冲减应付利息，实际支付的费用与预提费用的差额，调整计入季末月份的财务费用。

【例2-10】特立企业短期借款利息采用按月预提、季末支付的办法。第一季度按计划每月预提

1 800元，3月该企业以银行存款支付本季度利息共5 300元，则

企业1月、2月预提利息费用时，编制会计分录如下：

借：财务费用　　　　　　　　　　　　　　　　　　　　　　　1 800
　　贷：应付利息　　　　　　　　　　　　　　　　　　　　　　　1 800

3月末支付利息时，编制会计分录如下：

借：应付利息　　　　　　　　　　　　　　　　　　　　　　　3 600
　　财务费用　　　　　　　　　　　　　　　　　　　　　　　1 700
　　贷：银行存款　　　　　　　　　　　　　　　　　　　　　　　5 300

利息费用如果数额不大，为了简化核算，也可以不采用预提的方式，而是在季末实际支付时全部计入当月的财务费用。如【例2-10】不采用预提的方式，则季末支付时，编制会计分录如下：

借：财务费用　　　　　　　　　　　　　　　　　　　　　　　5 300
　　贷：银行存款　　　　　　　　　　　　　　　　　　　　　　　5 300

（三）税金的归集与分配

企业费用要素中的税金，主要包括消费税、城市维护建设税、资源税、房产税、车船使用税、土地使用税和印花税等。税金不是产品成本的组成部分，而是费用的组成部分。计算应缴纳的各种税金时，借记"税金及附加"科目，贷记"应交税费"科目，实际缴纳税款时，借记"应交税费"科目，贷记"银行存款"科目。

第二节　辅助生产费用的归集与分配

辅助生产费用是指为基本生产车间、管理部门或其他辅助生产车间提供产品或劳务而发生在辅助生产车间的各项耗费。基本生产车间是企业内从事各种产品生产的车间，并以生产各种产品为主要任务，是企业的主要生产单位。企业内专门为基本生产车间、管理部门提供产品或劳务的服务部门称为辅助生产车间，其所从事的生产活动称为辅助生产，而从事辅助生产所发生的各项费用就是辅助生产费用。辅助生产车间的主要任务就是为企业内的其他车间和部门提供产品或劳务服务，如供电、机修、供水等，它是企业的辅助生产单位。虽然辅助生产车间有时也可能对外提供服务，但这并不是辅助生产车间的主要任务。

虽然辅助生产车间与基本生产车间有很大的区别，但它同样是企业生产活动的重要部门。一个完整的企业，不仅要设置基本生产车间，生产对外销售的产品，还要设置辅助生产车间，为基本生产车间和管理部门服务，它所生产的产品和劳务一般为基本生产车间和管理部门所耗用，很难对外销售。如果有对外销售，辅助生产车间应单独计算成本。

辅助生产车间所生产的产品和提供劳务的成本，将直接影响到企业产品的生产成本水平，只有先确定了辅助生产成本，才能计算基本生产成本。由于辅助生产费用月终应在各受益对象之间进行分配，所以，正确、及时地组织辅助生产费用的核算，对于企业产品成本的计算有着重要的意义。

一、辅助生产费用的归集

辅助生产费用是通过"生产成本——辅助生产成本"账户进行归集的，一般应按车间及劳务种类设置明细账，以进行明细分类核算。所发生的各项辅助生产费用，应通过"生产成本——辅助生产成本"账户的借方进行归集，并记入相应明细账的有关成本项目。其中，所发生的直接费用，直接记入各明细账的有关成本项目中，间接费用则应分配记入该账户。

辅助生产费用归集的程序有两种，其区别在于辅助生产制造费用归集的程序上。

在通常情况下，辅助生产车间发生的间接费用，应先在"制造费用"账户借方归集，月终再分配转入"生产成本——辅助生产成本"账户，这与基本生产车间的间接费用的处理方法相同。

如果辅助生产车间发生的间接费用很少，而该辅助生产车间又不对外提供产品，则该车间可以不设"制造费用"明细账，发生的间接费用直接记入"生产成本——辅助生产成本"账户的各有关费用项目中；另外，在一些规模较小，发生的辅助生产费用不多的企业，也可以不设置"生产成本——辅助生产成本"账户，而是将发生的各项费用全部记入按车间设置的"制造费用"账户的各有关费用项目中。如果辅助生产车间只生产一种产品或提供单一劳务，也不必设置辅助生产车间的"制造费用"明细账，直接在"生产成本——辅助生产成本"账户下设置专栏来记录、反映各种间接费用的发生情况。

辅助生产车间发生的各项费用，如材料、工资、福利费、外购动力费等，应根据"材料费用分配表""工资费用分配表""职工福利费分配表""外购动力费分配表"等有关凭证，记入"生产成本——辅助生产成本"账户的借方，结转完工产品和提供劳务实际成本时，则记入"生产成本——辅助生产成本"账户的贷方。若是提供劳务的辅助生产车间，月末该账户无余额；若是提供产品的辅助生产车间，该账户月末一般有余额，表示该车间的在产品成本。

辅助生产费用归集的会计分录如下：

借：辅助生产成本
　　贷：原材料
　　　　应付账款
　　　　应付职工薪酬
　　　　预提费用
　　　　待摊费用
　　　　累计折旧
　　　　银行存款
　　　　……

二、辅助生产费用的分配

通过"辅助生产成本"账户及所属明细账归集的辅助生产费用，月末需按一定的方法在各受益单位之间进行分配。

由于辅助生产车间所生产的产品和提供的劳务的种类不同，归集费用转出和分配的程序方法也不一样。辅助生产车间所生产的工具、模具、修理用备件等产品的成本，应在完工入库时，计算并结转为存货成本，从"辅助生产成本"账户的贷方转入"原材料""低值易耗品"等账户的借方。而辅助生产车间提供的不能入库的产品和劳务，如电、气、修理等发生的费用，需在各受益对象之间按照受益数量或其他有关比例进行分配，从"辅助生产成本"账户的贷方转入相关账户的借方。辅助生产费用的分配是通过编制辅助生产费用分配表进行的。

辅助生产车间主要是为基本生产车间和企业管理部门提供产品或劳务，但在某些辅助生产车间之间，也存在相互提供产品或劳务的情况。如修理车间为供电车间修理设备，供电车间为修理车间提供电力。这样，为了计算修理成本，先要确定供电成本；为了计算供电成本，又要确定修理成本。因此，为了正确计算辅助生产产品或劳务成本，在分配辅助生产费用时，应首先在各辅助生产车间之间进行费用的交互分配，然后才是对外（即辅助生产车间以外的各受益部门）分配费用。这是辅助生产费用分配的特点。

辅助生产费用的分配方法主要包括直接分配法、交互分配法、顺序分配法、计划成本分配法和代数分配法等。

1. 直接分配法

直接分配法，是指各辅助生产车间发生的费用，直接分配给除辅助生产车间以外的各受益对象，而不考虑各辅助生产车间相互提供产品或劳务的情况。计算公式为：

$$某产品或劳务分配率 = \frac{该辅助生产车间待分配的费用}{各受益对象耗用产品或劳务的总量}$$

【例 2-11】特立企业 2021 年 3 月辅助生产车间发生的费用如下：机修车间本月发生的费用为 15 000 元，供电车间本月发生的费用为 23 400 元。各辅助生产车间供应产品或劳务量见表 2-7。

表 2-7 辅助生产车间产品或劳务数量表

2021 年 3 月

车间、部门		机修车间（小时）	供电车间（度）
基本生产车间	甲产品	900	14 000
	乙产品	850	12 000
	一般耗用	450	2 000
辅助生产车间	机修车间		4 000
	供电车间	500	
行政管理部门		300	8 000
合计		3 000	40 000

采用直接分配法的辅助生产费用分配表见表 2-8。

表 2-8 辅助生产费用分配表（直接分配法）

2021 年 3 月

项目		机修车间		供电车间		合计（元）
		劳务量	金额（元）	劳务量	金额（元）	
待分配费用			15 000		23 400	38 400
产品或劳务量		2 500		36 000		
分配率		6		0.65		
基本生产车间	甲产品	900	5 400	14 000	9 100	14 500
	乙产品	850	5 100	12 000	7 800	12 900
	一般消耗	450	2 700	2 000	1 300	4 000
行政管理部门		300	1 800	8 000	5 200	7 000
合计		2 500	15 000	36 000	23 400	38 400

其中：

机修分配率 = 15 000/2 500 = 6，供电分配率 = 23 400/36 000 = 0.65

根据表 2-8，编制会计分录如下：
借：生产成本——基本生产成本——甲产品　　　　　　　　　　　　14 500
　　　　　　　　　　　　　　——乙产品　　　　　　　　　　　　12 900
　　制造费用　　　　　　　　　　　　　　　　　　　　　　　　　 4 000
　　管理费用　　　　　　　　　　　　　　　　　　　　　　　　　 7 000
　　贷：生产成本——辅助生产成本——机修车间　　　　　　　　　15 000
　　　　　　　　　　　　　　　　——供电车间　　　　　　　　　 23 400

这种方法适用于各辅助生产费用只是对外分配，且只分配一次，计算工作最简便，但当辅助生产车间相互提供的产品或劳务差异较大时，分配结果往往与实际不符。因此，一般在各辅助生产车间相互提供产品或劳务不多，不进行交互分配，对辅助生产成本和企业产品成本准确性影响不大时采用直接分配法。

2．交互分配法

交互分配法是指先根据各辅助生产车间、部门相互提供的产品或劳务数量和交互分配前的费用分配率，进行一次交互分配，然后将各辅助生产车间、部门交互分配后的实际费用采用直接分配法进行分配。计算公式如下：

（1）交互分配。

$$某辅助生产车间交互劳务分配率 = \frac{该辅助生产车间直接发生费用}{该辅助生产车间提供劳务总量}$$

$$某辅助生产车间交互分配转入的费用 = 其他辅助生产车间向该辅助生产车间提供劳务量 \times 耗用劳务的交互分配率$$

$$某辅助生产车间交互分配转出的费用 = 该辅助生产车间向其他辅助生产车间提供劳务量 \times 提供劳务的交互分配率$$

$$某辅助生产车间交互分配后的实际费用 = 该辅助生产车间直接发生费用 + 某辅助生产车间交互分配转入的费用 - 该辅助生产车间交互分配转出的费用$$

（2）对外分配。

$$某产品或劳务的分配率 = \frac{该辅助生产车间交互分配后的实际费用}{辅助生产车间以外受益对象耗用的产品或劳务总量}$$

【例 2-12】以例【例 2-11】为例，采用交互分配法进行分配。结果见表 2-9。

表 2-9　辅助生产费用分配表（交互分配法）

2021 年 3 月

项目		机修车间		供电车间		费用合计（元）
		劳务量	金额（元）	劳务量	金额（元）	
交互分配	待分配费用		15 000		23 400	38 400
	劳务供应量	3 000		40 000		
	分配率		5		0.585	
	辅助生产车间　机修车间			4 000	2 340	
	供电车间	500	2 500			

续表

项目			机修车间		供电车间		费用合计（元）
			劳务量	金额（元）	劳务量	金额（元）	
对外分配	待分配费用			14 840		23 560	38 400
	劳务量		2 500		36 000		
	分配率			5.936		0.6544	
	基本生产车间	甲产品	900	5 342.40	14 000	9 161.60	14 504
		乙产品	850	5 045.60	12 000	7 852.80	12 898.40
		一般耗用	450	2 671.20	2 000	1 308.80	3 980
	行政管理部门		300	1 780.80	8 000	5 236.80	7 017.60
	合计		2 500	14 840	36 000	23 560	38 400

其中：

14 840＝15 000－2 500＋2 340；23 560＝23 400－2 340＋2 500

根据表 2-9，编制会计分录如下：

①交互分配：

借：辅助生产成本——机修车间　　　　　　　　　　　　　　　　　　2 340

　　　　　　　——供电车间　　　　　　　　　　　　　　　　　　　2 500

　　贷：辅助生产成本——机修车间　　　　　　　　　　　　　　　　2 500

　　　　　　　——供电车间　　　　　　　　　　　　　　　　　　　2 340

②对外分配：

借：基本生产成本——甲产品　　　　　　　　　　　　　　　　　　14 504

　　　　　　　——乙产品　　　　　　　　　　　　　　　　　　12 898.4

　　制造费用　　　　　　　　　　　　　　　　　　　　　　　　　3 980

　　管理费用　　　　　　　　　　　　　　　　　　　　　　　　　7 017.6

　　贷：辅助生产成本——机修车间　　　　　　　　　　　　　　　14 840

　　　　　　　——供电车间　　　　　　　　　　　　　　　　　　23 560

采用交互分配法时，先在辅助生产车间内部进行交互分配，弥补了直接分配法的不足，提高了辅助生产费用分配的准确性。但由于要进行两次分配，分配计算工作有所增加，特别是在辅助生产车间比较多的情况下，计算尤为复杂。因此，交互分配法适用于辅助生产车间不多、相互提供产品或劳务较多的企业。

3．顺序分配法

顺序分配法是指企业将辅助生产费用，按照事先排列的顺序进行分配的一种方法。顺序是按各辅助生产车间相互之间受益的多少确定，受益少的排在前面，先将费用分配出去，受益多的排在后面，后将费用分配出去。每个辅助生产车间的费用只对排在其后的辅助生产车间及其他受益对象进行分配，而不考虑排列在前面的各辅助生产车间相互耗用劳务的因素。

【例 2-13】沿用【例 2-11】资料，现采用顺序分配法对辅助生产费用进行分配，结果见表 2-10。

表 2-10　辅助生产费用分配表（顺序分配法）

2021 年 3 月　　　　　　　　　　　　　　　　　　　　　　　　　　　　单位：元

项目			机修车间	供电车间	合计
待分配费用	直接发生的费用		15 000	23 400	38 400
	分配转入			2 500	2 500
	小计		15 000	25 900	40 900
劳务数量			3 000	36 000	
分配率			5	0.719 4	
辅助生产车间	供电车间	耗用数量	500		
		分配金额	2 500		2 500
	机修车间	耗用数量			
		分配金额			
基本生产车间	甲产品	耗用数量	900	14 000	
		分配金额	4 500	10 071.6	14 571.6
	乙产品	耗用数量	850	12 000	
		分配金额	4 250	8 632.8	12 882.8
	一般耗用	耗用数量	450	2 000	
		分配金额	2 250	1 438.8	3 688.8
行政管理部门		耗用数量	300	8 000	
		分配金额	1 500	5 756.8	7 256.8
合计			15 000	25 900	40 900

根据表 2-10，编制会计分录如下：

借：辅助生产成本——供电车间　　　　　　　　　　　　　　　　2 500
　　基本生产成本——甲产品　　　　　　　　　　　　　　　　　4 500
　　　　　　　　——乙产品　　　　　　　　　　　　　　　　　4 250
　　制造费用　　　　　　　　　　　　　　　　　　　　　　　　2 250
　　管理费用　　　　　　　　　　　　　　　　　　　　　　　　1 500
　　贷：辅助生产成本——机修车间　　　　　　　　　　　　　　15 000
借：基本生产成本——甲产品　　　　　　　　　　　　　　　　　10 071.6
　　　　　　　　——乙产品　　　　　　　　　　　　　　　　　8 632.8
　　制造费用　　　　　　　　　　　　　　　　　　　　　　　　1 438.8
　　管理费用　　　　　　　　　　　　　　　　　　　　　　　　5 756.8
　　贷：辅助生产成本——供电车间　　　　　　　　　　　　　　25 900

这种分配方法，应在各辅助生产车间相互之间耗用劳务的多少有明显顺序的情况下采用。但应注意，排序的标准——受益多少，并不是指受益数量的多少，而是指受益金额的大小。

4．计划成本分配法

计划成本分配法是指企业按照事先已确定的计划单位成本，以及辅助生产车间为所有受益对象提供产品或劳务的数量，计算分配辅助生产费用的一种方法。

采用计划成本分配法分配费用时，需要分两个步骤进行：

第一步，用各受益对象接受产品或劳务的数量，分别乘以计划单位成本，计算分配给各受益对象的金额。

第二，将各受益对象实际发生的费用（在分配之前已归集的费用和交互分配转入的费用）与按计划单位成本分配转出的费用之间的差额，追加分配给辅助生产车间以外的各受益对象（差额较大时）或全部计入管理费用（差额较小时）。

计算公式如下：

$$\text{某受益对象应分配的辅助生产费用} = \text{该辅助生产计划单位成本} \times \text{该受益对象接受辅助生产的劳务数量}$$

$$\text{某辅助车间按计划单位成本分配的费用总额} = \text{该辅助生产车间提供的劳务总量} \times \text{该辅助生产车间提供的计划单位成本}$$

$$\text{某辅助生产车间实际发生的费用总额} = \text{该辅助生产车间待分配的费用} + \text{从其他辅助生产车间按计划成本转入的费用}$$

$$\text{某辅助生产车间提供劳务的成本差异} = \text{该辅助生产车间实际发生的费用总额} - \text{该辅助生产车间按计划成本分配的费用额}$$

【例 2-14】根据表 2-7 的资料，现采用计划成本分配法对辅助生产费用进行分配。假设机修车间机修劳务的计划单位成本为 5.10 元 / 小时，供电车间电费计划单位成本为 0.55 元 / 度。辅助生产费用分配表见表 2-11。

表 2-11　辅助生产费用分配表（计划成本分配法）

2021 年 3 月

项目		机修车间		供电车间		费用合计（元）
		劳务量	金额（元）	劳务量	金额（元）	
待分配费用和数量		3 000	15 000	40 000	23 400	38 400
计划单位成本		5.1 元 / 小时		0.55 元 / 度		
辅助生产车间	机修车间			4 000	2 200	2 200
	供电车间	500	2 550			2 550
	小计	500	2 550	4 000	2 200	
基本生产车间	甲产品	900	4 590	14 000	7 700	12 290
	乙产品	850	4 335	12 000	6 600	10 935
	一般耗用	450	2 295	2 000	1 100	3 395
	小计	2 200	11 220	28 000	15 400	26 620
行政管理部门		300	1 530	8 000	4 400	5 930
按计划成本分配金额			15 300		22 000	37 300
辅助生产实际成本			17 200		25 950	43 150
辅助生产成本差异			1 900		3 950	5 850

根据表 2-11，编制会计分录如下：

（1）按计划成本分配分录。

借：生产成本——基本生产成本——甲产品　　　　　　　　　　　　　　12 290
　　　　　　　　　　　　　——乙产品　　　　　　　　　　　　　　10 935
　　生产成本——辅助生产成本——机修车间　　　　　　　　　　　　　2 200
　　　　　　　　　　　　　——供电车间　　　　　　　　　　　　　　2 550
　　制造费用——基本生产车间　　　　　　　　　　　　　　　　　　　3 395
　　管理费用　　　　　　　　　　　　　　　　　　　　　　　　　　　5 930
　　贷：生产成本——辅助生产成本——机修车间　　　　　　　　　　　15 300
　　　　　　　　　　　　　——供电车间　　　　　　　　　　　　　　22 000

（2）调整辅助生产成本差异分录。

借：管理费用　　　　　　　　　　　　　　　　　　　　　　　　　　　5 850
　　贷：生产成本——辅助生产成本——机修车间　　　　　　　　　　　1 900
　　　　　　　　　　　　　——供电车间　　　　　　　　　　　　　　3 950

采用本方法对辅助生产费用进行分配，因为是按照事先确定的计划成本进行，不需要再单独去计算费用分配率，所以大大地简化了计算分配工作量。但是采用本方法时，必须注意计划单位成本的准确性，本方法一般只适合制定计划单位成本比较准确的企业采用。

5. 代数分配法

代数分配法是指根据代数中解联立方程的原理，首先计算确定各辅助生产车间提供产品或劳务的单位成本，然后按照各受益对象的耗用量和单位成本，计算分配辅助生产费用的一种方法。

【例 2-15】依据【例 2-11】的资料，设 x 为每小时机修劳务的成本，y 为每度电的成本，列联立方程式如下：

$$3\,000x = 15\,000 + 4\,000y \qquad 解得：x = 5.878$$
$$40\,000y = 23\,400 + 500x \qquad\qquad y = 0.6585$$

编制辅助生产费用分配表，结果见表 2-12。

表 2-12　辅助生产费用分配表（代数分配法）

2021 年 3 月　　　　　　　　　　　　　　　　　　　　　　　　　　　　　单位：元

项目		机修车间	供电车间	合计
待分配费用		15 000	23 400	38 400
供应劳务数量		3 000	40 000	
费用分配率		5.878	0.6585	
辅助生产车间	机修车间　耗用数量		4 000	
	分配金额		2 634	2 634
	供电车间　耗用数量	500		
	分配金额	2 939		2 939
基本生产车间	甲产品　　耗用数量	900	14 000	
	分配金额	5 290.20	9 219	14 509.20
	乙产品　　耗用数量	850	12 000	
	分配金额	4 996.30	7 902	12 898.30
	一般耗用　耗用数量	450	2 000	
	分配金额	2 645.10	1 317	3 962.10

续表

项目		机修车间	供电车间	合计
行政管理部门	耗用数量	300	8 000	
	分配金额	1 763.40	5 267	7 030.40
分配金额合计		17 634	26 339	43 973

根据表 2-12，编制会计分录如下：

借：基本生产成本——甲产品　　　　　　　　　　　　　　　14 509.20
　　　　　　　　——乙产品　　　　　　　　　　　　　　　12 898.30
　　辅助生产成本——机修车间　　　　　　　　　　　　　　 2 634
　　　　　　　　——供电车间　　　　　　　　　　　　　　 2 939
　　制造费用　　　　　　　　　　　　　　　　　　　　　　 3 962.10
　　管理费用　　　　　　　　　　　　　　　　　　　　　　 7 030.40
　贷：辅助生产成本——机修车间　　　　　　　　　　　　　17 634
　　　　　　　　——供电车间　　　　　　　　　　　　　　26 339

代数分配法是各种辅助生产费用分配法中最精准的一种，但计算比较复杂。

第三节　制造费用的归集与分配

一、制造费用的归集

制造费用是指工业企业为生产产品（提供劳务）而发生，应计入产品成本，但没有专设成本项目的各项生产费用。

制造费用大部分是在生产单位（车间或分厂）中发生的，有的是间接用于产品生产的费用，如机物料消耗、车间房屋建筑物的折旧费、修理费、车间用于组织和管理生产的费用等，有的是直接用于产品生产，但管理上不要求或者核算上不便于单位核算，因而没有专设成本项目的费用，如机器设备的折旧费、修理费等。

制造费用的归集和分配是通过"制造费用"账户进行的。该账户应按不同的车间、部门设立明细账，账内按费用项目设立专栏或专户，分别反映各车间、部门各项制造费用的发生情况。

基本生产车间发生的费用中，直接用于产品生产，并专设成本项目的费用，应借记"基本生产成本"账户及有关产品成本明细账的这一成本项目；不能直接计入产品成本的费用，应借记"制造费用"账户及相关费用项目。

辅助生产车间发生的费用，如果辅助生产的制造费用是通过"制造费用"账户核算的，应比照基本生产车间发生的费用核算；如果辅助生产的制造费用不通过"制造费用"账户核算，则应全部借记"辅助生产成本"账户及相关费用项目。

月末，在"制造费用"总账和所属明细账的借方归集了制造费用后，应按照一定方法分配计入各种产品成本。制造费用明细账见表 2-13。

表 2-13　制造费用明细账

车间：基本生产车间　　　　　　　　　　　　　　　　　　　　　　　　　　　　　　单位：元

项目	借方金额						
	机物料消耗	外购动力	工资及福利费	折旧费	修理费	水电费	合计
直接材料费用分配表	3 000						3 000
外购动力费用分配表		1 300					1 300
工资费用分配			8 600				8 600
福利费分配表			1 204				1 204
折旧费用分配表				8 400			8 400
辅助生产费用分配表					2 700	1 300	4 000
制造费用合计	3 000	1 300	9 804	8 400	2 700	1 300	26 504
月末分配制造费用	3 000	1 300	9 804	8 400	2 700	1 300	26 504

二、制造费用的分配

在辅助生产车间的制造费用通过"制造费用"账户核算的企业中，应该先分配辅助生产车间的制造费用，将其记入"生产成本——辅助生产成本"账户，再对辅助生产费用进行分配，将其中应由基本生产车间负担的费用计入基本生产车间的制造费用，然后分配基本生产车间的制造费用。

若基本生产车间只生产一种产品，则所有与该产品相关的成本都是直接成本，包括制造费用，直接计入产品成本即可。若基本生产车间同时生产多种产品，制造费用属于间接费用，则应采用适当的方法分配计入各种产品成本。分配方法一般有生产工人工时比例法、生产工人工资比例法、机器工时比例法和按年度计划成本分配率分配法等。现分别介绍如下：

（一）生产工人工时比例法

此方法是以各种产品所耗生产工人实际工时作为分配标准来分配制造费用的一种方法。以实际工时为标准，可以反映劳动生产水平对产品成本的影响，使分配结果比较合理，因此该方法是较为广泛使用的一种分配方法。计算公式如下：

$$分配率 = \frac{制造费用总额}{\sum 各种产品生产工人工时}$$

【例 2-16】特立企业 2021 年 3 月共发生制造费用 26 324 元，该车间只生产甲、乙两种产品，其中，甲产品生产工人工时为 6 000 小时，乙产品生产工人工时为 4 000 小时，则制造费用分配表如表 2-14 所示。

表 2-14　制造费用分配表

2021 年 3 月

应借记科目		生产工时（小时）	分配率	分配金额（元）
基本生产成本	甲产品	6 000		15 794.40
	乙产品	4 000		10 529.60
合计		10 000	2.6324	26 324

根据表 2-14，编制会计分录如下：

借：基本生产成本——甲产品　　　　　　　　　　　　　　　　　15 794.40
　　　　　　　　——乙产品　　　　　　　　　　　　　　　　　10 529.60
　　贷：制造费用　　　　　　　　　　　　　　　　　　　　　　26 234

如果产品定额工时比较准确，分配标准也可以是实际产量的定额工时。实际生产工时可以根据产品的产量工时记录来统计，定额工时可以根据产品的产量和单件产品的定额工时来计算。

（二）生产工人工资比例法

此方法是以计入各种产品成本的生产工人实际工资数作为分配标准来分配制造费用的一种方法。由于生产工人的工资可以直接从工资分配表中获得，因而采用这一方法核算简便。计算公式如下：

$$\text{分配率} = \frac{\text{制造费用总额}}{\sum \text{各种产品生产工人工资}}$$

$$\text{某产品应分担的制造费用} = \text{该产品生产工人工资数} \times \text{制造费用分配率}$$

如果生产工人工资本身是按生产工时比例分配计入各种产品成本的，则按生产工人工资比例法分配制造费用与按生产工人工时比例法分配制造费用结果相同。但是，采用生产工人工资比例法分配制造费用时，各种产品生产的机械化程度应该相差不大。若机械化程度相差较大，由于制造费用包括不少与机械使用相关的费用（如修理费、折旧费、租赁费、保险费等），当采用生产工人工资作为分配标准时，会使机械化程度高的产品负担较低的费用，造成制造费用分配不合理。

（三）机器工时比例法

此方法是以各种产品生产时所用的机器设备运转时间作为分配标准来分配制造费用的一种方法。计算公式如下：

$$\text{分配率} = \frac{\text{制造费用总额}}{\sum \text{各种产品机器工时}}$$

应用此方法，各产品制造费用分配的多少与该产品所用机器设备运转时间长短呈正比例关系，所以这种方法适用于产品生产机械化程度较高的车间。另外，运用此方法时，必须具备各种产品所用机器工时原始记录。

（四）按年度计划成本分配率分配法

此方法是根据企业正常生产经营条件下各车间或部门全年制造费用的计划数和年度内各产品计划产量的定额分配标准产量，在年度开始前计算一个全年度适用的计划分配率分配制造费用的一种方法。采用这种分配方法，不管各月实际制造费用多少，每月各种产品的制造费用都采用年度计划确定的计划分配率进行分配，但若在年度内发现全年制造费用的实际数和产品实际产量与计划数可能出现较大差额时，应及时调整计划分配率。计算公式如下：

$$\text{年度计划分配率} = \frac{\text{年度制造费用计划总额}}{\text{年度各种产品计划产量定额工时数}}$$

$$\text{某产品应分担的制造费用} = \text{该产品该月实际产量定额工时数} \times \text{年度计划分配率}$$

【例2-17】特立企业基本生产车间全年计划如下：甲产品计划产量 20 000 件，乙产品计划产量 30 000 件，全年计划制造费用 102 600 元。单位产品工时定额：甲产品 5 小时，乙产品 3 小时。3月甲产品实际产量 2 000 件，乙产品产量 2 800 件。则：

$$\text{年度计划分配率} = \frac{102\ 600}{20\ 000 \times 5 + 30\ 000 \times 3} = 0.54$$

3月按年度计划分配率分配制造费用：
甲产品应负担的制造费用＝2 000×5×0.54＝5 400（元）
乙产品应负担的制造费用＝2 800×3×0.54＝4 536（元）
编制会计分录如下：

借：基本生产成本——甲产品	5 400
基本生产成本——乙产品	4 536
贷：制造费用	9 936

【例2-17】中，3月该车间实际发生的制造费用为10 080元，按年度计划分配率分配结转的制造费用为9 936元，两者之间形成的差异为144元，在年度内不作调整，这就使得"制造费用"账户可能有月末余额，而且既可能有借方余额，又可能有贷方余额。在年终时将全年制造费用实际发生额与计划分配额的差额按已分配数的比例进行调整，计入12月份各种产品的成本。

【例2-18】承【例2-17】的资料，假定年终累计全年制造费用实际发生额为133 480元，甲产品已分配63 000元，乙产品已分配68 000元。

调整差异如下：
　　　甲产品应补加：（133 480－131 000）×63 000÷131 000＝1 192.67（元）
　　　乙产品应补加：（133 480－131 000）×68 000÷131 000＝1 287.33（元）

全年实际发生的制造费用大于计划累计分配额，故应将其差额2 480元增加到各产品成本。

借：基本生产成本——甲产品	1 192.67
基本生产成本——乙产品	1 287.33
贷：制造费用	2 480

经过年末调整，"制造费用"账户年末无余额。

采用这种方法，可以大大简化制造费用的日常分配核算工作，因此其比较适合于季节性生产的企业，有利于均衡地计入产品生产成本。不过，采用这种方法的企业，必须有较高的计划定额管理水平，否则年度制造费用的计划数与实际发生数相差太大，影响成本计算的正确性。

第四节　生产费用在完工产品与在产品之间的归集与分配

一、在产品与完工产品的含义

（一）在产品的含义

企业的在产品是指没有完成全部生产过程，不能作为商品销售的产品，有广义和狭义之分。广义在产品是从整个企业来看，凡是没有完成企业全部生产过程，不能作为商品销售的产品，包括期末正在各个车间加工中的在制品和已经完成一个或几个生产步骤，但还需要继续加工的自制半成品以及等待验收入库的产品、正在返修或等待返修的可修复废品。狭义的在产品是就某一车间或某一生产步骤来说正在加工的在制品，该车间或生产步骤已经完工交出的自制半成品不包括在内。

（二）完工产品的含义

完工产品是指已经完成全部生产过程并验收入库，可以作为商品销售的产品，即产成品。完工产品也有广义和狭义之分。狭义的完工产品指产成品，广义的完工产品不仅包括产成品，还包括已在某一生产步骤完工，继续交由下一步骤加工或交给半成品库的半成品。

二、生产费用与在产品及完工产品之间的关系

企业在生产过程中发生的各种耗费经过归集、分配，都已按成本项目集中反映在"生产成本——基本生产成本"账户及其所属明细账中。如果企业或车间月末没有在产品，则计入该对象的全部生产费用，作为完工产品成本。完工产品的总成本除以完工产品数量，即为完工产品的单位成本。如果月末没有完工产品，则计入该对象的全部生产费用作为月末在产品成本。如果月末既有完工产品，又有在产品，那么应由本期负担的费用即月初在产品成本加上本月发生的生产费用，就要在完工产品和月末在产品之间，采用适当的方法进行分配，以计算完工产品和月末在产品成本。由于生产耗费是从生产投入而言，完工产品与在产品是从产出而言，所以，完工产品、在产品与本月生产费用的关系如下：

月初在产品成本＋本月生产费用＝本月完工产品成本＋月末在产品成本

从上式可以看出，前两项费用之和，即生产产品所发生的累计生产费用应该由完工产品和月末在产品共同承担，也就是说，要将生产费用累计数在完工产品和在产品之间进行分配。分配方法有两种：一是将前两项费用之和在完工产品与月末在产品之间按一定的比例进行分配，计算出完工产品成本和月末在产品成本；二是先确定月末在产品成本，再从前两项费用之和中减去月末在产品成本，计算出完工产品成本。公式如下：

月末完工产品成本＝月初在产品成本＋本月生产费用－月末在产品成本

三、在产品数量的确定

合理、准确地确定在产品数量和加强在产品实物管理，是日常成本管理的一项重要内容，也是成本核算的一项基础性工作。在产品数量的确定主要包括两个方面：一是做好在产品的收发结存的日常性工作；二是做好在产品定期和不定期的清查盘点。

为了做好在产品的收发结存的核算工作，应该建立健全原始记录制度，完善各种交接手续，设置在产品收发结存明细账（在产品台账）来核算在产品的数量。在产品台账应当分生产单位（分厂、车间），按产品的品种和在产品的品名来设置，以反映各生产单位各种在产品的收入、发出和结存情况。车间核算人员应根据领料凭证、在产品内部转移凭证及产品交库凭证，随时登记在产品收发数量，这样既可以从账面上随时掌握在产品动态，又可以查清在产品的实存数量。在产品台账的一般格式如表 2-15 所示。

表 2-15 在产品台账

车间名称：基本生产车间　　　零部件名称：4562　　　单位：件

2021年		项目	收入		转出			结存	
月	日		凭证号	数量	凭证号	合格品	废品	完工	未完工
3	1	上月结转							40
3	5	收入/交出	领1	200	收1	100			140
3	10	交出			收2	80			60

为了核实在产品数量，保证在产品账实相符，必须定期或不定期地对在产品进行盘点，根据清查结果编制"在产品盘点表"，并与在产品台账进行核对，如有不符，还应填制"在产品盘盈盘亏报告表"，并查明发生盈亏的原因，提出处理意见等。会计人员在认真审核并报经有关部门和领导

审批后，对清查的结果进行相应的账务处理。具体处理程序和方法在《财务会计》中已介绍，在此不再赘述。

四、生产费用在完工产品与在产品之间的分配方法

前已述及生产费用与在产品及完工产品之间的关系，将本月生产费用在完工产品与月末在产品之间进行分配的方法有以下几种。

（一）不计算在产品成本法

有些企业如矿山采掘企业，月末虽然有在产品，但通常数量较少，价值也低，且各月末在产品数量也比较稳定，按重要性原则，为了简化核算工作，可以不计算月末在产品成本。

该方法的基本特点是基本生产成本明细账中归集的产品成本，全部由本月完工产品负担，月末在产品不负担。即：

$$本月完工产品成本＝本月发生的生产费用$$

（二）在产品按年初固定成本计算法

有些企业月末在产品数量较大，但各月在产品数量大致稳定。这时，各月末在产品成本可以按上年末计算确定的在产品成本计算，即固定月末在产品成本。

该方法的基本特点是：每年只计算12月末的在产品成本，在次年的1—11月，无论在产品数量是否发生变化，都以固定的成本作为各月末在产品成本。在这种分配方法下，每月发生的生产费用就是该月完工产品的成本。即：

$$\frac{本月完工}{产品成本} = \frac{月初在产品成本}{（固定年初数额）} + \frac{本月发生}{生产费用} - \frac{月末在产品成本}{（固定年初数额）} = \frac{本月发生}{生产费用}$$

（三）在产品只计算材料成本法

有些企业直接材料费用在产品成本中所占比重较大，直接人工费用和制造费用所占比重很小，这时，月末在产品可以只计算直接材料成本，直接人工费用和制造费用则全部由完工产品负担。采用这种方法，本月完工产品成本等于月初在产品成本加上本月发生的生产费用减去月末在产品材料成本。

这种方法适用于各月末产品数量较大且比较均衡，同时直接材料费用在产品成本中所占比重较大的产品，如酿酒、造纸等行业的产品。

【例2-19】特立企业2021年3月生产甲产品，月初在产品成本为6 000元（只含材料费用），本月共发生生产费用64 000元，其中：直接材料费用61 400元，直接人工费用1 850元，制造费用750元。本月完工产品数量为400件，在产品数量为100件。原材料于生产开始时一次性投入。

$$材料费用分配率 = \frac{6\ 000 + 61\ 400}{400 + 100} = 134.8（元）$$

$$在产品成本 = 100 \times 134.8 = 13\ 480（元）$$

$$完工产品成本 = 6\ 000 + 64\ 000 - 13\ 480 = 56\ 520（元）$$

（四）约当产量法

约当产量法，是指按照本月完工产品的数量和月末在产品的约当量分配生产费用，以确定本月完工产品成本和月末在产品实际成本的方法。约当产量，也称为在产品约当量，它是将企业（车间）月末在产品的实际产量，按照其完工程度或投料程度折合为完工产品的数量。该方法适用范围较广泛，特别是月末在产品数量较大且各月在产品结存量不稳定，其他分配方法受到限制不宜采用时，

尤为适合。

1. 在产品约当量的计算

在产品约当量的折合公式为：

月末在产品约当量＝月末在产品数量 × 在产品完工程度（或投料程度）

需要注意的是，在计算月末在产品约当量时，必须区分不同成本项目分别计算求取，然后按不同成本项目分别计算约当量单位成本。其中直接材料成本项目按投料程度折算，直接人工或制造费用成本项目一般按完工程度折算，而产品的投料程度和完工程度通常是不一致的。

（1）分配"直接材料费用"成本项目在产品约当量的计算。分配直接材料费用在产品约当量一般是按投料程度计算的，而在产品投料程度是指在产品已投入的直接材料费用占完工产品应投入的直接材料费用的比率。由于各种产品的生产工艺过程不同，直接材料的投入一般有三种方式：一是原材料在生产开始时一次性投入，此时完工产品与在产品的投料程度都是 100%；二是原材料随生产过程陆续投入，此时在产品的投料程度与生产工时的投入程度基本一致，则在产品的投料程度的计算与完工程度的计算相同（详见完工程度的计算）；三是原材料分次在各道工序生产开始时投入，此时在产品的投料程度要根据从最初投产到该工序时在产品累计已投入的直接材料费用占完工产品应投入的直接材料费用的比重来确定。计算公式为：

$$某工序在产品的投料程度 = \frac{该工序单位在产品累计材料消耗定额}{单位完工产品材料消耗定额} \times 100\%$$

【例 2-20】特立企业生产丁产品经由三道工序加工完成，原材料在各道工序生产开始时投入，各工序材料消耗定额分别为 1 500 千克、900 千克、600 千克。2021 年 3 月末，三道工序在产品数量为 200 件、300 件、400 件。则：

第一道工序在产品投料程度＝1 500÷（1 500＋900＋600）＝50%

第二道工序在产品投料程度＝（1 500＋900）÷（1 500＋900＋600）＝80%

第三道工序在产品投料程度＝（1 500＋900＋600）÷（1 500＋900＋600）＝100%

在产品约当量＝200×50%＋300×80%＋400×100%＝740（件）

（2）分配"直接材料费用"以外的成本项目在产品约当量的计算。对于直接材料费用以外的成本项目（直接人工费用和制造费用等）在产品约当量的计算，通常是按产品的完工程度进行的，而产品的完工程度是指在产品已消耗工时占生产该产品所需全部工时的比率。直接人工费用和制造费用的发生与完工程度关系密切，随生产工艺过程的进行而逐步增加，完工程度越高，该产品应负担的费用就越多。

计算公式如下：

$$某工序在产品的完工程度 = \frac{单位在产品前面各工序工时定额之和 + 单位在产品本工序工时定额 \times 在产品在该工序的完工程度}{完工产品工时定额} \times 100\%$$

注意：当在产品的直接人工费用和制造费用在生产过程中比较均衡时，在产品在各工序的完工程度可按 50% 计算；当各工序在产品数量和加工工作量差别较大时，按照各工序从最初投产以来的累计工时定额占完工产品工时定额的比率计算，其中本道工序的完工程度不特指时按 50% 计算。

【例 2-21】沿【例 2-20】，丁产品工时定额为 100 小时，其中第一道工序工时定额为 50 小时，第二道工序工时定额为 30 小时，第三道工序工时定额为 20 小时。则每道工序在产品完工程度为：

$$第一道工序在产品完工程度 = \frac{50 \times 50\%}{50 + 30 + 20} \times 100\% = 25\%$$

$$第二道工序在产品完工程度=\frac{50+30\times50\%}{50+30+20}\times100\%=65\%$$

$$第三道工序在产品完工程度=\frac{50+30+20\times50\%}{50+30+20}\times100\%=90\%$$

2. 约当产量法的应用

下面举例说明约当产量法的应用。

【例 2-22】 承【例 2-21】，假定丁产品本月完工入库 1 260 件。月初在产品成本中：材料费用为 4 000 元，直接人工费用为 1 800 元，制造费用为 1 200 元，本月发生生产费用为：材料费用 15 000 元，直接人工费用 6 500 元，制造费用 4 300 元。相关会计处理如下：

①直接材料费用的分配。由于材料是在各道工序开始时投入的，完工产品和在产品所负担的材料费用不同。因此，先要计算各道工序在产品的投料程度，继而计算出在产品的约当量，最后将直接材料费用在完工产品和在产品之间分配。相关计算如下：

$$直接材料费用分配率=\frac{4\,000+15\,000}{1\,260+740}=9.5（元/件）$$

$$完工产品应负担的材料费用=1\,260\times9.5=11\,970（元）$$

$$月末在产品应负担的材料费用=740\times9.5=7\,030（元）$$

②其他费用的分配。由于各道工序单位在产品工时定额不同，那么先计算每道工序在产品完工程度，再计算在产品约当量，最后将直接人工费用和制造费用在完工产品和在产品之间分配。计算如下：

$$直接人工费用分配率=\frac{1\,800+6\,500}{1\,260+605}=4.4504（元/件）$$

$$完工产品应负担的直接人工费用=1\,260\times4.4504=5\,607.5（元）$$

$$月末在产品应负担的直接人工费用=605\times4.4504=2\,692.5（元）$$

$$制造费用分配率=\frac{1\,200+4\,300}{1\,260+605}=2.9491（元/件）$$

$$完工产品应负担的制造费用=1\,260\times2.9491=3\,715.84（元）$$

$$月末在产品应负担的制造费用=5\,500-3\,715.84=1\,784.16（元）$$

③根据上述计算结果，丁产品完工产品和月末在产品成本分别为：

丁产品完工产品成本 = 11 970 + 5 607.5 + 3 715.84 = 21 293.34（元）

丁产品月末在产品成本 = 7 030 + 2 692.5 + 1 784.16 = 11 506.66（元）

上述成本计算结果在丁产品"产品成本计算单"中的登记见表 2-16。

表 2-16 产品成本计算单

产品名称：丁产品
完工产量：1 260 件　　　　　　　　　　2021 年 3 月　　　　　　　　　　单位：元

摘要	直接材料	直接人工	制造费用	合计
月初在产品成本	4 000	1 800	1 200	7 000
本月生产费用	15 000	6 500	4 300	25 800
生产费用合计	19 000	8 300	5 500	32 800

摘要	直接材料	直接人工	制造费用	合计
本月完工产品数量	1 260	1 260	1 260	
月末在产品约当量	740	605	605	
约当总产量	2 000	1 865	1 865	
约当产量单位成本	9.5	4.450 4	2.949 1	16.899 5
本月完工产品总成本	11 970	5 607.5	3 715.84	21 293.34
月末在产品成本	7 030	2 692.5	1 784.16	11 506.66

根据表 2-16，编制会计分录如下：

借：库存商品——丁产品　　　　　　　　　　　　　　　　　　　　21 293.34
　　贷：基本生产成本——丁产品　　　　　　　　　　　　　　　　　21 293.34

（五）在产品按完工产品成本计价法

在产品按完工产品成本计价法，是将月末在产品视同已完工产品，按照月末在产品数量与本月完工产品数量的比例来分配生产费用，以确定月末在产品成本和本月完工产品成本的方法，适用于在产品已接近完工，只是尚未包装或尚未入库的产品。因为这种情况下的在产品已基本加工完毕，在产品的成本也就已经接近或等于完工产品成本，为了简化产品成本计算工作，可以把在产品视同完工产品，按两者的数量比例分配各项费用。

（六）在产品按定额成本计算法

在产品按定额成本计算法，是指根据月末在产品数量和单位定额成本计算月末在产品成本，倒挤出完工产品成本的方法。某种产品生产费用合计减去月末在产品的定额成本，就是完工产品成本。该方法简化了生产费用在月末在产品和完工产品之间的分配，在该方法中，每月实际生产费用脱离定额的差异，全部计入当月完工产品成本。因此，这种方法适用于企业定额管理工作比较扎实，各项消耗定额比较稳定、准确，各月月末在产品结存数量也比较稳定的产品。否则，将影响本月完工产品成本计算的准确性，不利于产品成本的分析与考核。

采用该方法，计算公式如下：

某产品完工产品成本＝该产品本月生产费用合计－该产品月末在产品定额成本

【例 2-23】企业生产的甲产品由两道工序组成，原材料为生产开始时一次性投入。有关资料如表 2-17、表 2-18 所示。

表 2-17　在产品结存和工时定额资料表

项目	第一道工序	第二道工序
材料定额	150 元/件	
工时定额	30 小时	20 小时
工资费用定额	0.8 元/小时	
制造费用定额	0.6 元/小时	
在产品	100 件	200 件

表 2-18　生产费用资料表　　　　　　　　　　　　　　　　　　　　　　　单位：元

项目	直接材料	直接人工	制造费用
月初在产品成本	24 000	5 000	2 800
本月发生的生产费用	66 000	12 000	9 800
合计	90 000	17 000	12 600

根据上述资料计算月末在产品定额成本和完工产品成本如下：

①直接材料成本：

$$月末在产品定额原材料费用 = (100 + 200) \times 150 = 45\ 000（元）$$
$$月末完工产品原材料费用 = 90\ 000 - 45\ 000 = 45\ 000（元）$$

②直接人工成本：

$$第一道工序累计工时定额 = 30 \times 50\% = 15（小时）$$
$$第二道工序累计工时定额 = 30 + 20 \times 50\% = 40（小时）$$
$$月末在产品工时定额 = 100 \times 15 + 200 \times 40 = 9\ 500（小时）$$
$$月末在产品定额工资成本 = 9\ 500 \times 0.8 = 7\ 600（元）$$
$$月末完工产品工资成本 = 17\ 000 - 7\ 600 = 9\ 400（元）$$

③制造费用：

$$月末在产品定额制造费用成本 = 9\ 500 \times 0.6 = 5\ 700（元）$$
$$月末完工产品制造费用成本 = 12\ 600 - 5\ 700 = 6\ 900（元）$$

④总成本：

$$月末在产品定额成本 = 45\ 000 + 7\ 600 + 5\ 700 = 58\ 300（元）$$
$$月末完工产品成本 = 45\ 000 + 9\ 400 + 6\ 900 = 61\ 300（元）$$

上述成本计算结果在甲产品"产品成本计算单"中的登记见表 2-19。

表 2-19　产品成本计算单

产品名称：甲产品　　　　　　　　　　2021 年 3 月　　　　　　　　　　单位：元

项目	直接材料	直接人工	制造费用	合计
月初在产品成本	24 000	5 000	2 800	31 800
本月发生的生产费用	66 000	12 000	9 800	87 800
生产费用合计	90 000	17 000	12 600	119 600
本月完工产品总成本	45 000	9 400	6 900	61 300
月末在产品成本	45 000	7 600	5 700	58 300

根据表 2-19，编制会计分录如下：

借：库存商品——甲产品　　　　　　　　　　　　　　　　　　　　61 300
　　贷：基本生产成本——甲产品　　　　　　　　　　　　　　　　　　　61 300

（七）定额比例法

定额比例法是按照完工产品与月末在产品定额比例来分配生产费用，确定完工产品和月末在产品实际成本的方法。它适用于定额管理基础好、定额资料比较齐全、月末在产品数量变动大的产品。

采用这种方法计算完工产品和月末在产品成本时，必须分成本项目进行分配。其中，直接材料费用按原材料定额消耗量或定额费用比例分配，其他成本项目按定额工时比例分配。该方法计算公式如下：

$$直接材料费用分配率 = \frac{月初在产品直接原材料成本 + 本月发生的原材料费用}{完工产品定额原材料耗用量（或费用） + 月末在产品定额原材料耗用量（或费用）}$$

$$月末完工产品应分配直接材料费用 = 完工产品定额原材料耗用量（或费用） \times 直接材料费用分配率$$

$$月末在产品应分配直接材料费用 = 月末在产品定额原材料耗用量（或费用） \times 直接材料费用分配率$$

$$直接人工、制造费用等分配率 = \frac{月初在产品直接人工、制造费用等 + 本月发生的直接人工、制造费用等}{完工产品定额工时 + 月末在产品定额工时}$$

$$完工产品应分配的直接人工、制造费用等 = 完工产品定额工时 \times 直接人工、制造费用等分配率$$

$$月末在产品应分配的直接人工、制造费用等 = 月末在产品定额工时 \times 直接人工、制造费用等分配率$$

【例 2-24】某企业生产丙产品相关资料如表 2-20 所示。

表 2-20　定额、费用资料表　　　　　　　　　　单位：元

项目		工时（小时）	直接材料	直接人工	制造费用	合计
月初在产品成本	定额	2 400	6 000			
	实际		6 200	3 280	1 520	11 000
本月发生费用	定额	7 600	18 000			
	实际		18 040	10 720	6 480	35 240
完工产品	定额	7 800	18 500			

根据上述资料计算月末在产品成本和完工产品成本如下：

本月月末在产品定额材料费用 = 6 000 + 18 000 − 18 500 = 5 500（元）

月末在产品定额工时 = 2 400 + 7 600 − 7 800 = 2 200（小时）

直接材料费用分配率 =（6 200 + 18 040）÷（18 500 + 5 500）= 1.01

月末完工产品应分配材料费用 = 18 500 × 1.01 = 18 685（元）

月末在产品应分配材料费用 = 5 500 × 1.01 = 5 555（元）

直接人工费用分配率 =（3 280 + 10 720）÷（7 800 + 2 200）= 1.4

月末完工产品应分配人工费用 = 7 800 × 1.4 = 10 920（元）

月末在产品应分配人工费用＝2 200×1.4＝3 080（元）

制造费用分配率＝（1 520＋6 480）÷（7 800＋2 200）＝0.8

月末完工产品应分配制造费用＝7 800×0.8＝6 240（元）

月末在产品应分配制造费用＝2 200×0.8＝1 760（元）

本月完工产品成本＝18 685＋10 920＋6 240＝35 845（元）

月末在产品成本＝5 555＋3 080＋1 760＝10 395（元）

根据上述资料，本月完工产品和月末在产品的定额比例分配的方法及结果见表2-21。

表2-21 本月完工产品和月末在产品费用分配表

产品名称：丙产品　　　　　2021年3月　　　　　单位：元

成本项目	月初在产品成本	本月生产费用	生产费用合计	分配率	本月完工产品		月末在产品	
					定额耗用量或工时	实际费用	定额耗用量或工时	实际费用
	①	②	③=①+②	④=③/(⑤+⑦)	⑤	⑥=④×⑤	⑦	⑧=④×⑦
直接材料	6 200	18 040	24 240	1.01	18 500	18 685	5 500	5 555
直接人工	3 280	10 720	14 000	1.4	7 800	10 920	2 200	3 080
制造费用	1 520	6 480	8 000	0.8	7 800	6 240	2 200	1 760
合计	11 000	35 240	46 240			35 845		10 395

根据表2-21，编制会计分录如下：

借：库存商品——丙产品　　　　　　　　　　　　　　　　35 845
　　贷：生产成本——基本生产成本——丙产品　　　　　　　　35 845

综上所述，本月生产费用在完工产品与月末在产品之间的分配方法很多，企业应根据生产的不同特征及管理条件的要求合理地选择其中一种或几种方法，从而正确地将费用在完工产品和在产品之间进行分配。

五、完工产品成本的结转

工业企业的产品生产费用经过各个账户采用不同的方法汇集到"基本生产成本"明细账户，通过上述生产费用在完工产品与月末在产品之间的分配，就可计算出完工产品成本和在产品成本。

工业企业的完工产品，包括产成品、自制半成品、自制材料、自制工具等。完工产品经检验入库后，应填制"产品入库单"作为入库的原始凭证。月末会计部门应根据"产品入库单"和入库产品实际成本编制有关会计分录。

完工入库产成品及自制半成品的会计分录如下：

借：库存商品
　　自制半成品
　　贷：生产成本——基本生产成本

完工入库自制材料、工具等的会计分录如下：

借：原材料
　　低值易耗品
　　贷：生产成本——基本生产成本

本章小结

本章主要讲述了生产费用的归集与分配，特别是要素费用的归集与分配，生产费用在完工产品与在产品之间的分配。

在材料费用的归集与分配中，材料有两种计价方法，即按实际成本计价和按计划成本计价。按实际成本计价核算时，对于发出材料的确定又有先进先出法、加权平均法等。按计划成本计价核算时，要考虑材料成本差异的结转，超支用蓝字，节约用红字。材料费用的分配方法有：定额耗用量比例法、材料定额费用比例法、重量分配法，在学习时应灵活运用。

在外购动力费用的核算中，应理解在实际工作中，外购动力费用在支付时是通过"应付账款"账户核算的，即在付款时先作为暂付款处理，借记"应付账款"账户，贷记"银行存款"账户，月末按照外购动力的用途和数量分配费用时，再借记各成本、费用账户，贷记"应付账款"账户。

企业支付给职工工资有两种方式，即计时工资和计件工资，计时工资的计算又分为月薪制和日薪制两种，需要注意的是，不论是采用月薪制还是日薪制，在按30天计算日工资率的情况下，缺勤期间包含的节假日也算缺勤。

对于辅助生产费用的归集与分配，要注意辅助生产车间发生的间接费用可以单独设置"制造费用"账户核算，也可以直接记入"辅助生产成本"账户，两种不同的方法在费用分配的程序上是不同的。辅助生产费用的分配方法有：直接分配法，是指各辅助生产车间发生的费用，直接分配给除辅助生产车间以外的各受益对象，而不考虑各辅助生产车间相互提供产品或劳务的情况；交互分配法是先根据各辅助生产车间、部门相互提供的产品或劳务数量和交互分配前的费用分配率，进行一次交互分配，然后将各辅助生产车间、部门交互分配后的实际费用采用直接分配法进行分配；顺序分配法是指企业将辅助生产费用，按照事先排列的顺序进行分配的一种方法；计划成本分配法是指企业按照事先已确定的计划单位成本，以及辅助生产车间为所有受益对象提供产品或劳务的数量，计算分配辅助生产费用的一种方法；代数分配法是指根据代数中解联立方程的原理，首先计算确定各辅助生产车间提供产品或劳务的单位成本，然后按照各受益对象的耗用量和单位成本，计算分配辅助生产费用的一种方法。五种方法中，直接分配法最简单，代数分配法分配的结果最准确，在学习中，要掌握它们的特点和适用范围及账务处理。

制造费用的分配方法有：生产工人工时比例法、生产工人工资比例法、机器工时比例法、按年度计划成本分配率分配法等。在学习中应注意，除按年度计划成本分配率法分配，制造费用账户可能有余额外，按其他各种方法分配后，制造费用账户期末无余额。

期末，生产费用应在完工产品与在产品之间进行分配，以正确地计算完工产品成本和在产品成本。分配方法有：不计算在产品成本法、在产品按年初固定成本计算法、在产品只计算材料成本法、约当产量法、在产品按完工产品成本计算法、在产品按定额成本计算法、定额比例法等。特别要注意的是约当产量法中投料程度和完工程度的确定。如果材料是在生产开始时一次性投入，投料程度为100%；如果材料是随生产过程陆续投入，则投料程度与生产工时的投入程度基本一致，在产品投料程度的计算与完工程度的计算相同；如果材料是分次在各道工序生产开始时投入，则在产品的投料程度要根据从最初投产到该工序时在产品累计已投入的直接材料费用占完工产品应投入的直接材料费用的比重来确定。

对于生产费用的归集与分配的各种方法，我们要在不断学习中去理解、掌握，才能够灵活运用。

复习思考题

1. 在材料费用的归集中，如何进行材料成本差异的结转？
2. 简述计时工资和计件工资的计算方法。
3. 简述辅助生产费用的分配方法。
4. 选择制造费用的分配标准和分配方法应考虑哪些影响因素？
5. 生产费用在完工产品与月末在产品之间进行分配有哪几种方法？约当产量比例法中产品完工程度怎样确定？

ITEM 3

第三章 产品成本计算的基本方法

教学目标

○ 了解影响成本计算对象的因素；
○ 熟悉企业的生产类型及特点；
○ 熟悉品种法、分批法、分步法的含义、特点和适用范围；
○ 熟悉生产特点和管理要求对成本计算方法的影响；
○ 掌握品种法、分批法和分步法的计算程序，并熟练运用于实际。

知识导航

产品成本计算的基本方法
- 产品成本计算方法概述
  - 生产的类型
  - 生产特点和管理要求对成本计算方法的影响
  - 产品成本计算的方法的确定
- 产品成本计算的品种法
  - 品种法的含义、特点及适用范围
  - 品种法的计算程序
  - 品种法举例
- 产品成本计算的分批法
  - 分批法的概念与特点
  - 分批法的成本计算程序
  - 分批法举例
  - 简化的分批法
- 产品成本计算的分步法
  - 分步法的含义与特点
  - 分步法的类型
  - 逐步结转分步法
  - 平行结转分步法
  - 逐步结转分步法与平行结转分步法的比较与选择

在生产实践中，企业的生产类型、成本管理要求各不相同，因而产品成本对象也不同。企业应准确确定产品成本计算对象，并选择恰当的成本计算方法准确地计算产品的成本。

第一节　产品成本计算方法概述

一、生产的类型

一方面，成本计算是为成本管理提供资料的，因此采用什么方法、提供哪些资料，要考虑成本管理的要求；另一方面，产品成本是在生产过程中形成的，因此，生产的特点在很大程度上影响着成本计算方法的特点。当然，成本管理的要求也与生产的特点有关。以上两个方面的关系说明，企业在确定成本计算方法时，必须从企业的具体情况出发，考虑企业的生产特点，并满足成本管理的要求。

根据生产工艺过程和生产组织的特点不同，制造企业生产的分类如下：

1. 按照生产工艺过程的特点分类

生产工艺过程是指产品从投产到完工的产品加工过程，生产按生产工艺过程是否能间断分为单步骤生产和多步骤生产。

（1）单步骤生产亦称简单生产，是指生产技术上不能间断、不分步骤地生产。其特点是：生产工艺技术较简单，生产周期较短，没有自制半成品，一般由一个企业或生产部门整体进行，如发电、采掘、燃气等行业的生产均属于这种类型。

（2）多步骤生产亦称复杂生产，是指生产过程在工艺上可以间断。其特点是：生产工艺技术复杂，生产周期较长，可以在不同时间、不同地点进行，可以由一个企业或生产部门单独进行，也可以由几个企业或生产部门协作进行。

多步骤生产按加工方式不同，又可以分为连续式和装配式两类。连续式多步骤生产是指从产品的原材料投入到产品完工，要经过若干步骤逐步加工制成产成品。这种生产方式除了最后步骤生产出完工产品外，其余步骤生产的都是企业自制半成品，如纺织、造纸、冶金等企业的生产。装配式多步骤生产，是指将各种原材料同时分别加工，制成各种零件、部件，然后装配成产品，如汽车、自行车、机床等企业的生产。

2. 按照生产组织的特点分类

生产组织是指企业保证生产过程各个环节、各项因素相互协调的产品生产方式，它体现了企业生产的专业化程度即一定时期内产品生产的重复程度的高低。生产按照生产组织的特点可以分为大量生产、成批生产和单件生产。

（1）大量生产是指不断重复制造相同品种产品的生产。其特点是：陆续投入，陆续产出，不分批别，产品品种较少且较稳定，产量大，生产重复性高。如冶金、纺织、采掘、化工、造纸和酿酒等企业产品的生产。这类生产专业化程度高，一般采用专用设备进行。

（2）成批生产是指按照事先规定的产品批别和数量重复进行的生产。其特点是：产品品种较多，产量大，生产具有一定的重复性。成批生产按每批生产的数量多少，又可分为大批生产和小批生产。大批生产的产品数量较多，通常在一段时期内连续不断地生产相同的产品，因而，其特点类似于大量生产，如服装、食品生产等；小批生产的产品数量较少，每批产品同时投产，往往也同时完工，其特点类似于单件生产，如电梯生产等。在实际工作中，由于大量和大批的界限很难划分，通常合在一起称为大量大批生产和单件小批生产。

（3）单件生产，是指按照购货单位的需求，仅制造个别的、性质特殊的产品的生产。其特点是：产品品种规格多，产量少（一件或几件），单件产品制造时间长，而且较长时期内一般不重复生产，产品稳定性差。如重型机械、船舶和专用设备的制造，以及新产品的试制等。

综上所述，将生产工艺过程的特点与生产组织的特点相结合，可以形成四种基本的生产类型：大量大批单步骤生产、大量大批连续式多步骤生产、大量大批装配式多步骤生产、单件小批装配式多步骤生产。

二、生产特点和管理要求对成本计算方法的影响

生产特点和管理要求对成本计算方法的影响，主要表现在成本计算对象、成本计算期以及生产费用在完工产品和在产品之间的分配等方面。

1. 对成本计算对象的影响

成本计算对象是指为计算产品成本而确定的归集生产费用的各个对象，即费用的承担者。确定产品成本对象，是为了确定按多大范围来归集生产费用，计算产品成本。一个品种、一批产品、一类产品，以及生产过程中各步骤的半成品，都可作为成本计算对象。

（1）大量大批单步骤生产的企业，由于工艺过程不能间断，不可能划分为几个步骤生产，又由于不断大量重复某种或某几种产品的生产，也无法分批。因此，不论管理要求如何，都只能以产品的品种为成本计算对象，归集生产费用计算产品成本。

（2）大量大批多步骤生产的企业，由于不断重复生产相同品种的产品而无法分批，但工艺过程可划分为若干可间断的生产步骤。因此，既可以各种产成品，也可以其所经过的各生产步骤的半成品为成本计算对象，既计算最终完工产品又计算各步骤的半成品的成本。但如果半成品无独立经济意义，管理上也不要求，则不计算各步骤半成品成本，只计算最终完工产品成本。

（3）单件小批装配式多步骤生产的企业，由于产品是以客户的订单或批别组织生产，因而可以产品的订单或批别作为成本计算对象，以某订单或各批别来归集生产费用，计算各订单或批别的产品总成本。

2. 对成本计算期的影响

所谓成本计算期，就是计算产品成本时，对生产费用计入产品成本所规定的起讫日期，也就是每次计算产品成本的期间，这主要取决于生产组织的特点。

（1）在大量大批生产企业中，由于生产活动连续不断地进行着，因而产品成本的计算要定期在月末进行，成本计算期与会计报告期一致。

（2）在单件小批生产企业中，产品成本有可能在某件或某批产品完工以后计算，因而成本计算是不定期的，成本计算期与产品生产周期一致，而与会计报告期不一致。

3. 对生产费用在完工产品和在产品之间分配的影响

生产费用在完工产品和在产品之间的分配，主要取决于生产组织的特点。

（1）在大量大批单步骤生产企业，成本计算期与生产周期不一致。由于产品生产周期较短，生产工艺不能间断，月末一般没有在产品或者在产品数量很小，因而一般不要求计算在产品成本。

（2）在大量大批多步骤生产企业，成本计算期与生产周期不一致。由于生产不间断地进行，不断地投入和产出，因而既不断有完工产品，也随时都有正在加工中的在产品，因此，月末计算产品成本时，必须将生产费用在完工产品和在产品之间进行分配。

（3）在单件小批多步骤生产企业，成本计算期与产品生产周期一致。一批产品一般同时投入、同时完工，成本要到该批产品完工后才能计算。同批产品全部完工前，所归集的生产费用都是在产

品成本，同批产品全部完工后，所归集的生产费用都是完工产品成本，所以不存在生产费用在完工产品和在产品之间进行分配的情况。

三、产品成本计算的方法的确定

不同的生产特点和管理要求决定着产品成本的计算对象、成本计算期和生产费用在完工产品和在产品之间的分配方法；不同的成本计算对象、成本计算期和生产费用在完工产品和在产品之间的分配方法相互结合，形成了制造企业产品成本计算的不同方法。其中成本计算对象是区别不同成本计算方法的主要标志。如前所述，产品成本计算对象一般为产品品种、产品批别和生产步骤三种，因此，产品成本计算的三种基本方法就以上述三种成本计算对象命名，即以产品品种作为成本计算对象的品种法、以产品生产批别作为成本计算对象的分批法、以产品生产步骤作为成本计算对象的分步法。这三种方法的基本特点如表3-1所示。

表3-1 产品成本计算的基本方法

成本计算方法	成本计算对象	成本计算期	期末在产品的计算	适应范围		
				生产特点	成本管理要求	企业
品种法	产品品种	会计周期	单步骤生产情况下一般不需计算，多步骤生产情况下一般需计算	大量大批单步骤生产或大量大批多步骤生产	管理上不要求分步骤计算成本	发电、采掘
分批法	产品批别	生产周期	一般不需要计算	单件小批生产（单步骤和多步骤）	管理上要求分批计算成本	船舶、专用设备等
分步法	生产步骤	会计周期	需要计算	大量大批多步骤生产	管理上要求分步骤计算成本	冶金、纺织等

这三种方法是计算产品实际成本必不可少的方法，因而是产品成本计算的基本方法。

在实际工作中，除了上述三种基本方法以外，在产品品种、规格繁多的制造企业中，为了简化成本计算工作，可采用一种简便的产品成本计算方法——分类法；在定额管理工作有一定基础的制造企业中，为了配合和加强生产费用和产品成本的定额管理，还可采用一种将符合定额的费用和脱离定额的差异分别核算的产品成本计算方法——定额法。分类法和定额法不是独立的成本计算方法，而是计算产品成本的辅助方法，必须结合品种法、分批法和分步法等基本方法使用。

第二节 产品成本计算的品种法

一、品种法的含义、特点及适用范围

（一）品种法的含义

品种法是以产品品种作为成本计算对象来归集生产费用，计算产品成本的一种方法。它是最基本的成本计算方法。

（二）品种法的特点

1. 以产品品种为成本计算对象，设置产品成本明细账，归集生产费用

采用品种法计算成本时，以产品品种作为成本计算对象，设置生产成本明细账。如果只生产一种产品，成本计算对象就是这一种产品，以这种产品开设生产成本明细账，并按成本项目进行归集，在这种情况下，发生的费用都是直接费用，不存在各成本计算对象之间分配费用的问题。如果生产多种产品，就要按照不同产品分别开设生产成本明细账，并按成本项目进行归集，凡各产品直接发生的生产费用，可直接计入各产品成本，凡各种产品的共同费用，则需采用适当的分配方法分配计入各种产品成本。

2. 成本计算期与会计报告期一致，即按月定期计算产品成本

采用品种法计算产品成本的企业是大量大批生产企业，其生产是连续不断进行的，不可能在产品全部完工时才计算产品成本，只能定期在月末计算当月产出的完工产品成本。因此，成本计算期与会计报告期一致，但与产品生产周期不一致。

3. 月末生产费用一般需要在完工产品和在产品之间进行分配

采用品种法计算产品成本，月末如果没有在产品或者在产品数量很少，则不需要计算在产品成本。这样，各生产成本明细账归集的全部生产费用，就是各完工产品的生产成本，用它除以产品产量，就是各完工产品的单位成本。如果有在产品，而且数量较多，还需将生产成本明细账中归集的生产费用，采用适当的分配方法，在完工产品与在产品之间进行分配，计算出完工产品成本和月末在产品成本。

（三）品种法的适用范围

品种法主要适用于大量大批单步骤生产，例如发电、采掘等。在大量大批多步骤生产下，如果生产规模较小，而且成本管理上不要求提供各步骤的成本资料，也可采用品种法计算产品成本，如小型水泥厂、制砖厂等。此外，辅助生产的供水、供电、供气等车间也可采用品种法计算劳务成本。

二、品种法的计算程序

从上述品种法的特点中可以看出，品种法体现了产品成本核算的基本程序，品种法的核算程序包含着一切成本计算方法的基本原理，其他成本计算方法都是在品种法的基础上，结合生产特点和管理要求进行简化、组合或发展而成的，所以品种法是企业产品成本计算的最基本的方法。采用品种法计算产品成本时，可按以下几个步骤进行：

（一）开设产品生产成本明细账

按产品品种开设产品生产成本明细账或成本计算单，并按成本项目设置专栏。同时，按生产车间或品种开设辅助生产成本明细账和按生产车间开设制造费用明细账，账内按成本项目或费用项目设置专栏，登记期初在产品成本。

（二）归集和分配各项费用要素

根据有关凭证和资料，编制各种费用分配表。为生产某产品而发生的直接费用，记入该基本生产成本明细账相应的成本项目中；为生产产品而发生的各项间接费用，先按发生地点归集，再按一定比例分配记入各基本生产明细账。具体步骤如下：

（1）根据货币资金支出业务，按用途分类汇总各种付款凭证，登记各项明细费用账。

（2）根据领、退料凭证及有关分配标准，编制材料费用分配表，分配材料费用，并登记有关费用明细账。

（3）根据各车间、部门工资结算凭证编制工资分配表，分配工资，并登记有关明细账。

（4）根据各车间、部门计提固定资产折旧的方法，编制折旧费用分配表，分配折旧费用，并登记有关费用明细账。

（三）归集分配辅助生产费用

根据辅助生产明细账，结出本期发生额，编制"辅助生产成本分配表"，按受益原则，采用适当分配方法分配辅助生产费用，并据以登记有关成本明细账。

（四）归集分配制造费用

根据制造费用明细账，结出本期发生额，编制"制造费用分配表"，采用适当分配方法分配制造费用，并据以登记有关成本明细账。

（五）将生产费用在本月完工产品和月末在产品之间进行分配

若发生废品损失，根据废品损失明细账，将废品净损失转入基本生产成本明细账；月末根据产品成本明细账或产品成本计算单归集生产费用，采用适当的分配方法计算各种完工产品成本和月末在产品成本，如果月末没有在产品，则本月发生的生产费用全都是完工产品成本。

（六）编制完工产品成本汇总表，结转完工产品成本

根据由各产品成本明细账或成本计算单计算出来的产品成本资料，编制"完工产品成本汇总表"，计算各种完工产品的总成本和单位成本。

三、品种法举例

【例3-1】特立企业大量大批单步骤生产甲、乙两种产品，产品成本计算采用品种法。根据2021年3月发生的以下经济业务资料进行成本计算。

资料1：特立企业2021年3月甲、乙两种产品的产量分别为200件、400件。甲产品直接耗用A材料30 000元，乙产品直接耗用B材料40 000元，两种产品共同耗用A材料60 000元，按定额消耗量分配。辅助车间中机修车间耗用A材料6 000元，锅炉车间耗用B材料4 000元，基本生产车间一般耗用B材料3 000元，行政管理部门耗用B材料2 500元。甲产品A材料单位消耗定额为40千克，乙产品A材料单位消耗定额为30千克。

根据上述资料编制"直接材料费用分配表"，结果如表3-2所示。

表3-2 直接材料费用分配表

2021年3月

应借记科目		产量（件）	共同消耗				直接耗用材料（元）	合计（元）
			单位消耗定额（千克）	定额消耗（千克）	分配率	分配金额（元）		
基本生产成本	甲产品	200	40	8 000		24 000	30 000	54 000
	乙产品	400	30	12 000		36 000	40 000	76 000
	小计			20 000	3	60 000	70 000	130 000
辅助生产成本	机修车间						6 000	6 000
	锅炉车间						4 000	4 000
制造费用	基本生产车间						3 000	3 000
管理费用							2 500	2 500
合计						60 000	85 500	145 500

根据表 3-2，编制会计分录如下：

借：基本生产成本——甲产品　　　　　　　　　　　　　　　　　54 000
　　　　　　　　——乙产品　　　　　　　　　　　　　　　　　76 000
　　辅助生产成本——机修车间　　　　　　　　　　　　　　　　6 000
　　　　　　　　——锅炉车间　　　　　　　　　　　　　　　　4 000
　　制造费用　　　　　　　　　　　　　　　　　　　　　　　　3 000
　　管理费用　　　　　　　　　　　　　　　　　　　　　　　　2 500
　　贷：原材料——A 材料　　　　　　　　　　　　　　　　　　96 000
　　　　　　　——B 材料　　　　　　　　　　　　　　　　　　49 500

资料 2：特立企业 2021 年 3 月共用电 28 000 度，共发生电费 18 200 元。其中基本生产车间生产产品用电 15 000 度，照明用电 2 000 度，机修车间用电 4 500 度，锅炉车间用电 3 000 度，企业管理部门用电 3 500 度。该企业采用生产工时比例分配法分配动力费用。基本生产车间生产甲、乙两种产品。本月两种产品的生产工时分别为 6 000 小时和 4 000 小时。

在实际工作中，动力费用分配是通过编制"动力费用分配表"进行的，如表 3-3 所示。

表 3-3　动力费用分配表

2021 年 3 月

应借记科目		费用分配			电力费用分配		
		生产工时（小时）	分配率	分配金额（元）	用电度数（度）	分配率	分配金额（元）
基本生产成本	甲产品	6 000		5 850			
	乙产品	4 000		3 900			
	小计	10 000	0.975	9 750	15 000		9 750
辅助生产成本	机修车间				4 500		2 925
	锅炉车间				3 000		1 950
制造费用					2 000		1 300
管理费用					3 500		2 275
合计					28 000	0.65	18 200

根据表 3-3，编制会计分录如下：

借：基本生产成本——甲产品　　　　　　　　　　　　　　　　　5 850
　　　　　　　　——乙产品　　　　　　　　　　　　　　　　　3 900
　　辅助生产成本——机修车间　　　　　　　　　　　　　　　　2 925
　　　　　　　　——锅炉车间　　　　　　　　　　　　　　　　1 950
　　制造费用　　　　　　　　　　　　　　　　　　　　　　　　1 300
　　管理费用　　　　　　　　　　　　　　　　　　　　　　　　2 275
　　贷：应付账款　　　　　　　　　　　　　　　　　　　　　　18 200

资料 3：特立企业 2021 年 3 月共发放工资 93 300 元，其中基本生产车间生产工人工资 53 700 元，属于甲、乙两种产品共同发生的工资费用，按规定，依据产品的生产工时进行分配，甲、乙两种产品的生产工时分别是 6 000 小时和 4 000 小时。基本生产车间管理人员工资 8 600 元，辅助生产车间机修车间人员工资 9 950 元，锅炉车间人员工资 6 200 元，行政管理部门人员工资 14 850 元。工资费用分配如表 3-4 所示。

表 3-4 工资费用分配表

2021 年 3 月

应借记科目		工资			直接计入（元）	合计（元）
		生产工时（小时）	分配率	分配金额（元）		
基本生产成本	甲产品	6 000		32 220		32 220
	乙产品	4 000		21 480		21 480
	小计	10 000	5.37	53 700		53 700
制造费用	基本生产车间				8 600	8 600
辅助生产成本	机修车间				9 950	9 950
	锅炉车间				6 200	6 200
	小计				16 150	16 150
管理费用					14 850	14 850
合计				53 700	39 600	93 300

根据表 3-4，编制会计分录如下：

借：基本生产成本——甲产品　　　　　　　　　　　　　　　　32 220
　　　　　　　　——乙产品　　　　　　　　　　　　　　　　21 480
　　辅助生产成本——机修车间　　　　　　　　　　　　　　　　9 950
　　　　　　　　——锅炉车间　　　　　　　　　　　　　　　　6 200
　　制造费用　　　　　　　　　　　　　　　　　　　　　　　　8 600
　　管理费用　　　　　　　　　　　　　　　　　　　　　　　　14 850
　　贷：应付职工薪酬　　　　　　　　　　　　　　　　　　　　93 300

资料 4：月末会计部门应根据计算的结果，编制"折旧费用分配表"，据以进行折旧的账务处理。特立企业 2021 年 3 月"固定资产折旧费用分配表"见表 3-5。

表 3-5 固定资产折旧费用分配表

2021 年 3 月　　　　　　　　　　　　　　　　　　　　　　　　单位：元

车间、部门		2 月固定资产折旧额	2 月增加固定资产折旧额	2 月减少固定资产折旧额	本月固定资产折旧额
基本生产车间		8 240	460	300	8 400
辅助生产车间	机修车间	2 260	240	100	2 400
	锅炉车间	1 230	170	60	1 340
管理部门		2 080		180	1 900
合计		13 810	870	640	14 040

根据表 3-5，应编制会计分录如下：

借：制造费用　　　　　　　　　　　　　　　　　　　　　　　　　　　8 400
　　辅助生产成本——机修车间　　　　　　　　　　　　　　　　　　　2 400
　　　　　　　　——锅炉车间　　　　　　　　　　　　　　　　　　　1 340
　　管理费用　　　　　　　　　　　　　　　　　　　　　　　　　　　1 900
　贷：累计折旧　　　　　　　　　　　　　　　　　　　　　　　　　　14 040

资料 5：归集分配特立企业 2021 年 3 月机修车间和锅炉车间辅助生产费用如表 3-6 和表 3-7 所示。各辅助生产车间产品或劳务量详见表 3-8。

表 3-6　辅助生产成本明细账

车间：机修车间

项目	借方金额（元）						
	材料费用	外购动力	职工薪酬	折旧费			合计
直接材料费用分配	6 000						6 000
外购动力费用分配		2 925					2 925
工资费用分配			9 950				9 950
折旧费用分配				2 400			2 400
合计	6 000	2 925	9 950	2 400			21 275
分配辅助生产费用	6 000	2 925	9 950	2 400			21 275

表 3-7　辅助生产成本明细账

车间：锅炉车间

项目	借方金额（元）						
	材料费用	外购动力	职工薪酬	折旧费			合计
直接材料费用分配	4 000						4 000
外购动力费用分配		1 950					1 950
工资费用分配			6 200				6 200
折旧费用分配				1 340			1 340
合计	4 000	1 950	6 200	1 340			13 490
分配辅助生产费用	4 000	1 950	6 200	1 340			13 490

表 3-8 辅助生产车间产品或劳务数量表

2021 年 3 月

受益对象		机修车间（小时）	锅炉车间（吨）
基本生产车间	甲产品		14 000
	乙产品		12 000
	一般耗用	2 200	2 000
辅助生产车间	机修车间		4 000
	锅炉车间	500	
行政管理部门		300	8 000
合计		3 000	40 000

采用直接分配法的辅助生产费用分配表见表 3-9。

表 3-9 辅助生产费用分配表（直接分配法）

2021 年 3 月　　　　　　　　　　　　　　　　　　　　　　　　单位：元

项目		机修车间		锅炉车间		合计
		劳务量	金额	劳务量	金额	
待分配费用			21 275		13 490	34 765
产品或劳务量		2 500		36 000		
分配率		8.51		0.3747		
基本生产成本	甲产品			14 000	5 245.80	5 245.80
	乙产品			12 000	4 496.40	4 496.40
一般消耗		2 200	18 722	2 000	749.40	19 471.40
管理费用		300	2 553	8 000	2 998.40	5 551.40
合计		2 500	21 275	36 000	13 490	34 765

其中：

机修分配率 = 21 275/2 500 = 8.51，供电分配率 = 13 490/36 000 = 0.3747

根据表 3-9，编制会计分录如下：

借：基本生产成本——甲产品　　　　　　　　　　　　　　　　　　5 245.80
　　　　　　　　——乙产品　　　　　　　　　　　　　　　　　　4 496.40
　　制造费用　　　　　　　　　　　　　　　　　　　　　　　　　19 471.40
　　管理费用　　　　　　　　　　　　　　　　　　　　　　　　　5 551.40
　　贷：辅助生产成本——机修车间　　　　　　　　　　　　　　　21 275
　　　　　　　　　　——锅炉车间　　　　　　　　　　　　　　　13 490

资料 6：月末，在"制造费用"总账和所属明细账的借方归集了制造费用，见表 3-10。

表 3-10 制造费用明细账

车间：基本生产车间　　　　　　　　　　　　　　　　　　　　　　　　　　　单位：元

项目	借方金额						
	直接材料消耗	外购动力	职工薪酬	折旧费	修理费	水费	合计
直接材料费用分配	3 000						3 000
外购动力费用分配		1 300					1 300
工资费用分配			8 600				8 600
折旧费用分配				8 400			8 400
辅助生产费用分配					18 722	749.40	19 471.40
制造费用合计	3 000	1 300	8 600	8 400	18 722	749.40	40 771.40
月末分配制造费用	3 000	1 300	8 600	8 400	3 829.50	749.40	40 771.40

特立企业 2021 年 3 月共发生制造费用 40771.40 元，该车间只生产甲、乙两种产品，其中，甲产品生产工人工时为 6 000 小时，乙产品生产工人工时为 4 000 小时，则制造费用分配表如表 3-11 所示。

表 3-11 制造费用分配表

2021 年 3 月

应借科目		生产工时（小时）	分配率	分配金额（元）
基本生产成本	甲产品	6 000		24 462.84
	乙产品	4 000		16 308.56
合计		10 000	4.07714	40 771.40

根据表 3-11，编制会计分录如下：

借：基本生产成本——甲产品　　　　　　　　　　　　　　　　　　　　24 462.84
　　　　　　　　　——乙产品　　　　　　　　　　　　　　　　　　　　16 308.56
　　贷：制造费用　　　　　　　　　　　　　　　　　　　　　　　　　　40 771.40

特立企业本月产量资料和月初在产品成本见表 3-12 和表 3-13。经过以上分配，应由本月产品成本分担的费用均已分配记入甲、乙两种产品成本明细账中，见表 3-14 和表 3-15，其中该企业完工产品成本和月末在产品成本采用约当产量法计算。

表 3-12 产量资料

2021 年 3 月　　　　　　　　　　　　　　　　　　　　　　　　　　　　　　单位：件

产品名称	月初在产品	本月投产	本月完工	月末在产品	完工程度
甲产品	300	900	800	400	50%
乙产品		500	0		

表 3-13 月初在产品成本

2021 年 3 月　　　　　　　　　　　　　　　　　　　　　　　　　　　　　　单位：元

产品名称	直接材料	燃料动力	直接人工	制造费用	合计
甲产品	15 600	7 400	800	4 000	27 800

表 3-14 基本生产成本明细账

产品名称：甲产品　　　　　　　　　　　　　　　　　　　　　　　　　　　　单位：元

项目	成本项目				合计
	直接材料	燃料动力	直接人工	制造费用	
期初余额	15 600	7 400	800	4 000	27 800
分配材料费用	54 000				54 000
分配动力费用		5 850			5 850
分配工资			32 220		32 220
分配辅助费用		5 245.80			5 245.80
分配制造费用				24 462.84	24 462.84
本月生产费用合计	54 000	11 095.80	32 220	24 462.84	121 778.64
生产费用合计	69 600	18 495.80	33 020	28 462.84	149 578.64
完工产品数量（件）	800	800	800	800	
在产品约当产量（件）	400	200	200	200	
单位成本	58	18.4958	33.02	28.46284	
完工产品成本	46 400	14 796.64	26 416	22 770.27	110 382.91
月末在产品成本	23 200	3 699.16	6 604	5 692.57	39 195.73

表 3-15 基本生产成本明细账

产品名称：乙产品　　　　　　　　　　　　　　　　　　　　　　　　　　　　单位：元

项目	成本项目				合计
	直接材料	燃料动力	直接人工	制造费用	
分配材料费用	76 000				76 000
分配动力费用		3 900			3 900
分配工资			21 480		21 480
分配辅助费用		4 496.40			4 496.40
分配制造费用				16 308.56	16 308.56
合计	76 000	8 396.40	21 480	16 308.56	122 184.96

编制甲产品完工产品成本计算单，结果见表 3-16。

表 3-16 完工产品成本计算单

2021 年 3 月　　　　　　　　　　　　　　　　　　　　　　　　　单位：元

产品名称	产量（件）	成本	直接材料	燃料动力	直接人工	制造费用	合计
甲	800	总成本	46 400	14 796.64	26 461	22 770.27	110 382.91
		单位成本	58.00	18.50	33.02	28.46	137.98

根据表 3-16，编制会计分录如下：

借：库存商品——甲产品　　　　　　　　　　　　　　　　　110 382.91
　　贷：基本生产成本——甲产品　　　　　　　　　　　　　110 382.91

第三节　产品成本计算的分批法

一、分批法的概念与特点

产品成本计算的分批法是以产品的批别作为成本计算对象，归集生产费用、计算产品成本的一种方法。分批法具有以下几个特点：

（一）以产品批别作为成本计算对象

分批法的成本计算对象是产品的批别。由于在单件小批生产类型的企业中，生产多是根据购货单位的订单组织的，分批法也称订单法。但订单和批别并不是同一个概念，按批别组织生产，并不一定就是按订单组织生产，企业应结合自身的生产负荷能力等各方面情况，来合理组织产品生产的批量与批别：

（1）如果一张订单中有几种产品，为了便于按产品品种考核分析其成本计划执行情况，加强生产管理，应将该订单按照产品品种划分批别组织生产；

（2）如果一张订单只要求生产一种产品，但数量较大，或者购货单位要求分批交货，也可将该订单分为几个批别组织生产；

（3）如果一张订单只要求生产一种产品，但该产品属于价值高、生产周期长的大型复杂产品（如万吨轮），也可将该订单按产品的零部件分为几个批别组织生产；

（4）如果在同一时期接到的几张订单要求生产的是同一种产品，为了更经济合理地组织生产，可将这几张订单合为一批组织生产。

在上述四种情况下，分批法的成本计算对象不是购货单位的订货单，而是企业生产计划部门下达的"生产任务通知单"，财会部门应按照"生产任务通知单"中的各生产批别开设产品成本计算单（生产成本明细账），归集生产费用并计算产品成本。

（二）以产品的生产周期作为成本计算期

采用分批法计算产品成本的企业，虽然按月归集各批产品的生产费用，但只有在该批产品全部完工时才能计算其实际成本。由于各批产品的生产复杂程度不同、质量数量要求也不同，生产周期也就不同。有的批别当月投产，当月完工；有的批别要经过数月甚至数年才能完工。完工产品的成本计算因各批别的生产周期而异，是不定期的。所以，分批法的成本计算期与产品的生产周期一致，而与会计报告期不一致。

（三）生产费用一般不需要在完工产品和在产品之间分配

1. 单件生产情况下

单件生产月末不存在完工产品与在产品之间分配生产费用的问题。

2. 小批生产情况下

小批生产的订购数量较少，在购货单位要求一次交货的情况下，每批产品要同时完工。这样该批产品完工前的成本明细账上所归集的生产费用，即为在产品成本；完工后的成本明细账上所归集的生产费用，即为完工产品成本。因此在通常情况下，生产费用不需要在完工产品和在产品之间分配。

3. 大批生产情况下

大批生产的产品数量较多，如果出现批内产品跨月陆续完工并交付购货单位的情况，则需要采用适当的方法将生产费用在完工产品和月末在产品之间分配。采用的分配方法视批内产品跨月陆续完工的数量占批量的比重大小而定。当批内完工产品占比较大时，可采用约当产量比例法等方法。如批内产品少量完工，完工产品成本可按计划单位成本、定额单位成本或近期相同产品实际单位成本确定，产品成本计算单中归集的生产费用减去完工产品成本，余额为月末在产品成本。在该批产品全部完工时，还应计算该批产品的实际总成本和单位成本，但对已经转账的完工产品成本，不做账面调整。

二、分批法的成本计算程序

分批法的成本计算程序如下：

（1）按产品批别设置产品成本计算单（生产成本明细账），并按成本项目设置专栏。

（2）按产品批别归集和分配生产费用，编制各种费用分配表，登记产品成本计算单。

对于能按批别划分的直接计入费用，应在相关的原始凭证上注明产品的批别，以便直接计入各批别的产品成本计算单；对于不能分清属于哪批产品的间接计入费用（如制造费用和按计时工资法计算的工资及提取的福利费等人工费用），应按费用发生地点和用途归集，并采用适当的方法分配计入各批产品成本中。

（3）产品完工时，计算出该批完工产品的总成本和单位成本，并结转完工产品成本。

上述分批法的成本计算程序，除了产品成本计算单（生产成本明细账）的设置和完工产品成本的计算与品种法有所区别外，其他与品种法是完全一致的。

三、分批法举例

【例 3-2】特立企业属于小批生产类型的小型企业，有一个基本生产车间，按批别组织生产，生产甲、乙、丙三种产品，采用分批法计算产品成本，设置直接材料、直接人工、制造费用三个成本项目。该厂 2021 年 3 月生产的产品批号有：901 批别甲产品 20 件，2 月投产，本月全部完工；902 批别乙产品 10 件，本月投产，本月完工 6 件；903 批别丙产品 10 件，本月投产，本月完工 2 件。902 批别乙产品原材料在生产开始时一次性投入，由于该批产品本月完工数量较大，其他费用在完工产品和月末在产品之间的分配方法采用约当产量比例法，在产品完工程度为 50%；903 批别丙产品本月完工数量较少，完工产品按计划成本结转。

按分批法计算产品成本的过程如下：

2021 年 3 月，各批产品发生的各种直接费用（本例中包括直接材料和直接人工，资料和会计分录略）已计入各批产品成本计算单；根据本月制造费用明细账提供的资料，该厂本月基本生产车间发生制造费用共计 12 000 元，按照各批别的生产工时分配制造费用，如表 3-17 所示。

表 3-17　制造费用分配表

产品批别	生产工时（小时）	分配率	分配金额（元）
901 批别甲产品	23 000		4 600
902 批别乙产品	17 500	0.2	3 500
903 批别丙产品	19 500		3 900
合计	60 000	0.2	12 000

根据表 3-17 编制分配制造费用的会计分录如下：

借：基本生产成本——901 批别甲产品　　　　　　　　　　　　　　4 600
　　　　　　　　——902 批别乙产品　　　　　　　　　　　　　　3 500
　　　　　　　　——903 批别丙产品　　　　　　　　　　　　　　3 900
　　贷：制造费用　　　　　　　　　　　　　　　　　　　　　　　12 000

表 3-18　产品成本计算单

产品批号：901 批别　　　　　　产品名称：甲产品　　　　　　投产日期：5/2
订货单位：宏达公司　　　　　　产品批量：20 件　　　　　　　完工日期：31/3

项目	直接材料（元）	直接人工（元）	制造费用（元）	合计（元）
月末在产品成本	8 960	5 420	6 720	21 100
分配材料费用	5 520			5 520
分配人工费用		4 650		4 650
分配制造费用			4 600	4 600
合计	14 480	10 070	11 320	35 870
完工产品成本	14 480	10 070	11 320	35 870
单位成本	724	503.5	566	1793.5

根据表 3-18 编制结转完工入库产品成本的会计分录如下：

借：库存商品——甲产品　　　　　　　　　　　　　　　　　　　35 870
　　贷：基本生产成本——901 批别甲产品　　　　　　　　　　　　35 870

表 3-19　产品成本计算单

产品批号：902 批别　　　　　　产品名称：乙产品　　　　　　投产日期：3/3
订货单位：红星公司　　　　　　产品批量：10 件　　　　　　　完工日期：31/3　完工 6 件

项目	直接材料（元）	直接人工（元）	制造费用（元）	合计（元）
分配材料费用	26 960			26 960
分配人工费用		8 960		8 960
分配制造费用			3 500	3 500
合计	26 960	8 960	3 500	39 420
分配率（单位成本）	2 696	1 120	437.5	4253.5
完工产品成本	16 176	6 720	2 625	25 521

续表

项目	直接材料（元）	直接人工（元）	制造费用（元）	合计（元）
月末在产品成本	10 784	2 240	875	13 899

完工产品成本应分配的直接材料费用＝26 960÷10×6＝16 176（元）

完工产品成本应分配的直接人工费用＝8 960÷（6＋4×50%）×6＝6 720（元）

完工产品成本应分配的制造费用＝3 500÷（6＋4×50%）×6＝2 625（元）

完工产品总成本＝16 176＋6 720＋2 625＝25 521（元）

根据表3-19编制结转完工入库产品成本的会计分录如下：

借：库存商品——乙产品　　　　　　　　　　　　　　　　　　　　25 521
　　贷：基本生产成本——902批别乙产品　　　　　　　　　　　　　25 521

表3-20　产品成本计算单

产品批号：903批别　　　　　　产品名称：丙产品　　　　投产日期：4/3
订货单位：星城公司　　　　　　产品批量：10件　　　　　完工日期：31/3　完工2件

项目	直接材料（元）	直接人工（元）	制造费用（元）	合计（元）
分配材料费用	9 000			9 000
分配人工费用		5 600		5 600
分配制造费用			3 900	3 900
合计	9 000	5 600	3 900	18 500
计划单位成本	1 000	800	450	2 250
完工产品成本	2 000	1 600	900	4 500
月末在产品成本	7 000	4 000	3 000	14 000

根据产品成本计算单编制结转完工入库产品成本的会计分录如下：

借：库存商品——丙产品　　　　　　　　　　　　　　　　　　　　4 500
　　贷：基本生产成本——903批别丙产品　　　　　　　　　　　　　4 500

四、简化的分批法

（一）简化的分批法的概念和适用范围

1. 简化的分批法的概念

在单件小批生产的企业中，有时在同一时期内投产产品的批数较多，而完工产品的批数又较少，如果仍然采用前述一般的分批法来处理的话，间接计入费用在各批产品之间的分配工作就很繁重。这时可以考虑采用简化的分批法，将间接计入费用在各批产品之间的横向分配与其在完工产品与月末在产品之间的纵向分配结合起来，以简化费用的分配和登记工作。

简化的分批法是指对每月发生的间接计入费用，不是按月在各批产品之间分配，而是先累计在基本生产成本二级账上，到产品完工时才按照累计分配率进行间接计入费用的分配，对当月未完工批别的产品则只按月登记发生的工时，不分配间接计入费用，所以也称为不分批计算在产品成本的分批法，是一般分批法的简化形式。

2. 简化的分批法的适用范围

简化的分批法适用于同一月份投产的产品批数很多，且月末未完工批数较多的企业。如果月末完工的批数多，则大部分批号的产品仍需分配登记各项间接计入费用，核算工作量减少不多；另外，该法虽然可以简化成本的核算工作，但在各月间接计入费用悬殊的情况下也不宜采用，否则会影响产品成本的正确性。

（二）简化的分批法的特点

1. 设立基本生产成本二级明细账

采用简化的分批法，仍应按照产品批别设置产品成本计算单（生产成本明细账）；同时，必须按生产单位设置基本生产成本二级账。

产品成本计算单按月登记各批产品的直接计入费用和生产工时。各月发生的间接计入费用不按月在各批产品之间进行分配，而是按成本项目先登记在基本生产成本二级账中。在有完工产品的月份，将基本生产成本二级账中累计的间接计入费用，按照完工产品工时占全部累计工时的比例，对完工产品进行分配；未完工产品的间接计入费用，仍保留在基本生产成本二级账中。完工产品从基本生产成本二级账中分配转出的间接计入费用，加上产品成本计算单原登记的直接计入费用，即为完工产品总成本。

2. 不分批计算在产品成本

将完工产品应负担的间接计入费用转入各完工产品成本计算单以后，基本生产成本二级账反映全部批别月末在产品的成本。各批别未完工产品的产品成本计算单上只反映累计直接计入费用和累计工时，不反映各批别在产品成本。

3. 采用累计分配法来分配间接计入费用

简化的分批法中，间接计入费用的分配是通过计算出的累计间接计入费用分配率进行的。相关计算公式为：

全部产品累计间接计入费用分配率＝全部产品累计间接计入费用／全部产品累计工时

某批别完工产品应负担的间接计入费用＝该批完工产品累计工时 × 全部产品累计间接计入费用分配率

（三）简化的分批法举例

【例3-3】特立企业根据其自身的生产特点和管理要求，采用简化分批法计算产品成本，有关资料如下：

① 2021年3月生产批号有：

10202号：甲产品8件，2月投产，3月全部完工；

10203号：乙产品10件，2月投产，3月完工4件；

10301号：甲产品4件，3月投产，尚未完工；

10302号：丙产品5件，3月投产，尚未完工；

10303号：乙产品6件，3月投产，尚未完工。

② 各批号在生产开始时一次投入的直接材料费用和至3月末累计生产工时为：

10202号：直接材料费18 000元，工时9 020小时；

10203号：直接材料费24 000元，工时21 500小时；

10301号：直接材料费9 000元，工时3 800小时；

10302号：直接材料费15 800元，工时8 300小时；

10303号：直接材料费14 400元，工时7 380小时。

即全部产品累计直接材料费用81 200元、工时50 000小时、直接人工费用20 000元、制造费用 30 000 元。

③ 3 月末，完工产品工时 23 020 小时，其中，甲产品 9 020 小时，乙产品 14 000 小时。

采用简化的分批法对该企业 2021 年 3 月产品成本计算如下：

①根据凭证和原始记录汇总登记基本生产成本二级明细账，并计算出累计间接计入费用分配率，如表 3-21 所示。

表 3-21　基本生产成本二级账

项目	直接材料（元）	生产工时（小时）	直接人工（元）	制造费用（元）	合计（元）
本月累计	81 200	50 000	20 000	30 000	131 200
累计间接费用分配率（元/小时）			0.4	0.6	
分配间接费用		23 020	9 208	13 812	23 020
完工产品成本	27 600	23 020	9 208	13 812	50 620
月末在产品成本	53 600	26 980	10 792	16 188	80 580

表 3-21 中完工转出的直接材料费用计算如下：

直接材料：18 000 元 +（24 000 元 /10×4）= 27 600 元。

表 3-21 中全部产品累计间接计入费用分配率计算如下：

直接人工：20 000 元 /50 000 小时 = 0.4 元 / 小时；

制造费用：30 000 元 /50 000 小时 = 0.6 元 / 小时。

表 3-21 中完工转出的间接计入费用计算如下：

直接人工：23 020 小时 ×0.4 元 / 小时 = 9 208 元；

制造费用：23 020 小时 ×0.6 元 / 小时 = 16 188 元。

②根据前述资料编制产品成本计算单，计算各批产品的总成本和单位成本，分别如表 3-22 至表 3-26 所示。

表 3-22　产品成本计算单（简化分批法）

产品批号：10202 批别　　　　　产品名称：甲产品　　　　　投产日期：10/2
订货单位：上城公司　　　　　　产品批量：8 件　　　　　　完工日期：31/3

项目	直接材料（元）	生产工时（小时）	直接人工（元）	制造费用（元）	合计（元）
本月累计	18 000	9 020			18 000
分配率			0.4	0.6	
分配间接费用		9 020	3 608	5 412	9 020
完工产品成本	18 000	9 020	3 608	5 412	27 020

表 3-22 中完工转出的间接计入费用计算如下：

直接人工：9 020 小时 ×0.4 元 / 小时 = 3 608 元；

制造费用：9 020 小时 ×0.6 元 / 小时 = 5 412 元。

根据表 3-22 编制结转完工入库产品成本的会计分录如下：

借：库存商品——甲产品　　　　　　　　　　　　　　　　　　　　　　27 020

　　贷：基本生产成本——10202 批别甲产品　　　　　　　　　　　　　　　27 020

表 3-23 产品成本计算单（简化分批法）

产品批号：10203 批别　　　　　产品名称：乙产品　　　　　投产日期：11/2
订货单位：红星公司　　　　　　产品批量：10 件　　　　　　完工日期：31/3　4 件

项目	直接材料（元）	生产工时（小时）	直接人工（元）	制造费用（元）	合计（元）
本月累计	24 000	21 500			
分配率			0.4	0.6	
分配间接费用		14 000	5 600	8 400	14 000
完工产品成本	9 600	14 000	5 600	8 400	23 600
月末在产品	14 400	7 500			

表 3-23 中完工转出的直接材料费用计算如下：

直接材料：24 000 元 /10×4 = 9 600 元。

表 3-23 中完工转出的间接计入费用计算如下：

直接人工：14 000 小时 ×0.4 元 / 小时 = 5 600 元；

制造费用：14 000 小时 ×0.6 元 / 小时 = 8 400 元。

根据表 3-23 编制结转完工入库产品成本的会计分录如下：

借：库存商品——乙产品　　　　　　　　　　　　　　　　　　23 600
　　贷：基本生产成本——10203 批别乙产品　　　　　　　　　　23 600

表 3-24 产品成本计算单（简化分批法）

产品批号：10301 批别　　　　　产品名称：甲产品　　　　　投产日期：2/3
订货单位：上城公司　　　　　　产品批量：4 件　　　　　　 完工日期：

项目	直接材料（元）	生产工时（小时）	直接人工（元）	制造费用（元）	合计（元）
本月累计	9 000	3 800			

表 3-25 产品成本计算单（简化分批法）

产品批号：10302 批别　　　　　产品名称：丙产品　　　　　投产日期：4/3
订货单位：长征公司　　　　　　产品批量：5 件　　　　　　 完工日期：

项目	直接材料（元）	生产工时（小时）	直接人工（元）	制造费用（元）	合计（元）
本月累计	15 800	8 300			

表 3-26 产品成本计算单（简化分批法）

产品批号：10303 批别　　　　　产品名称：乙产品　　　　　投产日期：6/3
订货单位：攀渝公司　　　　　　产品批量：6 件　　　　　　 完工日期：

项目	直接材料（元）	生产工时（小时）	直接人工（元）	制造费用（元）	合计（元）
本月累计	14 400	7380			

第四节 产品成本计算的分步法

一、分步法的含义与特点

（一）分步法的含义

分步法是以产品品种和每种产品所经过的生产步骤作为成本核算对象来归集生产费用、计算产品成本的一种方法。

采用分步法计算产品成本的各个企业，成本管理的要求有所不同，有的需要提供各个生产步骤的半成品成本资料，有的不需要提供各个生产步骤的半成品成本资料，出于简化和加快成本核算工作的考虑，各生产步骤成本按步骤计算和结转。

值得注意的是，分步法中的生产步骤是按照成本管理的要求划分的，作为成本核算对象的生产步骤，与实际生产步骤（加工步骤）可能一致，也可能不一致，而生产产品有时是一车间（分厂）一步骤或一车间（分厂）多步骤。为了加强成本管理，必须在生产单位（分厂、车间）内部按生产步骤归集生产费用，计算产品成本。

总之，企业应当根据自身的生产特点和成本管理的要求，在既简化成本核算复杂性，又严格控制成本的条件下，合理设置产品品种和生产步骤。有半成品出售的企业，这一点更要引起重视。

（二）分步法的特点

分步法的主要特点是按产品的生产步骤计算产品成本，一般特点体现在以下几个方面：

1. 成本核算对象是产成品及其所经过的各个生产步骤

如果企业只生产一种产品，产品成本核算单（生产成本明细账）应当按照生产步骤开立；如果企业生产多种产品，产品成本核算单（生产成本明细账）应该按照生产步骤分产品品种开立。

企业发生的各种直接材料费用、直接人工费用和其他直接费用，凡能直接计入各成本核算对象的，应当直接计入；不能直接计入各成本核算对象的，应当先按生产步骤归集，月末按一定标准分配计入各成本计算对象。

企业发生的制造费用，应当先按生产单位归集，月末再直接计入或分配计入各成本核算单。

2. 成本核算周期与会计报告期一致

在分步法下，企业一般按月定期计算产品成本。因此成本核算期与会计报告期一致，但与产品生产周期不一致。

3. 生产费用要在完工产品和在产品之间进行分配

采用分步法计算产品成本的企业中，产品的生产跨月陆续完工的情况很多，则月末既有完工产品又有在产品。因此，月末在计算产品成本时，通常需要将已计入产品成本核算单中的生产费用，采用适当的分配方法在完工产品和月末在产品之间进行分配，计算各产品、各生产步骤的完工产品成本和月末在产品成本；然后按照产品品种结转各步骤的完工产品成本，计算每一种产成品的成本。

二、分步法的类型

生产实践过程中，成本归集有的是按各步骤的份额直接计入最终产品成本，有的则是逐步结转半成品成本。根据产品成本核算的要求，分步法可以分为逐步结转分步法和平行结转分步法两种。

(一) 逐步结转分步法

每一个步骤都需计算完工产品成本和在产品成本，而每个步骤的完工产品就是下一个步骤继续生产的半成品。

采用逐步结转分步法计算产品成本时，成本核算对象是产成品及其所经过的各个生产步骤的各种半成品，各产生步骤都需要计算本步骤所产完工产品成本和月末在产品成本；然后按照产品品种结转各步骤的完工产品成本，计算每种产品最终完工产品的成本。

逐步结转分步法主要适用于所生产的半成品经常对外销售，以及需要考核半成品成本的大量大批多步骤生产的企业，特别是大量大批连续式多步骤生产企业。在这些企业中，从原材料投入生产到产成品制成，中间要顺序经过几个生产步骤，前面各生产步骤所产的都是半成品，只有最后生产步骤完工才能得到产成品。各生产步骤所产半成品，既可以转至下一生产步骤继续加工，耗用在不同产品上，又可作为商品，直接对外出售。在这种情况下，除了需要计算各种产成品成本外，还必须计算各生产步骤所产半成品成本。

(二) 平行结转分步法

各生产步骤只汇总本步骤的生产费用，不计算各步骤中用于最终完工产品的半成品成本，只在月末分配完工产品和在产品成本时，按每一个生产步骤应计入完工产品的份额归集完工产品成本。

采用平行结转分步法计算产品成本时，成本核算对象是产成品及其所经过的各个生产步骤应计入最终产成品的"份额"，各生产步骤只汇集本步骤发生的费用，不计算半成品成本。

必须明确的是，分步法中的完工产品，是指广义的完工产品，不仅包括最后一个生产步骤生产的最终产成品，还包括前面各步骤所生产的、需要进一步加工的完工产品（在整个过程中称为半成品）。

平行结转分步法主要适用于各生产步骤所产的半成品种类较多，但是半成品对外销售的情况很少，并且在管理上不要求计算半成品成本的情况。为了简化和加快成本核算工作，大量大批装配式多步骤生产企业，从原材料投入生产到产成品制成，先由各生产步骤对各种原材料平等地进行加工，使之成为各零部件和部件（半成品），再由总装车间装配成各种产成品，而且半成品不准备对外出售时，可以用此法。

三、逐步结转分步法

(一) 逐步结转分步法的计算程序

在逐步结转分步法下，上一步骤所产半成品成本，要随着半成品实物的转移，从上一步骤产品成本明细账转到下一步骤相同产品的成本明细账中，以便逐步计算各个步骤的半成品成本和最后一个步骤的产成品成本。采用逐步结转分步法计算产品成本有以下几个步骤：

（1）以产品的生产步骤作为成本计算对象开设基本生产明细账（产品成本计算单），即建账。

（2）编制各种要素费用分配表、辅助生产成本分配表、制造费用分配表等归集和分配各种生产费用。

（3）计算各生产步骤的完工产品成本。

各生产步骤完工半成品的账务处理如下：

1）若半成品不需通过半成品仓库收发，则直接计入下一步骤的半成品成本一项中：

借：基本生产成本——第二步骤（车间、分厂）
　　贷：基本生产成本——第一步骤（车间、分厂）

2）若半成品需要通过半成品库收发，或是有半成品出售业务，则需按步骤设置明细账。借方反映各步骤的入库半成品，贷方反映领用的半成品，月末余额反映未领待领的半成品。

① 入库时：
借：自制半成品——A 产品
　　贷：基本生产成本——第一步骤（车间、分厂）
② 领用时：
借：基本生产成本——第二步骤（车间、分厂）
　　贷：自制半成品——A 产品
③ 销售时：
借：主营业务成本（或其他业务成本）
　　贷：自制半成品

（二）逐步结转分步法分类

根据决策层对生产部门提供的成本核算资料要求详细程度不同，逐步结转分步法又分为综合逐步结转分步法和分项结转分步法两种方式。

1. 综合逐步结转分步法

综合逐步结转分步法是指上一步骤生产完工的半成品成本在结转到下一步骤时，综合记入下一步骤产品成本核算单的"直接材料"成本项目或专设的"半成品"成本项目中。综合逐步结转分步法流程如图 3-1 所示。

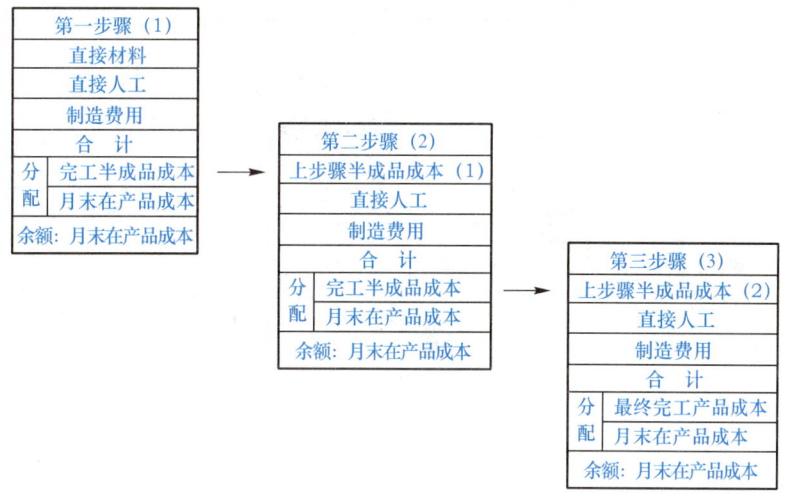

图 3-1　综合逐步结转分步法流程

综合逐步结转分步法的具体步骤如下：

（1）设定适合企业考核成本的生产步骤。

（2）根据生产步骤的需要设置生产成本明细账。

（3）根据半成品是否入库设置"自制半成品"明细账。

（4）设置生产成本的成本项目"直接材料""直接人工""制造费用"，还可以根据需要增设其他成本项目。

（5）月终对完工产品成本编制分录，从"生产成本——基本生产成本"转入"产成品"或"库存商品"。

（6）若需对完工产品成本分项进行考核，则要进行成本还原的计算。

【例 3-4】特立企业设有三个基本生产车间，大量生产甲产品。甲产品顺序经过三个车间进行生产。第一车间生产 A 半成品，完工后全部交给第二车间继续加工为 B 半成品，B 半成品完工后全部交给第三车间继续加工为甲产品，甲产品完工后交给产成品库。该企业以生产甲产品所经生产步骤的半成品（A、B两种半成品）和甲产品为成本核算对象。产品成本核算单（生产成本明细账）按成本核算对象开设，分为甲产品（第三车间）、A半成品（第一车间）、B半成品（第二车间），每一个车间按直接材料、直接人工、制造费用设专栏核算，自制半成品按实际成本综合结转，各生产步骤完工产品和月末在产品之间的费用分配，均采用约当产量法。甲产品原材料在第一车间生产开始时一次性投入。各步骤（第一、第二、第三车间）在产品在本步骤完工率分别为30%、50%、60%。

该企业2021年3月生产的有关记录如下：

①有关产量资料如表3-27所示。

表3-27 生产数量汇总表

产品：甲产品　　　　　　　　　　　2021年3月　　　　　　　　　　　　　单位：件

项目	第一车间	第二车间	第三车间
月初在产品	70	90	30
本月投入或上步转入	180	150	200
本月完工转入下步或交库	150	200	180
月末在产品	100	40	50

②费用资料如表3-28所示。

表3-28 生产费用汇总表

产品：甲产品　　　　　　　　　　　2021年3月　　　　　　　　　　　　　单位：元

项目		直接材料	半成品	直接人工	制造费用	合计
月初资料	第一车间	3 500		1 400	600	5 500
	第二车间		6 600	1 800	1 600	10 000
	第三车间		7 100	1 200	500	8 800
本月发生额	第一车间	9 000		4 000	3 000	16 000
	第二车间			7 000	5 000	12 000
	第三车间			3 000	1 600	4 600

产品成本计算程序如下：

①计算第一车间A半成品成本。

a. 直接材料：

$$单位半成品直接材料费用 = \frac{3\,500 + 9\,000}{150 + 100} = 50（元/件）$$

完工A半成品直接材料费用 = 50×150 = 7 500（元）

A半成品月末在产品成本 = 50×100 = 5 000（元）

b. 直接人工：

$$单位半成品直接人工费用 = \frac{1\,400 + 4\,000}{150 + 100×30\%} = 30（元/件）$$

完工A半成品直接人工费用 = 30×150 = 4 500（元）

A 半成品月末在产品成本＝30×100×30%＝900（元）

c．制造费用：

$$单位半成品制造费用＝\frac{600＋3\,000}{150＋100×30\%}＝20（元/件）$$

完工 A 半成品制造费用＝20×150＝3 000（元）

A 半成品月末在产品成本＝20×100×30%＝600（元）

表 3-29 产品成本核算单

车间：第一车间　　　　　　　　　　2021 年 3 月　　　　　　　　　产品：甲产品——A 半成品

项目	本车间发生费用（元）			合计（元）
	直接材料	直接人工	制造费用	
月初在产品成本	3 500	1 400	600	5 500
本月发生生产费用	9 000	4 000	3 000	16 000
生产费用合计	12 500	5 400	3 600	21 500
本月完工产品数量（件）	150	150	150	
月末在产品约当量（件）	100	30	30	
约当总产量（件）	250	180	180	
完工产品总成本	7 500	4 500	3 000	15 000
完工产品单位成本	50	30	20	100
月末在产品成本	5 000	900	600	6 500

根据表 3-29，编制会计分录如下：

借：基本生产成本——第二车间　　　　　　　　　　　　　　　　　　　　15 000
　　贷：基本生产成本——第一车间　　　　　　　　　　　　　　　　　　　　15 000

②计算第二车间 B 半成品成本。

按生产过程，第二车间 B 半成品成本不仅包括本车间发生的生产费用，还包括上车间转入的 A 半成品成本。因此，B 半成品的成本核算单不仅登记本车间发生的生产费用，还要把上车间的 A 半成品成本 15 000 元转入（记入"半成品"项目）。

a．直接材料：

$$B 半成品单位直接材料费用＝\frac{6\,600＋15\,000}{200＋40}＝90（元/件）$$

完工 B 半成品直接材料费用＝90×200＝18 000（元）

B 半成品月末在产品成本＝40×90＝3 600（元）

b．直接人工：

$$B 半成品单位直接人工费用＝\frac{1\,800＋7\,000}{200＋40×50\%}＝40（元/件）$$

完工 B 半成品直接人工费用＝40×200＝8 000（元）

B 半成品月末在产品成本＝40×40×50%＝800（元）

c．制造费用：

B 半成品单位制造费用 = $\dfrac{1\,600 + 5\,000}{200 + 40 \times 50\%} = 30$（元/件）

完工 B 半成品制造费用 = $200 \times 30 = 6\,000$（元）

B 半成品月末在产品成本 = $30 \times 40 \times 50\% = 600$（元）

表 3-30　产品成本核算单

车间：第二车间　　　　　　　　　2021 年 3 月　　　　　　　　　产品：甲产品——B 半成品

项目	上步转入半成品（元）	本车间发生费用（元）		合计（元）
		直接人工	制造费用	
月初在产品成本	6 600	1 800	1 600	10 000
本月发生生产费用	15 000	7 000	5 000	27 000
生产费用合计	21 600	8 800	6 600	37 000
本月完工产品数量（件）	200	200	200	
月末在产品约当量（件）	40	20	20	
约当总产量（件）	240	220	220	
完工产品总成本	18 000	8 000	6 000	32 000
完工产品单位成本	90	40	30	160
月末在产品成本	3 600	800	600	5 000

根据表 3-30，编制会计分录如下：

借：基本生产成本——甲产品　　　　　　　　　　　　　　　　　　　32 000

　　贷：基本生产成本——第二车间　　　　　　　　　　　　　　　　　　32 000

③计算第三车间完工产品成本。

按生产过程，第三车间完工产品成本不仅有本车间发生的生产费用，还包括上车间转入的 B 半成品成本。因此，完工产品的成本核算单不仅登记本车间发生的生产费用，还要把上车间的 B 半成品成本 32 000 元转入（记入"半成品"项目）。

表 3-31　产品成本核算单

车间：第三车间　　　　　　　　　2021 年 3 月　　　　　　　　　　产品：甲产品

项目	上步转入半成品（元）	本车间发生费用（元）		合计（元）
		直接人工	制造费用	
月初在产品成本	7 100	1 200	500	8 800
本月发生生产费用	32 000	3 000	1 600	36 600
生产费用合计	39 100	4 200	2 100	45 400
本月完工产品数量（件）	180	180	180	
月末在产品约当量（件）	50	30	30	
约当总产量（件）	230	210	210	

续表

项目	上步转入半成品（元）	本车间发生费用（元）		合计（元）
		直接人工	制造费用	
完工产品总成本	30 600	3 600	1 800	36 000
完工产品单位成本	170	20	10	200
月末在产品成本	8 500	600	300	9 400

根据表 3-31，编制会计分录如下：
借：产成品——甲产品　　　　　　　　　　　　　　　　　　　　36 000
　　贷：基本生产成本——第三车间　　　　　　　　　　　　　　　　36 000

④成本还原。若采用逐步综合结转分步法结转成本，在生产步骤较多的企业，由于各步骤之间都是以"半成品"来结转，最后的完工产品无法真实反映出直接材料、直接人工、制造费用分别耗用了多少，因此，月末要按照本月所产这种半成品的成本结构进行还原。

方法一：成本还原率还原法。

$$还原分配率=\frac{产成品所耗上一步骤半成品成本合计}{本月所产该种半成品成本合计}$$

还原为某成本项目的数据＝上步所产半成品耗用该成本项目的数额×还原分配率
依【例 3-4】，具体操作如下：
①把产成品所耗第二车间半成品进行还原：

$$还原分配率=\frac{30\,600}{32\,000}=0.95625$$

还原为第二车间 B 半成品成本额：18 000×0.95625＝17 212.5（元）
还原为直接人工费用：8 000×0.95625＝7 650（元）
还原为制造费用：6 000×0.95625＝5 737.5（元）
②把产成品所耗第一车间半成品进行还原：

$$还原分配率=\frac{17\,212.5}{15\,000}=1.1475$$

还原为第一车间直接材料：7 500×1.1475＝8 606.25（元）
还原为直接人工费用：4 500×1.1475＝5 163.75（元）
还原为制造费用：3 000×1.1475＝3 442.5（元）

表 3-32　产成品成本还原汇总

2021 年 3 月　　　　　　　　　　　　　　　　　　　　　　　　　　　单位：元

成本项目	第一车间	第二车间	第三车间	合计
直接材料	8 606.25			8 606.25
直接人工	5 163.75	7 650	3 600	16 413.75
制造费用	3 442.5	5 737.5	1 800	10 980
合计	17 212.5	13 387.5	5 400	36 000

方法二：产品成本项目比重还原法。

$$还原分配率 = \frac{该成本项目费用}{半成品成本}$$

还原为某成本项目的数据 = 上步所产半成品耗用该成本项目的数额 × 还原分配率

依【例3-4】，具体操作如下：

①对产成品所耗第二车间B半成品成本30 600元进行还原，B半成品实际产出为32 000元。相关计算如下：

$$耗用B半成品的综合成本比重 = \frac{18\ 000}{32\ 000} = 0.5625$$

$$耗用B半成品的直接人工成本比重 = \frac{8\ 000}{32\ 000} = 0.25$$

$$耗用B半成品的制造费用成本比重 = \frac{6\ 000}{32\ 000} = 0.1875$$

还原为第二车间综合成本：30 600 × 0.5625 = 17 212.5（元）
还原为第二车间直接人工成本：30 600 × 0.25 = 7 650（元）
还原为第二车间制造费用成本：30 600 × 0.1875 = 5 737.5（元）

②对产成品所耗第一车间A半成品成本15 000元进行还原，B半成品上步还原为17 212.5元。相关计算如下：

$$耗用第一车间半成品的综合成本比重 = \frac{7\ 500}{15\ 000} = 0.5$$

$$耗用第一车间半成品的直接人工成本比重 = \frac{4\ 500}{15\ 000} = 0.3$$

$$耗用第一车间半成品的制造费用成本比重 = \frac{3\ 500}{15\ 000} \approx 0.2$$

还原为第一车间直接材料成本：17 212.5 × 0.5 = 8 606.25（元）
还原为第一车间直接人工成本：17 212.5 × 0.3 = 5 163.75（元）
还原为第一车间制造费用成本：17 212.5 × 0.2 = 3 442.5（元）

结果表明，完工产品分别耗用第一车间的直接材料为8 606.25元、直接人工成本为5 163.75元、制造费用成本为3 442.5元；耗用第二车间直接人工成本为7 650元、制造费用成本为5 737.5元（上述步骤中还原得到）；耗用第三车间直接人工成本为3 600元、制造费用成本为1 800元（第三车间核算表中查得）。

但是，需要指出的是，产品成本项目比重还原法、成本还原率还原法忽略了期初余额的影响，在月初在产品较多的企业，这种成本计算方法有所欠缺，所以可以采用分项结转分步法或是计划成本法、定额成本法。

2. 分项结转分步法

分项结转是指每个步骤按成本项目分类结转。具体操作是把第一步骤的完工半成品成本按成本项目转到第二步骤的直接材料、直接人工、制造费用，再把经过分配的第二步骤完工半成品成本按成本项目转到第三步骤，最后形成完工产品成本。分项结转分步法操作过程见图3-2。

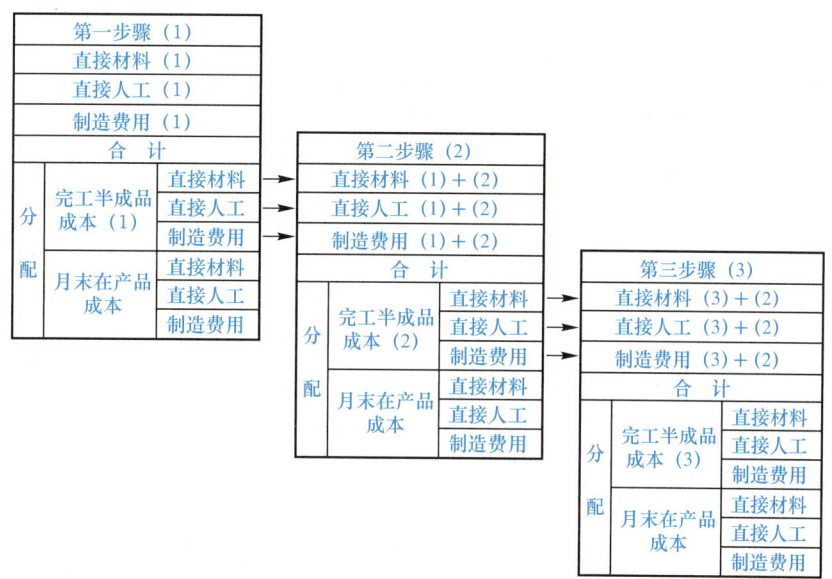

图 3-2 分项结转分步法操作过程

【例 3-5】承接【例 3-4】资料,特立企业 2021 年 3 月发生的生产费用资料如表 3-33 所示。

表 3-33 生产费用汇总表

产品:甲产品　　　　　　　　　　　　　2021 年 3 月　　　　　　　　　　　　　单位:元

项目		直接材料		直接人工		制造费用		合计
		上步骤转来	本步骤发生	上步骤转来	本步骤发生	上步骤转来	本步骤发生	
月初资料	第一车间		3 500		1 400		600	5 500
	第二车间	3 600		1 500	480	1 000	320	6 900
	第三车间	3 000		400	800	600	400	5 200
本月发生额	第一车间		9 000		4 000		3 000	16 000
	第二车间				7 000		5 000	12 000
	第三车间				3 000		1 600	4 600

按分项结转分步法计算产品成本,计算程序如下:

①计算第一车间 A 半成品成本(与综合逐步结转分步法完全一致,见表 3-29)。

根据表 3-33,结转完工 A 半成品的会计分录如下:

借:基本生产成本——第二车间(B 半成品)　　　　　　　　　　　15 000
　　贷:基本生产成本——第一车间(A 半成品)　　　　　　　　　　　　　15 000

②计算第二车间 B 半成品成本。

按生产过程,第二车间 B 半成品成本不仅包括本车间发生的生产费用,还包括上车间转入的 A 半成品成本。因此,B 半成品的成本核算单不仅登记本车间发生的生产费用,还要把上车间的 A 半成品成本按成本项目转入各成本项目的"上步骤转来"栏,见表 3-34。

表 3-34　产品成本核算单

车间：第二车间　　　　　　　　　　　　2021 年 3 月　　　　　　　　　　　　产品：甲产品——B 半成品

项目	直接材料（元）		直接人工（元）		制造费用（元）		合计（元）
	上步骤转来	本步骤发生	上步骤转来	本步骤发生	上步骤转来	本步骤发生	
月初在产品成本	3 600		1 500	480	1 000	320	6 900
本月生产费用	7 500		4 500	7 000	3 000	5 000	27 000
生产费用合计	11 100		6 000	7 480	4 080	5 240	3 3900
本月完工产品数量（件）	200		200	200	200	200	
月末在产品约当量（件）	40		40	20	40	20	
约当总产量（件）	240		240	220	240	220	
完工产品总成本	9 250		5 000	6 800	3 400	4 763.60	29 213.60
完工产品单位成本	46.25		25	34	17	23.82	
月末在产品成本	1 850		1 000	680	680	476.40	4 686.40

根据表 3-34 结转完工 B 半成品的会计分录如下：

借：基本生产成本——第三车间（甲产成品）　　　　　　29 213.60
　　贷：基本生产成本——第二车间（B 半成品）　　　　　　29 213.60

③计算第三车间完工产品成本。

表 3-35　产品成本核算单

车间：第三车间　　　　　　　　　　　　2021 年 3 月　　　　　　　　　　　　产品：甲产品

项目	直接材料（元）		直接人工（元）		制造费用（元）		合计（元）
	上步骤转来	本步骤发生	上步骤转来	本步骤发生	上步骤转来	本步骤发生	
月初在产品成本	3 000		800	400	600	400	5 200
本月发生生产费用	9 250		11 800	3 000	8 163.60	1 600	33 813.60
生产费用合计	12 250		12 600	3 400	8 763.60	2 000	39 013.60
本月完工产品数量（件）	180		180	180	180	180	
月末在产品约当量（件）	50		50	30	50	30	
约当总产量（件）	230		230	210	230	210	
完工产品总成本	9 587		9 861	2 914.30	6 858.60	1 714.40	30 935.30
完工产品单位成本	53.26		54.78	16.19	38.10	9.52	
月末在产品成本	2 663		2 739	485.70	1 905	285.60	8 078.30

根据表 3-35，结转完工甲产品验收入库的会计分录如下：

借：库存商品——甲产品　　　　　　　　　　　　　　　　　　　　　30 935.30
　　贷：基本生产成本——第三车间　　　　　　　　　　　　　　　　　30 935.30

企业采用分项结转分步法时可以按照半成品的实际单位成本结转，也可以按计划成本结转，然后按成本项目分项调整差异。企业在自制半成品明细账中登记半成品成本时，按成本项目登记；若不通过半成品库，则直接按成本项目记入下一个步骤对应的项目中。

四、平行结转分步法

（一）平行结转分步法的核算程序

平行结转分步法是指生产过程中各步骤产品所耗生产费用按其占最终完工产品的份额直接计入产品成本。

相关计算公式如下：

某步骤应计入产成品成本中的份额＝产成品数量 × 该步骤半成品单位成本

$$某步骤半成品单位成本 = \frac{该步骤月初在产品成本 + 本月发生的生产费用}{产成品数量 + 该步骤广义在产品约当产量}$$

某步骤的约当产量＝本月完工产品数量＋广义在产品

本步骤未完工的在产品是指狭义的在产品。本步骤广义在产品数量是本步骤未完工的产品数量和本步骤以下各步骤未完工的在产品数量之和。平行结转分步法成本核算程序图如图3-3所示。

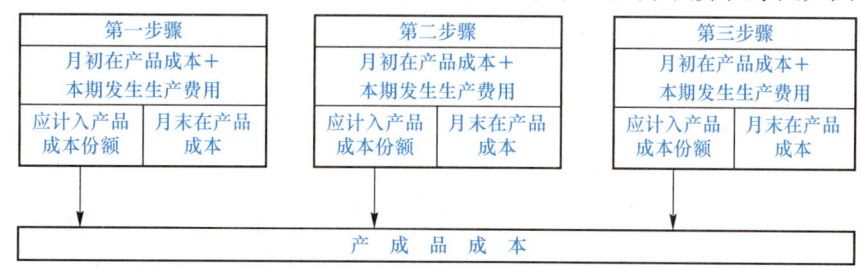

图3-3　平行结转分步法成本核算程序图

平行结转分步法的具体操作过程如下：

（1）按照产品品种和步骤设置产品成本明细账，汇集本步骤所发生的费用。

（2）产品成本按"直接材料、直接人工、制造费用"进行核算。

（3）将本步骤费用在完工产品和在产品之间分配，计算本步骤计入完工产品的份额和广义在产品成本。

（4）平行汇总各步骤计入完工产品成本中的份额，计算出最终完工产品的成本。在平行结转分步法下，各步骤的生产费用（不包括所耗上一步骤的半成品费用）要在产成品与广义在产品之间进行分配，计算这些费用在产成品成本和广义在产品成本中所占的份额。产品费用一般采用定额比例法、在产品按定额成本计价法和约当产量法进行分配。

（5）编制会计分录。发生费用时记入"基本生产成本"账户，结转份额时从"基本生产成本"账户转入"库存商品"账户。

（二）平行结转分步法举例

【例3-6】特立企业设有三个基本生产车间，大量生产甲产品。甲产品顺序经过三个车间进行生产。第一车间生产的产品为A半成品，完工后全部给第二车间继续加工；第二车间将A半成品加工为B半成品，完工后全部交给第三车间继续加工；第三车间将B半成品加工为甲产品，完工后交产成品仓库验收。

甲产品原材料在第一车间生产开始时一次性投入，第二、第三步骤领用的半成品也在生产开始时投入。生产费用在完工产品和广义在产品之间分配采用约当产量法，月末在产品完工程度按50%计算。

2021年3月生产数量和费用资料见表3-36和表3-37。

表3-36　生产数量明细账

产品：甲产品　　　　　　　　　　　2021年3月　　　　　　　　　　　　单位：件

项目	第一车间	第二车间	第三车间
月末在产品	70	90	30
本月投入或上步转入	180	150	200
本月完工转入下步或交库	150	200	180
月末在产品	100	40	50

表3-37　生产费用汇总表

产品：甲产品　　　　　　　　　　　2021年3月　　　　　　　　　　　　单位：元

项目		直接材料	直接人工	制造费用	合计
月初资料	第一车间	3 500	1 400	600	5 500
	第二车间		6 600	3 400	10 000
	第三车间		5 500	3 300	8 800
本月发生额	第一车间	8 710	4 040	3 240	15 990
	第二车间		7 100	5 100	12 200
	第三车间		2 905	1 620	4 525

根据平行结转分步法，分车间归集费用的操作过程如下：

① 计算第一车间生产成本。

应该分配直接材料成本的约当产量 = 180 + 100 + 40 + 50 = 370（件）

应该分配直接人工和制造费用的约当产量 = 180 + 40 + 50 + 100×50% = 320（件）

$$直接材料分配率 = \frac{3\,500 + 8\,710}{370} = 33（元/件）$$

$$直接人工分配率 = \frac{1\,400 + 4\,040}{320} = 17（元/件）$$

$$制造费用分配率 = \frac{600 + 3\,240}{320} = 12（元/件）$$

完工产品应负担的第一车间产成品成本为：

直接材料费用 = 180×33 = 5 940（元）

直接人工费用 = 180×17 = 3 060（元）

制造费用 = 180×12 = 2 160（元）

第一车间产品成本计算单如表 3-38 所示。

表 3-38　产品成本计算单

车间：第一车间　　　　　　　　　　　　2021 年 3 月　　　　　　　　　　　　产品：甲产品

项目		直接材料（元）	直接人工（元）	制造费用（元）	合计（元）
本月初在产品成本		3 500	1 400	600	5 500
本月发生生产费用		8 710	4 040	3 240	15 990
生产费用合计		12 210	5 440	3 840	21 490
最终产成品数量（件）					180
在产品约当产量（件）	本步在产品	100	50	50	
	本步完工产品	90	90	90	
约当总产量（件）		370	320	320	
单位产成品成本		33	17	12	62
180 件产成品成本		5 940	3 060	2 160	11 160
月末在产品成本		6 270	2 380	1 680	10 330

② 计算第二车间生产成本。

应该分配直接人工和制造费用的约当产量 $= 180 + 50 + 40 \times 50\% = 250$（件）

$$直接人工分配率 = \frac{6\,600 + 7\,100}{250} = 54.8（元/件）$$

$$制造费用分配率 = \frac{3\,400 + 5\,100}{250} = 34（元/件）$$

完工产品应负担的第二车间产成品成本为：

$$直接人工费用 = 180 \times 54.8 = 9\,864（元）$$
$$制造费用 = 180 \times 34 = 6\,120（元）$$

第二车间产品成本计算单如表 3-39 所示。

表 3-39　产品成本计算单

车间：第二车间　　　　　　　　　　　　2021 年 3 月　　　　　　　　　　　　产品：甲产品

项目		直接材料（元）	直接人工（元）	制造费用（元）	合计（元）
本月初在产品成本			6 600	3 400	10 000
本月发生生产费用			7 100	5 100	12 200
生产费用合计			13 700	8 500	22 200
最终产成品数量（件）					180
在产品约当产量（件）	本步在产品		20	20	
	本步完工产品		50	50	

续表

项目	直接材料（元）	直接人工（元）	制造费用（元）	合计（元）
约当总产量（件）		250	250	
单位产成品成本		54.8	34	88.8
180 件产成品成本		9 864	6 120	15 984
月末在产品成本		3 836	2 380	6 126

③计算第三车间生产成本。

应该分配直接人工和制造费用的约当产量 = 180 + 50×50% = 205（件）

$$直接人工分配率 = \frac{5\,500 + 2\,905}{205} = 41（元/件）$$

$$制造费用分配率 = \frac{3\,300 + 1\,620}{205} = 24（元/件）$$

完工产品应负担的第三车间产成品成本为：

直接人工费用 = 180×41 = 7 380（元）

制造费用 = 180×24 = 4 320（元）

第三车间产品成本计算单如表 3-40 所示。

表 3-40　产品成本计算单

车间：第三车间　　　　　　　　　2021 年 3 月　　　　　　　　　产品：甲产品

项目		直接材料(元)	直接人工（元）	制造费用（元）	合计（元）
本月初在产品成本			5 500	3 300	8 800
本月发生生产费用			2 905	1 620	4 525
生产费用合计			8 405	4 920	13 325
最终产成品数量（件）					180
在产品约当产量（件）	本步在产品		25	25	
	本步完工产品		180	180	
约当总产量（件）			205	205	
单位产成品成本			41	24	65
180 件产成品成本			7 380	4 320	11 700
月末在产品成本			1 025	600	1 625

④汇总计算产成品总成本和单位成本。即将各生产步骤（车间）应计入总成本中的份额汇总，再用总成本除以总产量，求得单位成本。

根据第一车间、第二车间、第三车间产品成本计算单，产品成本汇总表如表 3-41 所示。

表 3-41 产品成本汇总表

2021 年 3 月　　　　　　　　　　　　　　　　　　　　　　　　　产品：甲产品

车间	直接材料（元）	直接人工（元）	制造费用（元）	合计（元）
第一车间	5 940	3 060	2 160	11 160
第二车间		9 864	6 120	15 984
第三车间		7 380	4 320	11 700
产成品总成本	5 940	20 304	12 600	38 844
产成品单位成本	33	112.80	70	215.80

根据表 3-41，编制会计分录如下：

借：库存商品　　　　　　　　　　　　　　　　　　　38 844
　　贷：基本生产成本——第一车间　　　　　　　　　11 160
　　　　　　　　　　——第二车间　　　　　　　　　15 984
　　　　　　　　　　——第三车间　　　　　　　　　11 700

值得注意的是，平行结转分步法加快了成本计算工作的进度，但是不利于实际结存和账面结存的管理。平行结转分步法可以单项考核成本项目，但是不利于反映真实的半成品资料。

五、逐步结转分步法与平行结转分步法的比较与选择

（一）逐步结转分步法与平行结转分步法的比较

1．成本计算程序不同

逐步结转分步法是成本与实物同时转移到下一个步骤；而平行结转分步法只计算份额，期末再平行加以汇总，并未对实物转移加以体现。

2．成本与实物的关系不同

逐步结转分步法下，成本与实物是一致的，即半成品实物转到哪一个步骤，其成本也转入哪个步骤；而平行结转分步法的成本与实物是不一致的，因为其中的半成品是广义的半成品。

3．月末在产品的概念不同

逐步结转分步法下的在产品是狭义的在产品，即本步骤未完工的产品；而平行结转分步法下的在产品是广义的在产品，不仅包括本步骤的，还包括下面步骤中未成为最终完工产品的在产品。

4．成本管理要求不同

逐步结转分步法与平行结转分步法都适用于管理上要求分步管理和控制费用、计算成本的大批量多步骤生产。但是，逐步结转分步法适用于管理上要求分步控制费用，且需要计算分步骤半成品成本的企业；平行结转分步法适用于要求分步控制，但不要求计算半成品成本的企业。

（二）逐步结转分步法与平行结转分步法的选择

当企业的半成品种类比较多，且对外销售时，在管理上必须要求计算半成品成本，所以，企业应当选择逐步结转分步法，且要考虑合适的税率和配送成本。

当企业的半成品种类较多，但是不对外销售时，在管理上不对半成品制定考核指标的，采用平行结转分步法较合适。

 **本章小结**

本章主要讲述了分步法的含义和种类，以及分步法的具体操作。

分步法是以产品品种和每种产品所经过的生产步骤为成本计算对象来归集生产费用、计算产品成本的一种方法。分步法主要适用于大量大批多步骤生产，且管理上要求分步骤计算产品成本的企业。

分步法按半成品成本是否随半成品实物的转移而结转分为逐步结转分步法和平行结转分步法两种。

逐步结转分步法是指按加工步骤归集生产费用，计算各步骤半成品成本，并且半成品成本按产品加工顺序随实物逐步结转，直到最后一步计算出产品成本的一种方法，本步骤完工的半成品结转到下一步骤时，可分成本项目结转（分项结转）和不分成本项目结转（综合结转），在综合结转分步法下，最后一个步骤完工的产成品成本项目的原材料项目包括了前面步骤的原材料、人工费用和制造费用，因此需要进行成本还原，成本还原的方法有成本还原率还原法和产品成本项目比重还原法两种。在平行结转分步法下计算产品成本，只计算每步骤发生的各项生产费用以及这些费用中应计入产成品成本的"份额"，然后对各个生产步骤应计入产成品成本的"份额"平行汇总，计算出产成品成本。平行结转分步法加快了成本计算工作的进度，但是不利于实际结存和账面结存的管理。所以，企业应该根据自身的情况选择。

 **复习思考题**

1. 逐步结转分步法和平行结转分步法之间有何共性和不同？
2. 什么是成本还原？成本还原的方法有哪几种？
3. 试述逐步结转分步法的成本计算程序。

第四章 产品成本计算的辅助方法

ITEM 4

教学目标

○ 了解分类法和定额法的特点、适用范围；
○ 熟悉定额法的成本计算程序和具体运用；
○ 掌握分类法的成本计算程序和具体运用；
○ 掌握联产品和副产品成本计算的方法。

知识导航

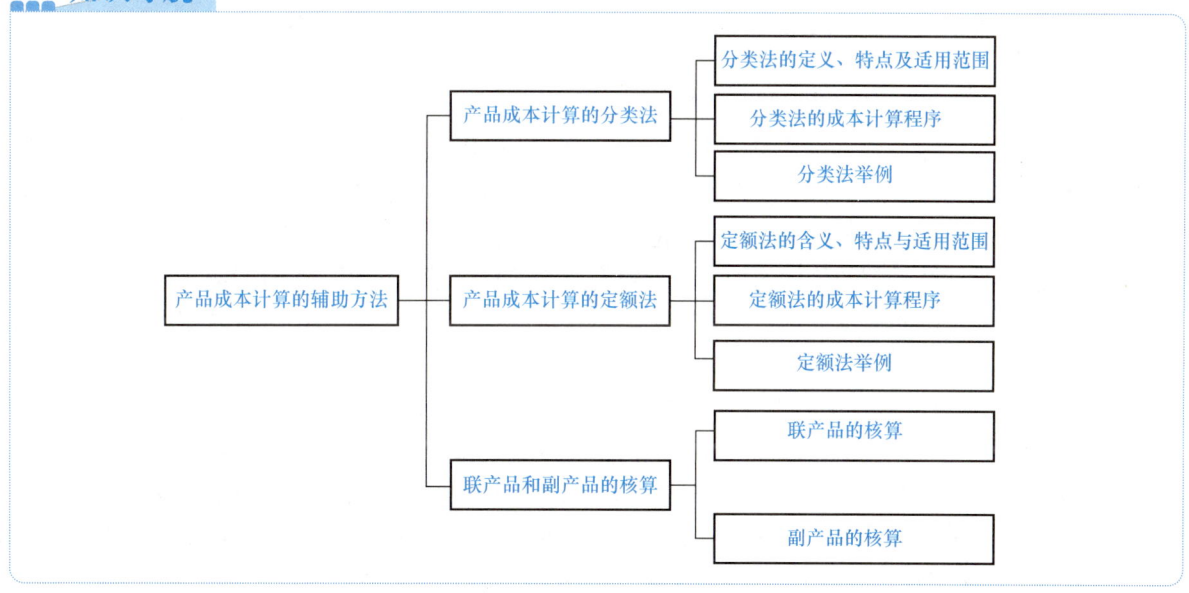

由于制造业产品生产的多样性，企业产品成本计算方法除了第三章所述的三种基本方法之外，为了简化核算手续和加强成本控制，还有其他一些辅助方法，本章重点介绍分类法和定额法两种辅助成本计算方法。

第一节 产品成本计算的分类法

有些工业企业生产的产品品种、规格繁多，且基本上是一些品种规格相近、工艺技术过程基本相同的产品，如果按照每个品种、规格的产品归集费用、计算成本，势必会使成本核算工作极为繁重，因此，产生了一种简化产品成本计算工作的方法——分类法。

一、分类法的定义、特点及适用范围

（一）分类法的定义

产品成本计算的分类法是先按照产品类别归集生产费用，计算出各类完工产品总成本，再按一定的标准和方法，在同类产品中分配计算出品种、规格各不相同的产品的成本的一种方法。

分类法是品种法的一种延伸，实际上，它就是把类别作为品种，按品种法计算出类别产品成本后，再按一定方法，把每类产品的总成本在类内各产品之间进行分配，从而求出各种产品的成本。由此可见，它并不是一种独立的成本计算方法。

（二）分类法的特点

分类法计算产品成本一般具有两个阶段，首先计算各类别产品成本，然后再计算类内各种产品的成本。其特点如下：

1. 以产品的类别为成本计算对象，归集各类产品的生产费用

首先，应按产品的结构、所用原料和工艺过程，将产品划分为若干类，以每类产品作为一个成本计算对象，为每类产品开设成本明细账，按规定的成本项目归集生产费用，并按产品生产的特点、生产组织方式和成本管理的要求，选用品种法、分步法或分批法等成本计算方法，计算出各类产品的总成本。

其次，要在每类中选择一种产品作为标准产品，标准产品应具有生产稳定、产量较多、规格适中且具有代表性等特点。将标准产品的系数设为"1"，与其他规格的单位产品比较，求出各种规格产品的系数。系数确定后，将各种产品实际产量按系数折算为标准产量，再按标准产量比例，求出该类产品的总成本，除以实际产量即为单位成本。

作为标准产品计算系数的依据的指标，一般有产品的材料消耗定额、工时定额、工资定额、费用定额等，应在保证产品成本计算正确的前提下，尽可能选择与产品成本高低有着密切联系，而又简便易行的标准。

2. 成本计算期应视产品生产类型及管理要求而定

如果大量大批生产，应结合品种法或分步法进行成本计算，每月月末定期计算产品成本；如果与分批法结合运用，成本计算期可以固定，与生产周期一致。所以，分类法并不是独立的成本计算方法，而是与前三种基本成本计算方法相结合计算多规格产品的一种简化成本计算方法。

3. 月末一般要将各类产品生产费用总额在完工产品和月末在产品之间进行分配

分类法实质上是在成本计算的品种法、分批法和分步法的基础上演变而来的。因此，分类法的成本计算程序与三种基本的成本计算方法大致相同。不同的是，分类法首先将产品按类别来归集和分配生产费用。当费用归集到成本计算单上以后，还需采用一定的方法，将生产费用在完工产品和在产品之间进行分配。

（三）分类法的适用范围

分类法一般适用于使用相同的原材料，采用基本相同的加工工艺过程，所生产产品品种、规格、型号繁多，可以按一定标准进行分类的生产企业。如无线电行业的不同类别和规格的电子元件生产，机械加工行业的不同规格的垫圈、活塞环配件生产，联产品、副产品、等级产品以及零星产品等的生产。

二、分类法的成本计算程序

1. 合理划分产品的类别

在分类法下,企业应将产品按照性质、结构、用途、生产工艺过程、耗用原材料等标准合理划分为若干类别,使产品成本计算既简化,又相对正确。若类别划分过细,则产品成本计算对象过多,成本计算工作量较大,若类别划分过粗,将不具有同类性的产品划分为一类,产品成本计算的结果则缺乏客观性。

2. 按产品类别开设基本生产成本明细账归集生产费用

企业合理划分产品类别后,按产品类别开设基本生产成本明细账或成本计算单归集生产费用。凡能够分清类别耗用的生产费用,属于直接计入生产费用,直接计入该类别产品的成本明细账;凡不能分清类别耗用的生产费用,属于间接计入生产费用,应采用适当的方法分配计入该类别产品成本。

3. 计算各类别完工产品成本

企业应当根据产品的生产特点和管理要求,将产品的类别作为产品的品种、批别或生产步骤,采用相应的品种法、分批法或分步法等基本方法,计算该类别产品的完工产品成本和在产品成本。

4. 计算类别内各种产品的成本

企业计算出各类别完工产品成本后,再采用适当的方法将各类完工产品成本在该类各种不同规格的产品中进行分配,计算类内各产品的总成本和单位成本。

具体计算过程和方法如下:

(1)确定分配标准。选择与耗用费用关系密切的因素作为标准,如定额耗用量、定额成本、售价、重量或体积等。

(2)选择标准产品。在同类产品中选择一种有代表性(如产销量大、生产正常、售价稳定)的产品作为标准产品,定其系数为"1",并计算出其他产品与标准产品的比率即系数。系数一经确定,应相对稳定不变。

$$某产品的折合系数 = \frac{某规格产品的售价(或其他标准)}{标准产品的售价(或其他标准)}$$

(3)将类别内各产品的产量按系数折算出其相当于标准产品的产量。相关计算公式为:

该产品相当于标准产品的产量 = 该产品的实际产量 × 该产品的系数

(4)计算出全部产品相当于标准产品的总产量,以此标准分配类内各种产品的成本。相关计算公式为:

$$标准产品单位成本 = \frac{类内全部产品成本}{类内各产品标准产量之和}$$

某种产品成本 = 该产品标准成本 × 标准产品单位成本

三、分类法举例

【例4-1】特立企业生产汽车用和摩托车用两大类火花塞,采用分类法计算产品成本。由于两类火花塞成本计算方法相同,此处以汽车火花塞为例进行讲述。

该厂汽车用火花塞有四种规格,其中以#2火花塞作为标准产品;按产品类别设置成本明细账。汽车用火花塞产品生产费用的归集过程同品种法,此处省略。已知2021年3月汽车用火花塞产品的成本资料如表4-1所示。折合系数计算、产量换算及产品成本计算单见表4-2至表4-4。

表 4-1　生产费用资料

2021 年 3 月　　　　　　　　　　　　　　　　　　　　　　　　单位：元

项目	成本项目			合计
	直接材料	直接人工	制造费用	
月初在产品成本	7 650	2 315	4 865	14 830
本月生产费用	100 598	38 278	49 259	188 135
合　计	108 248	40 593	54 124	202 965

表 4-2　标准产量折合系数计算表

产品类别：汽车用火花塞　　　　　　　　　　　　　　2021 年 3 月

产品名称	定额成本（元）	折合系数
＃1 火花塞	16.8	0.7
＃2 火花塞	24	1
＃3 火花塞	19.2	0.8
＃4 火花塞	31.2	1.3

表 4-3　标准产品产量换算表

2021 年 3 月

产品名称	系数	产成品		在产品			合计（件）
		实际产量（件）	标准产量（件）	实际产量（件）	完工程度	标准产量（件）	
	①	②	③=①×②	④	⑤	⑥=①×④×⑤	⑦=③+⑥
＃1 火花塞	0.7	20 000	14 000	5 800	50%	2 030	16 030
＃2 火花塞	1	60 000	60 000	12 000	80%	9 600	69 600
＃3 火花塞	0.8	35 000	28 000	25 000	20%	4 000	32 000
＃4 火花塞	1.3	10 000	13 000	7 200	50%	4 680	17 680
合计			115 000			20 310	135 310

注：假定汽车用火花塞在产品的投料程度和完工程度一致。

表 4-4　产品成本计算单

产品类别：汽车用火花塞　　　　　　　　　　　　　　2021 年 3 月

项目	成本项目			合计（元）
	直接材料（元）	直接人工（元）	制造费用（元）	
月初在产品成本	7 650	2 315	4 865	14 830
本月生产费用	100 598	38 278	49 259	188 135
生产费用合计	108 248	40 593	54 124	202 965

续表

项目	成本项目			合计（元）
	直接材料（元）	直接人工（元）	制造费用（元）	
标准总产量（件）	135 310	135 310	135 310	
标准产量单位成本	0.8	0.3	0.4	
#1火花塞产成品总成本	11 200	4 200	5 600	21 000
#2火花塞产成品总成本	48 000	18 000	24 000	90 000
#3火花塞产成品总成本	22 400	8 400	11 200	42 000
#4火花塞产成品总成本	10 400	3 900	5 200	19 500
月末在产品成本	16 248	6 093	8 124	30 465

第二节 产品成本计算的定额法

在前述的各种成本计算方法中，生产费用的日常核算都是按照生产费用的实际发生额来进行的，企业成本控制的目标成本定额是否能够实现，只有等到期末将实际成本与定额成本进行对比后才能得知，这对加强成本的事中控制是不利的。为此，我们引入成本计算的定额法，可以及时反映和监督生产费用和产品成本脱离定额的差异及原因，有利于加强成本控制。

一、定额法的含义、特点与适用范围

（一）定额法的含义

定额法是以定额成本为基础，将实际的生产费用分为符合定额的生产费用与定额差异分别核算，并以定额成本加减定额差异和定额变动差异来计算产品成本的方法。

（二）定额法的特点

定额法的特点如下：

（1）事前要制定出产品的各项消耗定额、费用定额和定额成本，作为控制生产费用、降低产品成本的目标。

（2）在生产费用发生的当时，就将符合定额的费用与脱离定额的差异分别核算，以加强对成本差异的日常核算、分析和控制。

（3）月末，在定额成本的基础上加减各种成本差异，计算产品的实际成本，为成本的定期考核和分析提供数据。

因此，定额法不仅是一种产品成本计算方法，它更是一种对产品成本进行控制和管理的方法。但定额法不是一种独立的成本计算方法，而是为了加强成本控制而采用的辅助成本计算方法，它必须结合品种法、分批法或分步法使用。

（三）定额法的适用范围

定额法与企业的生产类型没有直接的关系，但更适用于大量大批生产的企业。为了充分发挥定额法的作用，并且尽量简化工作，企业必须具备两个条件：一是企业定额管理制度比较健全，定额

管理基础扎实；二是产品的生产已经定型，各项消耗定额比较准确、稳定。

二、定额法的成本计算程序

定额法的成本计算程序包括以下步骤：

（1）制定单位产品的消耗定额、费用定额。

（2）按产品（或批次、步骤）设置成本计算单，并按成本项目设置定额成本、定额差异、定额调整等专栏。

（3）根据产品实际成本或有关定额资料，计算产品的定额成本。

（4）根据各种定额差异凭证，汇总计算各种产品的定额差异。

（5）如果定额有变动，则要计算定额变动差异，并据以调整月初在产品定额成本。

（6）月末，根据产品成本计算单计算出定额成本和定额差异总数，并求出定额差异分配率和定额变动差异分配率。

（7）计算出完工产品应负担的定额差异、定额变动差异和材料成本差异，汇总求得完工产品的实际成本。

上述程序中的关键问题是定额成本及其差异的计算，下面分别进行说明。

（一）产品定额成本的计算

产品的消耗定额、费用定额和定额成本既是企业日常控制生产费用的依据，也是计算产品实际成本的基础。定额成本是以产品生产耗费的消耗定额和计划价格为依据确定的目标成本。相关计算公式为：

直接材料定额成本＝产品原材料消耗定额 × 原材料计划单位成本

直接工资定额成本＝产品生产工时定额 × 计划小时工资率

制造费用定额成本＝产品生产工时定额 × 计划小时费用率

产品的定额成本一般由企业的计划、技术、会计等部门共同制定。如果产品的零、部件不多，一般先计算零件的定额成本，然后再汇总计算部件和产成品的定额成本。如果产品的零、部件较多，为了简化成本核算工作，也可以不计算零件的定额成本，而根据列有零件材料消耗定额、工序计划、工时消耗定额的零件定额卡，以及材料计划单价、计划的工资率和费用率，计算部件定额成本，然后汇总计算产品定额成本；或者根据零、部件的定额卡直接计算产成品定额成本。零件定额卡、部件定额成本计算表和产品定额成本计算表如表4-5至表4-7所示。

表 4-5 零件定额卡

2021年3月　　　　　　　　　　　　　　　　零件名称或编号：#201

材料编号	材料名称	计量单位	材料消耗定额
001	××	千克	3.25
工序	工时定额		累计工时定额
1	2		2
2	4		6
3	3		9

表 4-6 部件定额成本计算表

2021年3月　　　　　　　　　　　　　　　　部件名称或编号：#210

所用零件名称或编号	所用零件数量	部件材料费用定额			金额合计	工时定额
		001	002			
		消耗定额	消耗定额	计划单价		
201	4	13			26	36

续表

所用零件名称或编号	所用零件数量	部件材料费用定额			金额合计	工时定额
		001 消耗定额	002 消耗定额	计划单价		
202	3	45	6		270	15
装配						7
合计					296	58

定 额 成 本					定额成本合计
直接材料	直接人工		制造费用		
	小时工资率	金额	小时工资率	金额	
296	2.8		3.5	203	661.40

表 4-7　产品定额成本计算表

2021 年 3 月　　　　　　　　　　　　　　　　　　　　　产品名称或编号：#301

所用部件名称或编号	所用部件数量	材料费用定额		工时定额	
		部件	产品	部件	产品
210	3	296	888	58	174
211	1	46	46	12	12
装配					10
合计			934		196

定额成本					定额成本合计
直接材料	直接人工		制造费用		
	小时工资率	金额	小时费用率	金额	
934	2.8	554.40	3.5	693	

（二）脱离定额差异的计算

以定额成本作为企业日常成本控制的目标，必须进行脱离定额差异的日常核算，及时分析差异发生的原因，明确责任，以便及时采取处理措施。所以，在发生生产费用时，应该为符合定额的费用和脱离定额的差异分别编制定额凭证和差异凭证，并在有关的费用分配表和明细账中分别记载。脱离定额差异的计算应按成本项目逐项进行。

1. 直接材料定额差异的计算

在各成本项目中，材料费用一般都占有较大比重，而且属于直接计入费用，因此有必要和可能在费用发生的当时就按产品计算定额费用和脱离定额差异，以便加强控制。直接材料脱离定额差异的计算方法，一般有以下三种：

（1）限额法。限额法也称为"差异凭证法"。为了控制材料领用，在采用定额法时，必须实行限额领料制度，即运用限额领料单和限额领料卡来反映材料领用限额数量和实际耗用数量。符合定额的材料应根据限额领料单等定额凭证领发。由于其他原因需要超限额领料或者领用代用材料的，则根据专设的超额材料领用单、代用材料领用单等差异凭证，经过一定的审批手续领发。超额领用的材料，全部是定额差异；代用材料则并不都是定额差异，应先计算出所领代用材料相当于原设计材料的数量，再计算出定额差异。

每月末根据领料部门余料编制退料单，办理退料手续；退料单应视为差异凭证，退料单中所列的材料数额和限额领料单中未领用的材料余额，都是材料脱离定额的节约差异。

采用限额法对于控制领料、促进节约用料有重要作用。但是上述差异凭证反映的往往只是领料差异，不一定是用料差异，并不能完全控制用料。只有在产品投产数量等于规定的产品数量，而且车间没有余料或者期初、期末余料数量相等的情况下，领料差异才是用料脱离定额的差异。因此，要控制用料不超支，不仅要控制领料不超过限额，还要控制产品的投产数量不少于计划规定的产品数量；另外，还要注意车间有无余料和余料的数量。

（2）切割核算法。对于一些切割后才能使用的材料如板材、棒材等，要通过材料切割核算单来核算用料差异，控制用料，如表4-8所示。材料切割核算单一般应按切割材料的批别开设，单中注明发交切割材料的种类、数量、消耗定额和应切割成的毛坯数量。切割完毕后，再填写实际切割成的毛坯数量和材料的实际消耗量。根据实际切割成的毛坯数量和消耗定额，计算出材料定额消耗量，与材料实际消耗量相比较，可得出用料脱离定额的差异。

表4-8 材料切割核算单

材料名称或编号：168　　　　计量单位：千克　材料计划单价：10元　　　　废料回收单价：2.5元
产品名称：××　　　　　　　零件名称或编号：101　　　　　　　　　　　　图纸号：858
切割工人工号、姓名：张三　　　　　　　　　　　　　　　　　　　　　　　　机车编号：119
发交切割日期：2021年3月28日　　　　　　　　　　　　　　　　　　　　　完工日期：3月31日

发料数量		退回余料数量		材料实际消耗量		废料回收数量	
168		14		154		15	
单件消耗	单件回收	应切割成的毛坯数量	实际切割成的毛坯数量		材料定额		废料定额
11.5	0.5	14	12		138		6
材料脱离定额差异		废料脱离定额差异		差异原因		责任人	
数量	金额	数量	金额	操作工人技术不熟，浪费了材料，减少了毛坯		张三	
16	160	-9	-22.5				

注：应切割成的毛坯数量=168÷（11.5＋0.5）=14（件）；材料定额消耗量=11.5×12=138（千克）；废料定额回收量=0.5×12=6（千克）；材料脱离定额差异=（154－138）×10=160（元）；废料脱离定额差异=（6－15）×2.5=-22.5（元）。

（3）盘存法。对于不能采用切割核算的原材料，为了更好地控制用料，除了采用限额法外，还应定期通过盘存的方法来核算差异。核算程序如下：

1）根据产品投产的原始记录确定或者根据完工产品的数量和月末在产品盘存数量倒轧计算产品投产量。计算公式为：

产品投产数量=本期完工产品数量＋期末在产品数量－期初在产品数量

2）用产品投产数量乘以材料消耗定额，算出材料定额消耗量。

3）根据限额领料单、超限额领料单和退料单等材料凭证及车间余料的盘存资料，计算原材料实际消耗量。

实际消耗量=领料数量－盘点余料或退料数量

4）将材料的实际消耗量与定额消耗量对比，确定材料脱离定额差异。计算公式为：

原材料脱离定额差异=（原材料实际消耗量－原材料定额消耗量）×原材料计划单价

不论采用哪一种方法来核算原材料定额消耗量和脱离定额差异,都应分批或定期地将这些核算资料按照成本计算对象汇总,编制材料定额费用和脱离定额差异汇总表,如表4-9所示。表中应填明该批或该种产品所耗各种原材料的定额费用和脱离定额的差异,并分析说明发生差异的主要原因。该汇总表既可用来汇总反映和分析原材料脱离定额差异,又可用来代替原材料费用分配表登记产品成本明细账。企业可以利用该汇总表来分析差异发生的原因,并采取措施降低材料费用。

表4-9 材料定额费用和脱离定额差异汇总表

产品名称：×× 　　　　　　　　　　　2021年3月

材料类别	材料编号	单位	计划单价(元)	定额费用		实际费用		脱离定额差异		差异原因
				数量	金额(元)	数量	金额(元)	数量	金额(元)	
原料	1201	千克	7	4 500	31 500	5 000	35 000	500	3 500	略
主要材料	1202	千克	6	8 000	48 000	7 800	46 800	-200	-1 200	略
合计					79 500		81 800		2 300	

2. 直接工资定额差异的计算

在计件工资形式下,生产工人工资属于直接费用,其脱离定额差异的计算与原材料脱离定额差异的计算相类似,符合定额的生产工人工资应该反映在产量记录中,脱离定额的差异通常反映在专设的补付单等差异凭证中。工资差异凭证应填明原因并经过一定的审批手续。

在计时工资制度下,生产工人工资一般只能在月末按照生产工时的比例分配计入各种产品成本,不能在平时按产品直接计算,因而不能及时反映生产工人工资脱离定额的差异。月末,生产工人实际工资总额确定后,按下列公式计算:

$$单位小时计划工资 = \frac{某车间计划产量的定额直接工资总额}{某车间计划产量的定额生产工时}$$

$$单位小时实际工资 = \frac{某车间实际直接工资总额}{某车间实际生产工时总额}$$

某产品的定额直接工资 = 该产品实际完成的定额生产工时 × 单位小时计划工资

该产品的实际直接工资 = 该产品实际生产工时 × 单位小时实际工资

该产品直接工资脱离定额的差异 = 该产品的实际直接工资 - 该产品的定额直接工资

由此可见,直接工资定额差异是由工时差异和单位小时工资差异形成的。企业要想降低产品的直接工资,应控制生产工人的工资总额不超过计划,生产工时总额不低于计划,以及单位产品的生产工时不超过工时定额。在日常核算中,应按照产品计算定额工时、实际工时和工时脱离定额的差异,及时分析产生差异的原因。

3. 制造费用定额差异的计算

制造费用属于间接费用,在日常核算中不能按照产品直接计算脱离定额的差异,只能根据月份的费用计划,按费用发生的部门和费用的项目计算费用的差异,去控制和监督费用的发生。月末,当实际费用总额计算出来后,与定额费用比较,确定定额差异,若制造费用按工时标准分配,则其脱离定额差异也是由工时差异和小时费用率差异形成的,其计算方法与计时工资制下直接工资差异计算方法相同。

在定额法下,生产费用是按照定额费用和脱离定额差异分别核算的,所以,用产品的定额成本加上或者减去脱离定额差异,即可求得产品的实际成本。其计算公式为:

产品实际成本＝定额成本 ± 脱离定额差异

（三）材料成本差异的计算

采用定额法时，为了便于产品成本的分析考核，材料的日常核算必须按计划成本计价进行。平时发生的材料费用，包括材料定额费用和脱离定额差异都是按照材料的计划单位成本计算。月末在计算产品的实际材料费用时，应分配其应负担的材料成本差异，即所耗材料的价格差异。其计算公式如下：

某产品应分配的材料成本差异＝（该产品材料定额费用 ± 材料脱离定额差异）× 材料成本差异率

【例4-2】 甲产品耗用某种原材料的定额费用为 68 000 元，脱离定额差异为超支 1 200 元，假定该种材料的成本差异率为 -5%，则甲产品的实际材料成本计算如下：

甲产品应分配的材料成本差异＝（68 000 + 1 200）×（-5%）＝ -3 460（元）

甲产品的实际材料成本＝ 68 000 + 1 200 - 3 460 ＝ 65 740（元）

（四）定额变动差异的核算

在定额法下，消耗定额或计划价格修订后，定额成本也应该随之及时修订。定额成本一般在月初、季初或年初定期修订，但在定额变动的月份，月初在产品的定额成本并未修订，仍然是按照旧的定额计算的。为了将按照旧的定额计算的月初在产品定额成本和按照新的定额计算的本月投入产品的定额成本，在新定额的同一基础上相加，以便计算产品的实际成本，必须计算月初在产品的定额变动差异，以调整月初在产品的定额成本。

定额变动成本的计算，一般有两种方法：

1. 直接计算法

这种方法就是先根据在产品盘存资料求出变动前、后零部件材料定额差异数量，乘以定额变动的零部件数量，再乘以材料单价，从而得出定额变动差异金额。

月初在产品定额变动差异＝∑（变动前单位零件材料消耗定额－变动后单位零件材料消耗定额）× 定额变动的零件数量 × 材料单价

直接计算法要按照零部件和工序进行，工作量较大，一般适用于产品零部件较少的企业。

2. 系数计算法

为简化核算，也可采用系数计算法，按单位产品成本项目计算月初在产品的定额变动差异。计算公式如下：

$$定额变动系数 = \frac{按新定额计算的单位产品费用}{按旧定额计算的单位产品费用}$$

月初在产品定额变动差异＝按旧定额计算的月初在产品费用 ×（1 - 定额变动系数）

【例4-3】 乙产品的某些零件在本月初修订了材料消耗定额，单位产品旧的材料费用定额为 210 元，新的材料费用定额为 180 元。该产品月初在产品按旧定额计算的材料定额费用为 48 000 元。则其月初在产品定额变动差异计算如下：

定额变动系数 ＝ 180 ÷ 210 ＝ 0.8571

月初在产品定额变动差异 ＝ 48 000 ×（1 - 0.8571）＝ 6 859.20（元）

定额变动系数不是按产品的零、部件计算，而是按单位产品综合计算，因此能简化计算工作。但若在零、部件生产的成套性较差的情况下采用系数计算法，就会影响计算结果的正确性。

通常情况下，消耗定额的变动表现为不断降低的趋势，因而月初在产品定额变动差异一般表现为月初在产品价值的降低。这时，一方面，应从月初在产品定额成本中扣除该项差异，另一方面，应该将该项月初在产品重估价的差异加入月初在产品原来的定额成本中，并将该项月初在产品定额变动差异从本月产品成本中扣除。

因此，在有月初在产品定额变动差异时，产品实际成本的计算公式为：

$$\begin{matrix}产品实际\\成本\end{matrix} = \begin{matrix}产品定额\\成本\end{matrix} \pm \begin{matrix}脱离定额\\差异\end{matrix} \pm \begin{matrix}材料成本\\差异\end{matrix} \pm \begin{matrix}月初在产品定额\\变动差异\end{matrix}$$

月末，如果某种产品已全部完工，根据上述公式计算的成本就为该种产品的完工产品总成本；如果全部未完工，则上式所计算的成本即为该产品的月末在产品成本；如果该产品一部分完工，另一部分未完工，则上式中的定额成本还划分为完工产品的定额成本和月末在产品的定额成本，各种差异也应在完工产品和月末在产品之间按定额成本比例进行分配，以便分别计算完工产品成本和月末在产品成本。如果差异数额不大，或者虽然差异数额较大，但各月月末在产品数量比较稳定，月末在产品也可以按照定额成本计价，差异全部由完工产品成本承担，而所产生的误差大致可以相互抵消。

三、定额法举例

下面举例说明定额法的应用。

【例 4-4】 特立企业采用定额法计算甲产品成本。2021 年 3 月的生产情况是：月初在产品 20 台，本月投入量 40 台，本月完工产品数量 50 台，月末在产品数量 10 台，在产品完工率 50%，原材料在生产开始时一次投料。本企业原材料消耗定额从 4.3 千克降到 4 千克，材料的计划单价为 5 元，单位产品工时定额 5 小时，计划小时人工费用 2 元，计划小时制造费用 3.2 元。本月初在产品的定额差异为 2 元，其中：原材料脱离定额差异为 20 元，人工费用脱离定额差异为 8 元，制造费用脱离定额差异为 10 元。本月生产费用的定额差异为 98 元，其中：原材料脱离定额差异为 50 元，人工费用脱离定额差异为 14 元，制造费用脱离定额差异为 34 元。

在定额法下，2021 年 3 月产品成本计算单如表 4-10 所示。

表 4-10 产品成本计算单

2021 年 3 月　　　　　　　　　　　　　　　　　产品名称：甲产品

项目		直接材料（元）	直接人工（元）	制造费用（元）	合计（元）
月初在产品	定额成本	430	100	160	690
	定额差异	-20	8	10	-2
月初在产品定额变动	调整数	-30	0	0	-30
	变动差异数	30	0	0	30
本期费用	定额成本	800	450	720	1970
	定额差异	50	14	34	98
完工产品成本	定额成本	1000	500	800	2300
	定额差异	25	20	40	85
	定额变动差异	0	0	0	30
	实际成本	1055	520	840	2415
月末在产品	定额成本	200	50	80	330
	定额差异	5	2	4	11

① 月初在产品定额费用计算如下：

按原定额计算的直接材料＝20×4.3×5＝430（元）
按新定额计算的直接材料＝20×4×5＝400（元）
材料费定额变动差异＝430－400＝30（元）
材料费定额变动调整数＝400－430＝-30（元）
直接人工定额费用＝20×50%×5×2＝100（元）
制造费用定额费用＝20×50%×5×3.2＝160（元）

②本月定额费用计算如下：
直接材料定额费用＝（50＋10－20）×4×5＝800(元)
直接人工定额费用＝（50＋10×50%－20×50%）×5×2＝450（元）
制造费用定额费用＝（50＋10×50%－20×50%）×5×3.2＝720（元）

③完工产品定额费用计算如下：
直接材料定额费用＝50×4×5＝1 000（元）
直接人工定额费用＝50×5×2＝500（元）
制造费用定额费用＝50×5×3.2＝800（元）

④月末在产品定额费用计算如下：
直接材料定额费用＝10×4×5＝200（元）
直接人工定额费用＝10×50%×5×2＝50（元）
制造费用定额费用＝10×50%×5×3.2＝80（元）

⑤定额差异分配率计算如下：
直接材料定额差异分配率＝(-20＋50)÷（1000＋200）×100%＝2.5%
直接人工费用定额差异分配率＝（8＋14）÷（500＋50）×100%＝4%
制造费用定额差异分配率＝（10＋34）÷（800＋80）×100%＝5%

第三节 联产品和副产品的核算

有些企业在生产过程中使用相同的原材料，经过相同的生产过程生产出了两种或两种以上的产品，这些产品按不同情况分为联产品和副产品。

一、联产品的核算

（一）联产品的含义

联产品是指使用同种原料，经过同一加工过程，同时生产出来的具有同等地位的不同用途的主要产品，它们都是企业生产的主要目的。如炼油厂的催化原油，经过催化，可以生产出汽油、轻柴油、重柴油和气体四种联产品。

投入相同的原料并经过同一生产过程，在某一个"点"上分离为各种联产品，这个"点"通常称为"分离点"。联产品在分离点前发生的成本称为"联合成本"，有的产品在分离后仍需进一步加工才能出售，这时的加工成本因已辨明其承担主体，所以称为"可归属成本"。联产品应负担的联合成本与可归属成本之和即为该联产品的成本。因此，联产品成本计算的关键是联合成本的分配。常用的分配方法有系数分配法、实物量分配法、相对销售价值分配法和净实现价值分配法。目前我国使用较多的是系数分配法。

（二）联产品的成本计算方法

1. 系数分配法

系数分配法是将各种联产品的实际产量按事先规定的系数折算为标准生产量，然后将联合成本按联合产品的标准生产量比例进行分配。采用该法分摊联产品的联合成本，正确程度取决于系数的确定。如前所述，决定系数的两个主要因素是分配标准和标准产品的确定。由于某些因素的影响，有些企业应用此法可能存在一定困难，因此也可以采用其他较简便的分配方法。

2. 实物量分配法

实物量分配法是将产品的联合成本按各联产品之间的实际重量比例进行分配。此法的优点是简便易行，且采用的单位成本是平均单位成本，所以各联产品的单位成本是一致的。但该法也存在某些缺陷，表现在：①并非所有的成本发生都与实物量直接相关；②未考虑各联产品的特性和含量，未考虑其各自的销售价值。这就有可能出现销售价值低的产品亏损的情况。这种分配方法一般适用于成本的发生与产量关系密切，而且各联产品销售价值为均衡的联合成本的分配，否则，可考虑用相对销售价值分配法。

3. 相对销售价值分配法

相对销售价值分配法基于售价较高的联产品应该成比例地负担较高份额的联合成本这一理论，将联合成本按各联产品的销售价值的比例来分摊，其结果是各联产品可取得一致的毛利率。若企业的某些联产品分离后仍需进一步加工方可销售，联合成本的分配可考虑采用净实现价值分配法。

4. 净实现价值分配法

净实现价值分配法是将联产品的联合成本按净实现价值的比例分配。

$$净实现价值＝产品销售价格－该产品可归属成本$$

由此公式可看出，无须进一步加工的联产品，其净实现价值与其销售价格一致。

【例 4-5】 特立企业用同一种原材料，在同一生产工艺过程中生产出 #101、#102、#103 三种联产品。特立企业以 #101 产品作为标准产品。#101 产品经加工分离后，还要继续加工。有关资料如下：

2021 年 3 月，#101 产品、#102 产品、#103 产品的产量、售价与系数如表 4-11 所示。

表 4-11 产品产量、售价与系数

产品名称	产量（件）	售价（元）	系数
#101	2 400	5	1
#102	1 800	4	0.8
#103	2 500	3	0.6

各型号产品 3 月费用资料如表 4-12 所示，无月初、月末在产品成本。

表 4-12 费用资料 单位：元

项目	原材料	职工薪酬	燃料动力	制造费用	合计
分离前综合成本	15 600	20 000	7 800	10 000	53 400
各成本项目占总成本的百分比	29%	37%	15%	19%	100%
#101 产品分离后加工费用	400	60	90	30	580

在系数分配法下，产品成本计算单如表 4-13 所示，#101 产品成本汇总表如表 4-14 所示。

表 4-13　产品成本计算单

产品名称	产量（件）	系数	总系数	分配率	联产品成本（元）
#101	2 400	1	2 400	10	24 000
#102	1 800	0.8	1 440		14 400
#103	2 500	0.6	1 500		15 000
合计			5 340		53 400

注：分配率 = 53 400 ÷ 5 340 = 10。

表 4-14　#101 产品成本汇总表　　　　　　　　　　　单位：元

成本项目		原材料	职工薪酬	燃料动力	制造费用	合计
分离前成本	比重	29%	37%	15%	19%	100%
	金额	6 960	8 880	3 600	4 560	24 000
加工费		400	60	90	30	580
总成本		7 360	8 970	3 690	4 590	24 580
单位成本		3.07	3.73	1.54	1.91	10.25

在实物量分配法下，产品成本计算单如表 4-15 所示。

表 4-15　产品成本计算单　　　　　　　　　　　单位：元

产品名称	产量	联合成本	分配率	应负担成本	加工费	总成本
#101	2 400	53 400	7.9701	19 128.24	580	19 708.24
#102	1 800			14 346.18		14 346.18
#103	2 500			19 925.58		19 925.58
合计	6 700			53 400	580	53 980.00

注：分配率 = 53 400 ÷ 6 700 = 7.9701。

在相对销售价值分配法下，产品成本计算单如表 4-16 所示。

表 4-16　产品成本计算单

产品名称	产量（件）	单价（元）	销售价值（元）	比例（%）	应负担成本（元）	加工费（元）	总成本（元）
#101	2 400	5	12 000	44.94	23 997.96	580	24 577.96
#102	1 800	4	7 200	26.97	14 401.98		14 401.98
#103	2 500	3	7 500	28.09	15 000.06		15 000.06
合计	6 700		26 700	100	53 400.00	580	53 980.00

在净实现价值分配法下，产品成本计算单如表 4-17 所示。

表 4-17 产品成本计算单

产品名称	产量（件）①	售价（元/件）②	销售价值（元）③=①×②	净实现价值（元）④=③-⑦	比例（%）⑤	应负担成本（元）⑥=53 400×⑤	加工费（元）⑦	总成本（元）⑧=⑥+⑦
#101	2 400	5	12 000	11 420	43.72	23 346.48	580	23 926.48
#102	1 800	4	7 200	7 200	27.57	14 722.38		14 722.38
#103	2 500	3	7 500	7 500	28.71	15 331.14		15 331.14
合计	6 700		26 700	26 120	100	53 400	580	53 980

二、副产品的核算

副产品是指在同一生产过程中，使用同种原材料，在生产主要产品的同时附带生产出来的非主要产品。如甘油是肥皂的副产品、麸皮是面粉的副产品、企业生产过程中的炉渣可用于生产建材等。

副产品与联产品都是同一生产过程的产出物，两者的区别仅在于价值不同，联产品的价值较高，而副产品的价值较低。但是，副产品对社会仍有一定的经济意义，有它的使用价值，所以必须用一定的方法来确定副产品的成本。

另外，副产品与联产品的划分也不是绝对的，随着技术的进步和市场的变化或者企业发展战略的变化，一些副产品的用途和经济价值可能增加，而一些联产品的用途和经济价值可能降低，从而使两者的位置互换。如甘油作为生产炸药的原料，在战争时期必定被作为主要产品生产。

由于副产品是主要产品附带生产出来的，价值较低，所以副产品成本的计算不像联产品那么复杂。通常，只要将副产品按一定标准作价，从分离前的联合成本中扣除就可以了。所以关键就是副产品按什么标准作价。副产品计价不能过高，以免把主产品的成本分摊到副产品上；但也不能过低，以免把销售副产品的亏损转嫁到主产品上去。

副产品在分离后，可以作为成品直接对外出售，也可能进一步加工后再出售。副产品的成本计价将由于这两种不同情况而不同。

1. 无须进一步加工的副产品的计价

对于分离后不再加工的副产品，如果价值很低的话，可以将其收益直接计入"其他业务收入"处理。也就是说，此时副产品不负担分离前的联合成本。这种计价方法简单方便，但副产品不计价可能影响主产品成本计算的正确性。

如果副产品价值较高，则必须分摊分离前的联合成本，一般是将其销售价格扣除税金和销售费用后，作为副产品应负担的成本从联合成本中扣除。副产品成本可以直接从直接材料成本项目中扣除，也可以按比例从各成本项目中扣除。这种计价方法相比副产品不计价法有所改进，但当副产品的市场售价波动较大时，也会影响主产品成本计算的正确性。

【例 4-6】特立企业在生产甲、乙、丙三种联产品的同时，也附带生产出丁副产品。本期生产成本共计 800 000 元，其中直接材料 400 000 元，直接人工 200 000 元，制造费用 200 000 元。丁副产品本期产量为 3 000 件，单位售价 25 元，每件负担税金 8 元和销售费用 7 元，则：

丁副产品应负担成本 = 3 000×（25－8－7）= 30 000（元）

丁副产品总成本计算出来后，各成本项目组成按总成本中各成本项目所占比重确定，见表 4-18。

表 4-18 副产品成本计算表

副产品名称：丁副产品　　　　　　　　　　2021 年 3 月　　　　　　　　　　单位：元

成本项目	总成本	丁副产品负担成本	甲、乙、丙联产品成本
直接材料	400 000	15 000	385 000
直接人工	200 000	7 500	192 500
制造费用	200 000	7 500	192 500
合计	800 000	30 000	770 000

2. 需进一步加工副产品的计价

副产品在分离后，需进一步加工后才能对外出售的，其计价方法也有两种：

（1）副产品只负担分离后的可归属成本，而不承担分离前的联合成本。这种方法简便易行，但低估了副产品的成本而高估了主产品的成本。

（2）副产品既负担分离后的可归属成本，也负担分离前的联合成本。此时联合成本的分摊同样可用副产品的销售价格扣除税金和销售费用，再减去进一步加工的可归属成本，剩余价值则为副产品的成本。

【例 4-7】接【例 4-6】，假定丁副产品分离后还需进一步加工才能对外销售，每件副产品加工成本为 3 元，其他资料不变。则：

$$丁副产品应负担成本 = 3\,000 \times (25 - 8 - 7 - 3) = 21\,000\,(元)$$

各成本项目组成按总成本中各成本项目所占比重确定，见表 4-19。

表 4-19 副产品成本计算表

副产品名称：丁副产品　　　　　　　　　　2021 年 3 月　　　　　　　　　　单位：元

成本项目	总成本	丁副产品负担成本	甲、乙、丙联产品成本
直接材料	400 000	10 500	389 500
直接人工	200 000	5 250	194 750
制造费用	200 000	5 250	194 750
合计	800 000	21 000	779 000

如果在同一生产过程中回收的副产品种类较多，为了简化成本核算工作，也可以按事先制定的副产品计划成本或固定价格从联合成本中进行扣除。

本章小结

本章主要讲述了成本计算的辅助方法——分类法和定额法，以及联产品和副产品的成本计算方法。

分类法又称系数法，产品成本计算的分类法是先按照产品类别归集生产费用，计算出各类完工产品总成本，再按一定的标准和方法，在同类产品中分配计算出品种、规格各不相同的产品的成本的一种方法。其成本计算程序是：将其按性质、结构、所用原材料、生产工艺过程等划分为若干类别，采用成本计算的基本方法计算各类别产品的总成本；在同类产品中选择一种有代表性的产品作为标准产品，将其分配标准系数确定为1，然后计算各种产品的单位系数；根据各种产品的产量，计算各种产品的总系数；根据各种产品的总系数，分别计算各种产品应分配的直接材料费用或其他费用，计算出各种产品的总成本。

定额法是以定额成本为基础，将实际的生产费用分为符合定额的生产费用与定额差异分别核算，并以定额成本加减定额差异和定额变动差异来计算产品成本的方法。定额法的主要特点是：在发生生产费用时，将实际生产费用区分为符合定额的费用（即定额成本）和脱离定额的费用（即定额差异）分别核算，并在有关的费用分配表、产品成本计算单中分别予以登记。在定额法下，产品的实际成本主要由定额成本、定额差异和定额变动差异三个部分组成，此外，产成品还应负担材料价格差异，所以，产品的实际成本＝定额成本 ± 定额差异 ± 定额变动差异 ± 材料价格差异。成本计算定额法，既是一种成本计算方法，也是一种成本控制方法。定额成本计算法一般适用于具备比较健全的定额管理制度，比较定型的产品和比较准确、稳定的消耗定额的企业。

联产品是利用同一种原材料，经过同一个生产过程，同时生产出几种产品，并且这些产品都是企业的主要产品。各种联产品分离前的成本，可采用分类法进行计算；计算出联合成本之后，可采用系数分配法、实物量分配法等将联合成本在各种联产品之间进行分配。联产品的成本包括其所应负担的联合成本和分离后的继续加工成本。

副产品和主要产品是在同一生产过程中生产出来的，可将副产品和主要产品归为一类，按照分类法归集费用，计算其总成本。由于副产品的价值相对较低，可将副产品按照简化的方法计价，从主副产品的总成本中扣除，从而确定主要产品的成本。副产品可以采用不计价、按分离后的成本计价、按固定成本计价等方法进行计价。

复习思考题

1. 试述分类法的特点及其适用范围。
2. 如何计算类内各种产品的成本？
3. 简述定额法的主要特点及其应用条件。
4. 直接材料定额差异的计算方法有哪几种？
5. 说明定额法计算产品成本的程序。
6. 什么是联产品、副产品？说明两者的联系和区别。

ITEM 5

第五章 成本会计报表的编制与分析

教学目标

○ 了解成本报表的特点和作用；
○ 熟悉成本报表的种类及编制要求；
○ 掌握产品生产成本表、主要产品单位成本表的结构和编制方法；
○ 掌握各种费用报表的编制方法；
○ 掌握成本核算的主要会计账户设置和一般程序。

知识导航

成本会计报表的编制与分析
- 成本报表编制与分析概述
  - 成本报表编制概述
  - 成本报表分析
- 产品生产成本表的编制与分析
  - 产品生产成本表的概念和作用
  - 产品生产成本表的结构和编制方法
  - 产品生产成本表的分析
- 主要产品单位成本表的编制与分析
  - 主要产品单位成本表的含义和作用
  - 主要产品单位成本表的结构和编制方法
  - 主要产品单位成本表分析
- 各种费用报表的编制与分析
  - 制造费用明细表的编制与分析
  - 期间费用明细表的编制与分析
  - 各项费用分析应注意的问题

前面章节已全面介绍了产品成本核算的方法。在成本会计实务中，核算出产品成本后，还应当及时编制成本报表，并采用适当的方法对其进行分析，以提供决策所需要的成本信息。本章将全面介绍成本报表的编制与分析方法。

第一节 成本报表编制与分析概述

一、成本报表编制概述

(一) 成本报表的含义

成本报表是企业根据成本核算资料及其他有关的（计划、统计）资料编制的，以表格形式反映企业一定时期的产品成本水平和构成，以及各项费用支出情况的书面报告文件。虽然企业会计准则不再要求企业对外编报成本报表，但这并不意味着企业内部也不需要成本报表。随着市场竞争的日益激烈，成本成为综合反映企业生产技术和经营管理工作水平的一项重要质量指标，因此，企业应加强内部的成本管理，科学地设计和填报、管理所需要的各种成本报表。编制和分析成本报表是企业成本会计工作的一项重要内容。

成本报表主要是为了满足内部管理需要，向内部生产经营管理者、企业的主管部门提供成本信息资料，考核成本计划执行情况，进行成本分析、预测和决策，是企业内部会计报表。它是企业确定产品价格、进行成本和利润的预测、编制产品成本和各项费用计划的重要依据。

(二) 成本报表的特点

与对外会计报表相比，成本报表的特点如下：

1. 编报目的主要是满足企业内部经营管理的需要，内容具有针对性

在市场激烈竞争的条件下，企业对自身的生产经营情况、费用支出情况采取保密的态度。也就是说，反映成本和费用支出信息的成本报表是企业的商业秘密，不对外报送和公开。及时编制和报送成本报表，可以使内部生产经营管理者及时了解和掌握产品或劳务成本，了解和掌握费用支出情况，落实经济责任，分析成本管理工作的成绩和存在的问题，及时采取有效措施，寻求降低成本和节约费用的途径，做出正确的成本决策。成本报表为满足企业内部生产和经营管理的需要而编制，是其主要特点。

2. 成本报表在不同企业之间存在个性差异

一个企业的成本信息，总是与其生产工艺过程和生产组织紧密相连的。企业在成本管理工作中的不同要求，也必然反映到成本信息上来。不同企业报表的种类、格式，报表内容与指标设置、报送范围和时间等，可由企业自行决定。由于各企业内部生产工艺特点和生产组织管理模式并不完全相同，成本报表灵活多样，不同企业的成本报表存在较大的个性差异。这是成本报表区别于对外会计报表的一个重要特点。

3. 成本报表提供的信息具有综合性

成本报表所反映的成本信息，是企业各项消耗指标的综合信息。报表中的成本指标，可以反映企业原材料与燃料和动力的节约或浪费、设备利用效率多少、劳动生产力水平高低、平均工资水平、产品质量好坏、生产组织管理水平等。成本资料不仅以金额表示，对于一些重要的消耗指标，还要反映消耗数量。因此，成本报表能综合反映企业的管理水平。

(三) 成本报表的种类

1. 按成本报表反映的内容分类

（1）反映产品成本情况的报表。主要反映企业为生产一定种类和数量产品所花费成本的水平及其构成情况，并与计划、上年实际、历史最好水平或同行业同类产品先进水平相比较，反映产品成本的变动趋势。包括产品生产成本表和主要产品单位成本表等。

（2）反映各种费用支出的报表。是指反映企业在一定时期内各种费用支出总额及其构成情况并与计划（预算）、上年实际对比，反映各项费用支出的变动趋势的报表。包括制造费用明细表、管理费用明细表、财务费用明细表和销售费用明细表等。

2. 按成本报表编制的时间分类

按报表编制的时间分类可分为：按月、季、年定期编制，以及按旬、周、日甚至班组编制等。

（四）成本报表的编制要求

成本报表的编制必须手续齐备、内容完整、数字准确、报送及时。此外，编制成本报表还应做到实用、灵活，成本指标的制定要符合企业内部管理需要。一般来说，企业设置和编制成本报表时，应符合以下基本要求：

1. 报表的内容有针对性

成本报表的内容有针对性，是指企业设置的成本报表的种类、格式和指标内容要有针对性。报表既要反映企业成本的全貌，又要反映成本管理的某个方面、某个具体业务，突出成本管理中的重点问题。要对成本影响较大、费用发生集中的部门设置报表，使成本报表的编制能够取得最佳效果。

2. 数字真实，计算准确

数字真实是指成本报表提供的各项数字必须真实可靠，没有差错和偏向。成本报表相关数据的填报和指标的计算要准确，注意账表相关数据的联系。企业不得违反企业会计制度的规定，乱挤乱摊成本，更不得有意弄虚作假，随意篡改数字，填报不真实的数据。

3. 指标一致，具有可比性

成本报表提供的资料应尽可能口径一致，以满足使用者进行不同时期经营状况、生产水平的比较的需要。

4. 编报及时

成本报表应按规定时间送到使用者手中。在编制报表时，要求企业会计部门内部根据成本报表的种类和指标，分工协作，相互配合，尽快编制和报送报表。通常情况下，对于月报、季报、年报的时间，可根据企业需要进行明确的规定。

二、成本报表分析

成本报表分析是指利用成本报表及其相关成本、费用资料，按照一定的程序，采用专门的方法对企业一定时期产品成本和期间费用的水平及其构成情况进行分析与评价，揭示产品成本和期间费用变动的原因及各种因素对其变动的影响程度，以挖掘降低成本、费用的潜力，提高企业的经济效益。成本报表分析是企业成本管理的重要组成部分，也是成本管理会计的主要职能。

（一）成本报表分析的一般程序

在成本会计实务中，成本报表分析的一般程序如下：

1. 明确分析目标

成本报表分析目标是整个成本分析的出发点和关键。只有明确了分析目标，才能决定分析范围，设计具体的分析程序，正确地收集和整理相关资料，选择恰当的分析方法和评价标准，以得出正确的分析结论。

2. 收集和整理相关资料

为了全面、系统地进行成本报表分析，揭示企业成本管理现状，成本分析人员应当根据分析目标收集成本报表、成本计划、统计数据、业务技术、同行业成本水平等相关资料，并对其进行审查、调整、重编等相关处理，以满足成本分析的需要。

3. 选择分析方法和评价标准

为了得出正确的分析结论，成本分析人员应当根据分析目标选择恰当的分析方法，并选定适当的评价标准，将分析结果与设定的标准进行比较，以评价企业成本管理的业绩及其成因和发展趋势等。

4. 得出分析结论并提出建议

得出分析评价结果，并提出对决策有用的建议。

（二）成本报表分析的方法

成本报表分析的方法一般有以下几种：

1. 成本报表整体分析方法

成本报表整体分析方法包括水平分析法、垂直分析法和趋势分析法。

水平分析法是将反映企业报告期成本的信息（特别指成本报表信息资料）与反映企业前期或历史某一种成本状况的信息进行全面、综合对比，研究企业经营业绩或成本状况的发展变动情况的一种成本分析方法。

垂直分析法是通过计算成本报表中各项目占总体的比重或结构，反映报表中的项目与总体的关系及其变动情况的一种成本分析方法。

趋势分析法是根据企业连续几年或几个时期的分析资料，运用指数或完成率的计算，确定分析期各有关项目的变动情况和趋势的一种成本分析方法。

2. 指标分析法

指标分析法主要包括比较分析法、比率分析法。

（1）比较分析法。比较分析法是通过实际数与基数的对比来揭示实际数与基数之间的差异，借以了解经济活动的成绩和问题的一种分析方法。

比较分析法适用于同质指标的数量对比。采用这种分析方法，应注意相比指标要具有可比性。可比的共同基础包括经济内容、计算方法、计算期和影响指标形成的客观条件等方面。若指标不可比，应先按可比的口径进行调整，然后再进行对比。该方法有以下几种对比形式：一是以成本的实际指标与计划或定额指标对比，分析成本计划或定额的完成情况。二是以本期实际成本指标与前期（上期、上年同期或历史最好水平）的实际成本指标对比，观察企业成本指标的变动情况和变动趋势。三是以本企业实际成本指标（或某项技术经济指标）与国内外同行业先进指标对比，可以在更大范围内找出差距，推动企业改进经营管理。

（2）比率分析法。比率分析法是通过计算指标之间的比率，来考察企业经济活动相对效益的一种分析方法。比率分析法主要有相关指标比率分析法、构成比率分析法和动态比率分析法。

相关指标比率是将两个性质不同但又相关的指标进行对比求出的比率。如产值成本率、成本利润率等。

构成比率是某项经济指标的各个组成部分占总体的比重。如各成本项目占总成本的比率等。

动态比率是将不同时期的同类指标进行对比求出的比率，据以分析增减速度和变动趋势。如定基比率和环比比率。

$$定基比率 = 分析期指标数额 / 固定期指标数额$$
$$环比比率 = 分析期指标数额 / 前一期指标数额$$

3. 因素分析法

因素分析法是依据分析指标与其影响因素的关系，从数量上确定各因素对分析指标影响方向和影响程度的一种方法。因素分析法主要包括连环替代法、差额计算法、指标分解法、定基替代法。

（1）连环替代法。用来计算几个相互联系的因素对综合经济指标变动影响程度的一种分析方法。

连环替代法的特点如下：

①计算程序的连环性。严格按照各因素的排列顺序，逐次以一个因素的实际数替换其基数。因素替换的顺序是先数量指标，后质量指标；先实物量指标，后价值量指标。

②计算条件的假定性。在测定某一因素变动影响时，是以假定其他因素不变为条件的。

（2）差额计算法。差额计算法是连环替代法的一种简化形式，先确定各个因素实际数与计划数之间的差异，然后按照各因素的排列顺序，依次求出各因素变动的影响程度。

第二节 产品生产成本表的编制与分析

一、产品生产成本表的概念和作用

产品生产成本表是反映企业在报告期内生产的全部产品的总成本的报表，一般分为两种：一种是按成本项目反映，另一种是按产品种类反映。

按成本项目反映的产品生产成本表是按成本项目汇总反映企业在报告期内发生的全部生产成本以及产品生产成本合计额的报表。该表可以反映企业在报告期内全部产品生产费用的支出情况和各种费用的构成情况；将该表本年累计实际生产费用及产品生产成本与本年计划数和上年实际数比较，可以考核和分析年度生产费用及产品生产成本计划执行情况及本年相比上年生产费用及产品生产成本的升降情况，并据以分析影响成本升降的各项因素。

按产品种类反映的产品生产成本表是按产品种类汇总反映企业在报告期内生产的全部产品的单位成本和总成本的报表。该表可以分析和考核企业各种类产品和全部产品成本计划的执行情况；可以分析和考核各种可比产品和全部可比产品的成本升降情况；可以了解哪些产品成本节约较多，哪些产品成本超支较多，为进一步进行产品成本分析指明方向。

二、产品生产成本表的结构和编制方法

（一）按成本项目反映的产品生产成本表的结构和编制方法

按成本项目反映的产品生产成本表的基本结构是按直接材料、直接人工、制造费用等成本项目列示产品总成本，接下来列示在产品、自制半成品期初和期末余额，从而进行产品生产成本合计。编制时按上年实际数、本年计划数、本月实际数和本年累计实际数分栏反映。

按成本项目反映的产品生产成本表的具体内容和结构如表 5-1 所示。

表 5-1 产品生产成本表（按成本项目反映）

编制单位：特立企业　　　　　　　　2021 年 12 月　　　　　　　　单位：元

项目	上年实际	本年计划	本月实际	本年累计实际
生产费用：				
直接材料	16 000	15 000	4 000	15 320

续表

项目	上年实际	本年计划	本月实际	本年累计实际
直接人工	8 500	8 000	2 000	8 756
制造费用	6 934	4 000	594	3 456
生产费用合计	31 434	27 000	6 594	27 532
加：在产品、自制半成品期初余额	2 593	4 000	4 698	4 698
减：在产品、自制半成品期末余额	5 027	4 860	5 060	5 060
产品生产成本合计	29 000	26 140	6 232	27 170

具体编制方法如下：

（1）上年实际数应根据上年12月本表的本年累计数填列。

（2）本年计划数应根据成本计划有关资料填列。

（3）本月实际数根据各种产品成本明细账所记本月生产费用的合计数按照成本项目分别汇总填列。

（4）本年累计实际数应根据本月实际数加上上月本表的本年累计实际数计算填列。

（5）期初、期末在产品、自制半成品的余额根据各种产品成本明细账期初、期末在产品成本和各种自制半成品明细账期初、期末余额分别汇总填列。

（6）产品生产成本合计数根据表中的生产费用合计数加、减在产品、自制半成品期初、期末余额求得。

（二）按产品种类反映的产品生产成本表的结构和编制方法

按产品种类反映的产品生产成本表，对于主要产品，应按产品品种反映实际产量和单位成本，以及本月总成本和本年累计总成本；对于非主要产品，则可按照产品类别汇总反映本月总成本和本年累计总成本；对于上一年没有正式生产过、没有上年成本资料的产品，一般称为不可比产品，不反映上年成本资料；对于上一年正式生产过、具有上年成本资料的产品，一般称为可比产品，还应反映上年成本资料。

按产品种类反映的产品生产成本表的具体内容和结构如表5-2所示。

表5-2 产品生产成本表（按产品种类反映）

编制单位：特立企业　　　　　　　　　　2021年12月　　　　　　　　　　单位：元

产品名称	计量单位	产量		单位成本			计划成本		本年总成本		
		计划	实际	上年实际	本年计划	本年实际	按上年实际单位成本计算	按本年计划单位成本计算	按上年实际单位成本计算	按本年计划单位成本计算	本年实际成本
可比产品合计							28 000	24 500	29 000	25 100	25 640
其中：甲	件	100	80	100	95	93	10 000	9 500	8 000	7 600	7 440
乙	件	300	350	60	50	52	18 000	15 000	21 000	17 500	18 200
不可比产品合计							1 600		1 440		1 530

续表

产品名称	计量单位	产量		单位成本			计划成本		本年总成本		
		计划	实际	上年实际	本年计划	本年实际	按上年实际单位成本计算	按本年计划单位成本计算	按上年实际单位成本计算	按本年计划单位成本计算	本年实际成本
其中：丙	件	20	18		80	85		1 600		1 440	1 530
全部产品							28 000	26 100	29 000	26 540	27 170

各种产品具体项目的编制方法如下：

（1）本月实际产量，应根据相应的产品成本明细账填列。

（2）本年累计实际产量，应根据本月实际产量，加上上月本表的本年累计实际产量计算填列。

（3）上年实际平均单位成本，应根据上年度本表所列全部累计实际平均单位成本填列。

（4）本年计划单位成本，应根据本年度成本计划填列。

（5）本月实际单位成本，应根据表中本月实际总成本除以本月实际产量计算填列。

（6）按上年实际平均单位成本计算的本月总成本和本年累计总成本，应根据本月实际产量和本年累计实际产量乘以上年实际平均单位成本计算填列。

（7）按本年计划单位成本计算的本月总成本和本年累计总成本，应根据本月实际产量和本年累计实际产量乘以本年计划单位成本计算填列。

（8）本月实际总成本，应根据产品成本明细账或产品成本汇总表填列。

（9）本年累计实际总成本，应根据产品成本明细账或产品成本汇总表本年各月产成品成本计算填列。

如果企业有不合格产品，应单独列示，并注明"不合格品"字样，不应与合格品合并填列。

表 5-2 反映了全部产品生产总成本的计划执行情况和主要产品单位成本升降情况。企业可通过表 5-2 计算可比产品成本降低额和降低率。

三、产品生产成本表的分析

产品生产成本表按月定期编制，是企业经营管理者每月必须阅读和分析的报表。设置这张报表的目的是反映企业一定时期内生产的全部产品的成本情况，这里的全部产品包括可比产品和不可比产品两部分。

产品生产成本表分析的重点是可比产品，在企业年初制定的成本计划中，对可比产品都规定其成本降低任务，因此，产品生产成本表的分析首先应分析可比产品成本降低计划的完成情况。分析的方法是首先计算出可比产品成本的本期实际降低额和降低率，然后与计划降低额和计划降低率进行比较。相关计算公式为：

实际产品成本降低额＝可比产品按上年实际平均单位成本计算的本年累计总成本－本年累计实际总成本

$$\text{实际产品成本降低率} = \frac{\text{实际产品成本降低额}}{\text{可比产品按上年平均单位成本计算的本年累计总成本}} \times 100\%$$

计划产品成本降低额＝计划产量×（上年实际单位成本－本年计划单位成本）

$$\text{计划产品成本降低率} = \frac{\text{计划产品成本降低额}}{\text{计划产量} \times \text{上年实际单位成本}} \times 100\%$$

降低额的差异＝实际产品成本降低额－计划产品成本降低额

降低率的差异＝实际产品成本降低率－计划产品成本降低率

分析产生差异的原因时，主要分析三个因素：产品单位成本变动、产品品种结构变动和产品产量变动。这三个因素对可比产品成本降低额和降低率有不同的影响，其中，产品单位成本变动、产品品种结构变动既影响降低额，又影响降低率；产品产量变动只影响降低额，不影响降低率（这是因为，可比产品成本的实际降低额和降低率都是根据实际产量计算的，计算成本降低率时，分子和分母使用相同的产量）。因此，影响可比产品成本降低额变动的因素有三个，即产品单位成本变动、产品品种结构变动和产品产量变动；影响可比产品成本降低率变动的因素有两个，即产品单位成本变动和产品品种结构变动。在分析产生差异的原因时，应分别从这些因素入手进行分析。

除上述分析外，在对产品生产成本表进行分析时，还要注意分析企业对可比产品、不可比产品的分类是否准确，有无在可比产品与不可比产品之间故意升高或降低不可比产品成本，借以人为调整可比产品成本的弄虚作假现象。

【例5-1】根据表5-2（产品生产成本表）填制分析表并进行产品成本分析如下：

（1）可比产品成本降低情况综合分析表如表5-3所示。

表5-3　可比产品成本降低情况综合分析表

产品名称	计划		实际		实际比计划	
	降低额（元）	降低率（%）	降低额（元）	降低率（%）	降低额（元）	降低率（%）
甲	500	5	560	7	60	2
乙	3 000	16.67	2 800	13.33	－200	－3.34
合计	3 500	12.5	3 360	11.59	－140	－0.91

根据表5-3可以得到下列结论：

①甲产品成本实际降低额比计划降低额大，即超额完成计划降低任务60元，多降低2%，因此甲产品完成降低任务。

②乙产品成本实际降低额没有达到计划降低额的要求，比计划降低额少完成200元，使实际降低率比计划降低率少3.34%，因此乙产品没有完成降低任务。

③企业可比产品成本实际降低额比计划降低额少140元，降低率少0.91%。由于可比产品中乙产品没有完成任务，所以企业没有完成计划降低任务。

（2）三因素影响成本计划降低情况如表5-4所示。

表5-4　三因素影响成本计划降低情况

项目	影响计划降低额（元）	影响计划降低率（%）
产品产量变动	＋125（有利）	—
产品品种结构变动	＋275（有利）	＋0.95
产品单位成本变动	－540（不利）	－1.86
合计	－140（不利）	－0.91

根据以上分析结果，结合前面的分析，可进行如下评价：

①企业没有完成成本降低任务，成本实际降低额比计划降低额少了140元，实际降低率比计划

降低率低 0.91%。进一步分析可分别得到产品产量、品种结构、产品单位成本变动的影响。

②产品产量变动减少了企业没有完成成本降低任务的数量，使企业超过计划降低任务 125 元。细分析其中原因可发现，虽然甲产品产量没有达到计划要求，但是乙产品产量达到了计划要求，并使产量超过了计划 50 件。因此，虽然甲产品完成了成本降低的任务，但是要注意甲产品并没有达到计划要求，所以，必须对甲产品的市场营销工作加强管理，以便制定合理的、符合市场需求的产品产量。

③产品品种结构变动同样减少了企业没有完成成本降低任务的数量，使企业超过计划降低任务 275 元。结合表 5-3，我们可以发现，甲产品降低任务为 5%，而乙产品降低任务为 16.67%，该企业多生产了降低任务高的乙产品，而少生产了降低任务低的甲产品，因此，出现了调整产品结构有利于完成成本降低任务的情况。

④产品单位成本上升是造成企业没能完成成本降低任务的主要因素，它使得企业超过计划降低任务 540 元。其中甲产品完成了成本降低任务，使实际单位成本要低于计划单位成本 2 元。但乙产品实际单位成本（52 元）比计划单位成本（50 元）要多。因此，下一步还应重点研究乙产品单位成本升高的原因。

值得注意的是，对企业经营活动的评价，不能只从某项分析结果来看，而要综合多种因素来考虑。

第三节 主要产品单位成本表的编制与分析

一、主要产品单位成本表的含义和作用

主要产品是指企业经常生产，在企业全部产品中所占比重较大，能概括反映企业生产经营面貌的产品。

主要产品单位成本表是反映企业在报告期内生产的各种主要产品单位成本构成情况的报表。该表应当按照主要产品分别编制，是按产品种类对产品生产成本表中某些主要产品成本的进一步反映。一般按月编制，反映主要产品各成本项目本期实际、上年实际、本年计划以及主要技术经济指标定额执行情况。

企业利用主要产品单位成本表，可以按照成本项目考核和分析各种主要产品单位成本计划的完成情况；可以按照成本项目将本月产品实际单位成本与上年实际平均或历史最好水平对比，了解产品单位成本的变动情况和变动趋势；可以考核和分析各种主要产品的主要技术经济指标的执行情况，进而查明主要产品单位成本升降的具体原因。

二、主要产品单位成本表的结构和编制方法

主要产品单位成本表的结构分为产量、单位成本和主要技术经济指标三个部分。

产量部分反映报告期的实际产量，以及本年累计实际产量；单位成本按成本项目分别反映各主要产品单位成本的历史先进水平、上年实际平均、本年计划、本月实际以及本年累计实际平均数。主要经济技术指标部分主要反映原料、主要材料、燃料和动力的消耗数量。

主要产品单位成本表的具体内容和结构如表 5-5 所示。

表 5-5 主要产品单位成本表

编制单位：×公司　　　　　　　　　　2021年12月　　　　　　　　　　产品销售单价：150元
产品名称：A产品　　　　　　　　　　　　　　　　　　　　　　　　本月实际产量：500件
产品规格：××　　　　　　　　　　　　　　　　　　　　　　　本年累计实际产量：5 200件
计量单位：件

成本项目	历史先进水平（××××年）	上年实际平均	本年计划	本月实际	本年累计实际平均
直接材料	81	80.5	80	81	82
直接人工	35	34	34	33.5	33
制造费用	45	48	46	45.5	47
产品单位成本	161	162.5	160	160	162
主要技术经济指标	用量	用量	用量	用量	用量
主要材料（千克/件）	5	4.85	4.8	4.2	4.1
动力耗电量（度/小时）	16.5	17	16	14.5	14

具体编制方法如下：

（1）表中产品名称、产品规格、产量等根据企业生产计划、入库单等有关资料填写。

（2）本月实际、本年累计实际平均单位成本，根据完工产品生产成本表本月和本年累计有关资料计算填写。

（3）上年实际平均单位成本根据上年有关资料实际数填写。

（4）本年计划或定额根据有关计划或定额资料填写。

（5）主要技术经济指标根据有关技术定额和实际消耗资料填写。

主要产品单位成本表填写方法与完工产品生产成本表的填写方法相似，根据"生产成本"完工产品成本中有关数据计算填写，表中的单位成本数据依据应与完工产品生产成本表的相关数据吻合。

三、主要产品单位成本表分析

主要产品单位成本表是反映工业企业在一定时期内生产的各种主要产品单位成本情况的报表。该表按主要产品分别编制，每种主要产品编制一张。设置这张报表的目的是进一步反映企业一定时期内生产的各种主要产品的成本构成情况。通常情况下，对企业产品成本影响较大的是企业生产的主要产品（产量大、产值高、生产稳定），要进一步分析企业产品成本升降的原因，必须对企业的主要产品成本构成情况进行分析，即按成本项目进行分析，找出影响成本升降的主要因素，有针对性地进行控制和管理。

主要产品单位成本表中列示了企业产品成本的历史先进水平、上年实际平均、本年计划和本期实际等资料，在对各项成本项目进行分析时，可以视分析的目的，选择其中某项为基数，将本期实际与基数进行对比，分析的重点是各个项目本期实际与对比基数的差异，包括量差和价差两个方面。这样分析，目的是找出影响成本的主要因素。

【例5-2】以表5-5中本年实际与本年计划的对比为例来说明分析内容与方法。另补充资料如下：直接材料本年计划单价16.67元/千克，本年累计实际平均单价20元/千克；单位产品生产工时本年计划16小时，本年累计实际平均14小时；小时工资率本年计划2.25元，本年累计实际平均 2.5 元；制造费用小时费用率本年计划 2.875 元，本年累计实际平均 3.357 元。

相关计算与分析如下：

（1）计算差异。

①直接材料差异。

本期实际与本期计划的差异额：82 − 80 = 2（元）（超支 2 元）

量差分析（消耗量变化的影响）：（4.1 − 4.8）×16.67 = −11.7（元）

价差分析（单价变化的影响）：4.1×（20 − 16.67）= 13.7（元）

②直接人工差异。

本期实际与本期计划的差异额：33 − 34 = −1（元）（节约 1 元）

量差分析（工时变化的影响）：（14 − 16）×2.25 = −4.5（元）

价差分析（小时工资率变化的影响）：14×（2.5 − 2.25）= 3.5（元）

③制造费用差异。

本期实际与本期计划的差异额：47 − 46 = 1（元）（超支 1 元）

量差分析（工时变化的影响）：（14 − 16）×2.875 = −5.75（元）

价差分析（小时费用率变化的影响）：14×（3.357 − 2.875）= 6.75（元）

（2）对差异进行分析。

①影响成本的主要因素。

a. 直接材料。从上述计算结果可以看出，单位产品的直接材料费用超支 2 元，其原因是：由于实际消耗量降低，单位成本中的直接材料费用实际比计划节约 11.7 元；而由于直接材料的单价升高，单位成本中的直接材料费用实际比计划超支 13.7 元，二者综合作用的结果，就是单位产品中的直接材料费用超支 2 元。很明显，直接材料费用的超支是单价升高导致的，直接材料的单价是影响成本的一个主要因素。

b. 直接人工。从上述计算结果可以看出，单位产品的直接人工费用节约 1 元，其原因是：由于单位产品生产工时降低，单位成本中的直接人工费用实际比计划节约 4.5 元；而由于小时工资率升高，单位成本中的直接人工费用实际比计划超支 3.5 元，二者综合作用的结果就是单位产品中的直接人工费用节约 1 元。人工费用虽然节约了 1 元，但是，可以很明显地看到，直接人工费用中，生产工时降低带来的节约，几乎被小时工资率的升高抵消了。应将小时工资率的控制作为重点。

c. 制造费用。从上述计算结果可以看出，单位产品的制造费用超支 1 元，其原因是：由于单位产品生产工时降低，单位成本中的制造费用实际比计划节约 5.75 元；而由于小时费用率升高，单位成本中的制造费用实际比计划超支 6.75 元，二者综合作用的结果就是单位产品中的制造费用超支 1 元。很明显，制造费用的超支是小时费用率升高导致的，小时费用率是影响成本的一个主要因素。

②各因素的责任人。

a. 直接材料的责任人。上面的分析说明，直接材料的控制重点是单价，材料的单价就是材料的采购成本。采购成本控制的责任人不是生产车间，而是采购部门。因此，应将管理的重点放在采购部门，对材料的采购成本进行分析。

首先，分析采购成本的确定是否正确，按照《企业会计制度》的规定，允许计入材料采购成本的费用是：材料买价；运杂费（包括运输费、装卸费、保险费、包装费、仓储费等，不包括按规定根据运输费的一定比例计算的可抵扣的增值税额）；运输途中的合理损耗；入库前的整理挑选费（包括整理挑选中发生的工、费支出和必要的损耗，并减去回收的下脚废料价值）；购入物资负担的税金（如关税等）和其他费用。不允许计入材料采购成本的费用是：采购人员的差旅费、运输途中的不合理损耗、入库后的整理挑选费、购入材料的增值税（进项税）。

其次，分析采购计划的制定是否符合最佳经济效益原则，在采购地点、采购品种、采购规格、采购数量、运输方式的确定上，有无损失浪费、不合理的现象存在。还要分析在材料采购的管理上，有无内部控制制度。通过分析，找出管理的薄弱环节，落实目标责任制。

材料费用的分析是成本分析的重点，材料费用的管理也是企业资金管理的重点。但是当前不少企业管理制度不完善，致使企业未能采购到质优价廉的各种物资，从而大大增加了生产经营成本。这是造成目前许多国有企业成本猛增、效益流失、连年亏损的重要原因之一，也是企业降低成本、提高效益的重要潜力之所在。

b. 直接人工的责任人。上面的分析说明，直接人工的控制重点是小时工资率。影响小时工资率的因素较为复杂，既有客观因素，也有主观因素。客观因素往往是企业不可控制的，比如按照国家工资制度改革的要求，职工增加了工资，导致产品成本中的工资费用上升。因此，应分析具体情况。如果属于用工不合理、岗位设置不合理或者人员配备不合理（企业应避免盲目追求"高学历"的倾向，合理用工，否则，既会造成人力资源的浪费，又会导致工资费用上升），则应会同生产部门、人事部门共同解决。

c. 制造费用的责任人。上面的分析说明，制造费用的控制重点是小时费用率。影响小时费用率的因素也较为复杂。一般应配合制造费用明细表分析如下方面：首先分析费用开支的项目是否合理；其次分析各项目的支出是否有审查制度，是否失控；最后分析影响制造费用的重点项目是什么。制造费用控制的责任人就是基本生产车间的管理人员。

上面是用本期实际与本期计划进行比较分析，还可以运用这种方法将本期实际同历史最好水平、上年实际或国内外同行业同类企业进行对比分析。

第四节　各种费用报表的编制与分析

为了反映企业一定时期在经营过程中各车间、部门为生产和销售产品、组织和管理生产经营活动以及筹集资金所发生的各种费用，企业应定期编制各种费用报表。费用按其能否归属于某个特定产品分为制造费用和期间费用，费用报表则分为制造费用明细表和期间费用明细表。通过各种费用明细表可以考核和分析各种费用计划（或预算）的执行情况；分析各种费用的合理性及其变动趋势，为正确编制下期费用计划（或预算）、控制费用的发生、明确有关部门和人员的经济责任提供依据。

一、制造费用明细表的编制与分析

（一）制造费用明细表的编制

制造费用是能归属于某个特定产品成本的费用，是车间或分厂为组织和管理产品生产而发生的费用，一般可按受益对象，通过一定的分配方法由特定产品负担。制造费用明细表是反映企业或各生产单位（车间或分厂）在一定会计期间发生的制造费用明细情况的报表。

制造费用明细表可分为"上年实际""本年计划""本月实际""本年累计实际"等栏目，具体内容则按费用项目分为职工薪酬、折旧费、修理费、办公费、水电费等项目，如表5-6所示。

表 5-6 制造费用明细表

编制单位：特立企业　　　　　　　　　　2021 年 12 月　　　　　　　　　　单位：元

项目	上年实际	本年计划	本月实际	本年累计实际
职工薪酬	78 100	77 900	6 200	78 070
折旧费	53 200	53 500	5 150	54 130
修理费	28 100	28 000	2 400	28 700
办公费	31 000	30 500	2 800	31 400
水电费	45 900	46 000	4 200	51 000
物料消耗	28 200	27 800	2 160	29 000
低值易耗品摊销	5 000	4 800	420	4 700
保险费	15 000	16 000	1 400	16 800
劳动保护费	37 600	38 100	3 650	39 300
在产品盘亏毁损	200	0	0	100
设计制图费	12 000	13 000	0	14 000
停工损失	0	0	0	0
其他	58 300	55 240	3 930	58 000
合计	392 600	390 840	32 310	405 200

制造费用明细表一般按月编制，可分别反映企业和各车间（分厂）各项目数据。表中制造费用各项目的上年实际数根据上年报表数填入，本年计划数根据年初计划填入，本月实际和本年累计实际数根据企业在报告期内发生的制造费用本月和本年累计实际数填入，可按"制造费用"明细账中各项目当月和累计数填入，累计数也可根据上月累计加本月实际数填入。制造费用本月实际、本年累计实际应分别与产品生产成本表 5-1 中的制造费用本月实际和本年累计实际相等。根据企业内部管理需要，可按车间或分厂分别设专栏反映。

（二）制造费用明细表的分析

制造费用明细表分析的基本方法是按照制造费用的明细项目列示各项费用的本年计划数、上年同期实际数、本月实际数和本年累计实际数等，在对各项目进行分析时，可以视分析的目的，选择其中某项资料为基数，将本期实际与基数进行对比，找出制造费用的有关差异，并运用构成比率分析法分析影响制造费用的主要因素。需要特别强调以下两点：

（1）制造费用发生在基本生产车间，许多费用的发生是与产品生产相联系的，属于生产性费用，如折旧费、修理费、物料消耗、低值易耗品摊销等。这些费用的高低与产品生产有着密切的联系，因此不能简单地认为某项费用超支就是不合理的。比如，本期为了增加产量，满足市场需求，将原来的两班生产改为三班生产，必然要增加物料的消耗，这是正常的、合理的，不能认为成本管理上存在薄弱环节。问题的查找应实事求是。

（2）制造费用中的有些项目只要发生，一般都是管理不良的结果，属于不良性费用，应从管理上找原因。

二、期间费用明细表的编制与分析

期间费用明细表是反映期间费用支出和构成情况的报表，包括管理费用明细表、销售费用明细表和财务费用明细表。

期间费用明细表，一般按照期间费用内容分别反映费用项目的上年实际数、本年计划数和本年实际数。其中上年实际数根据上年同期费用明细表的"本年实际"栏各项目数字填列；本年计划数应根据本年度各费用计划填列；本年实际数应根据本年度各费用明细账有关项目累计数填列。

1. 管理费用明细表的编制与分析

管理费用是指企业为组织和管理生产经营活动而发生的各种费用。管理费用明细表的具体格式和内容如表 5-7 所示。

表 5-7 管理费用明细表

编制单位：特立企业　　　　　　　　2021 年 12 月　　　　　　　　单位：元

项目	上年实际	本年计划	本年实际
职工薪酬	200 000	220 000	210 000
折旧费	120 000	130 000	132 000
修理费	32 000	30 000	29 000
办公费	40 000	42 000	41 000
水电费	28 000	30 000	31 000
物料消耗	8 000	7 000	7 500
低值易耗品摊销	4 000	4 200	4 100
保险费	9 000	10 000	10 500
劳动保护费	6 000	6 000	6 100
费用性税金	2 200	2 500	2 400
其他	30 000	25 000	25 200
合计	479 200	506 700	498 800

管理费用明细表分析的基本方法和目的基本上与制造费用相同。在对各项目进行分析时，可以视分析的目的，选择其中某项资料为基数，将本期实际与基数进行对比，找出管理费用的有关差异，并运用构成比率分析法分析影响管理费用的主要因素。需要特别强调的是：管理费用发生在行政管理部门，费用的发生与产品生产无直接联系，费用项目多，大部分费用是固定费用，应编制预算加以控制。在分析时，首先应对费用按性质进行分类，分析哪些费用的发生是正常的，哪些是不正常的；哪些问题的原因是管理上的，哪些不是管理上的，有针对性地进行管理和控制。管理费用各项目按性质一般可以分为如下几类：

（1）管理性费用。如工资及福利费、办公费、差旅费、修理费、业务招待费等。这类费用的高低一般反映企业的管理水平，应从管理上找原因。

（2）发展性费用。如研究开发费、职工教育经费、绿化费等。这类费用的高低与企业的未来发展相关，不能简单地与管理水平挂钩，应将费用支出与带来的效益相比较进行分析。

（3）保护性费用。如坏账准备（年末按规定提取部分）、存货跌价准备（年末按规定提取部分）、保险费、待业保险费、劳动保险费等。这类费用的高低与企业防范生产经营风险和劳动保护条件的改善相关，可以避免未来的损失，因此也不能简单地与管理水平挂钩，还是应将费用支出与带来的效益相比较进行分析。

（4）不良性费用。如材料与产成品盘亏和毁损的净损失、产品"三包"损失等。这类费用的发生与管理有直接的关系，必须从管理上找原因。

2. 销售费用明细表的编制与分析

销售费用是企业销售产品过程中发生的各项费用以及为销售本企业商品而专设的销售机构的经营费用。销售费用明细表的具体格式和内容见表5-8。

表 5-8 销售费用明细表

编制单位：特立企业　　　　　　　　　　2021年12月　　　　　　　　　　单位：元

项目	上年实际	本年计划	本年实际
职工薪酬	43 300	46 100	41 000
业务费	13 000	13 800	15 400
运输费	26 000	30 000	32 000
装卸费	7 000	8 000	8 900
包装费	28 000	25 000	24 000
保险费	80 000	87 000	86 000
展览费	8 600	9 000	9 800
广告费	50 000	90 000	85 000
差旅费	12 000	13 000	14 000
租赁费	15 000	20 000	19 000
低值易耗品摊销	3 500	3 000	3 100
办公费	20 000	25 000	28 000
委托代销手续费	8 000	8 500	8 200
折旧费	14 000	18 000	19 000
物料消耗	3 000	2 500	2 800
销售服务费	3 600	3 500	3 600
其他	9 000	8 800	8 900
合计	344 000	411 200	408 700

销售费用明细表分析的基本方法和目的基本上与制造费用的分析方法相同，在对各项目进行分析时，可以视分析的目的，选择其中某项资料为基数，将本期实际与基数进行对比，找出营业费用的有关差异，并运用构成比率分析法分析影响营业费用的主要因素。需要特别强调的是：

（1）销售费用发生在销售过程，费用项目较多，大部分费用是变动费用，随着销售量的变化而变化。在分析时，应将营业费用的增减变动同销售量的增减变动结合起来考核，分析这些费用的发生和变动是否合理、正常。

（2）销售费用中有相当一部分费用的效益要在未来反映出来，如展览费、广告费等，对这类费用的分析应当连续几个时期进行，将销售费用与销售收入进行对比，如果销售收入的增长大于费用的增长，即使销售费用的绝对数是上升的，也属于正常情况；反之，则应强化费用的控制和管理。

3. 财务费用明细表的编制与分析

财务费用反映企业为筹集生产经营所需资金而发生的利息支出（减利息收入）、汇兑损失（减汇兑收益）以及相关的手续费等。财务费用明细表具体格式及内容如表 5-9 所示。

表 5-9 财务费用明细表

编制单位：特立企业　　　　　　　　　　　2021 年 12 月　　　　　　　　　　　　单位：元

项目	上年实际	本年计划	本年实际
利息支出（减利息收入）	68 000	82 000	83 000
汇兑损失（减汇兑收益）	38 200	44 000	45 600
手续费	8 000	12 000	13 200
其他	5 000	6 000	6 200
合计	119 200	144 000	148 000

财务费用是为筹集企业生产经营资金而发生的，费用的高低直接取决于企业的负债，特别是银行借款。因此，在分析财务费用时，必须结合企业的借款来进行。首先分析借款结构（长短期借款比例）、借款利率、借款期限与生产经营需要是否相符，看能否通过调整借款结构控制财务费用；其次应分析筹资成本、筹集资金带来的效益，看能否通过改变筹资渠道控制财务费用。

三、各项费用分析应注意的问题

企业在分析各项费用时应注意以下几个问题：

（1）要考虑国家法律法规制度的规定。凡是在有关制度中规定了开支比例和提取标准的费用项目，应首先进行分析，看该项目是否符合有关制度的规定。例如，管理费用中的业务招待费，是以年销售净额为基数，按一定比例确定支出数额。以企业年销售净额在 1 500 万元以下的为例，业务招待费的支出不得超过年销售净额的 0.5%，在对业务招待费项目进行分析时，就可以按有关规定来衡量其支出是否合理。

（2）要考虑业务量的变动对费用的影响。不能仅从某项费用绝对数的增减来评价该费用的控制情况，要联系与之相关的生产经营业务量的增减变化来评价。例如，营业费用中的宣传费、广告费，本期比上期增加了 5 000 元，不能简单地认为费用没有很好地加以控制，应结合主营业务收入的增减来加以评判，如果该项费用的增长速度小于收入的增长速度，则费用的增加是正常的，也是必要的。

（3）要遵循重要性原则。由于各项费用包括的项目都比较多，分析不能泛泛进行，应该选择费用比重较大、超支或节约数额较大的项目有重点地进行分析。

本章小结

本章主要讲述了成本报表的含义、特点，成本报表的种类和编制方法，各种成本报表分析的基本方法以及各种费用报表的编制与分析。

成本报表是企业根据日常产品成本和期间费用的核算资料以及其他有关资料编制的，以表格形式反映企业一定时期产品成本和期间费用水平及其构成情况的书面报告文件。主要包括生产成本表、主要产品单位成本表、制造费用明细表、期间费用（管理费用、销售费用、财务费用）明细表。成本报表与其他会计报表相比，具有三个特点：为内部管理服务；存在个性差异；综合反映管理水平。在编制成本报表时应符合报表的内容有针对性；数字真实，计算准确；指标一致，具有可比性；编报及时四个基本要求。

　　成本报表的分析主要包括产品生产成本表的分析、主要产品单位成本表的分析、制造费用的分析和期间费用的分析，成本报表分析方法包括成本报表整体分析法、指标分析法和因素分析法三大类，整体分析的方法有水平分析法、垂直分析法和趋势分析法，指标分析法有比较分析法和比率分析法，因素分析法有连环替代法和差额计算法等。

1. 什么是成本报表？成本报表的特点是什么？
2. 成本报表应如何分类？编制成本报表的基本要求是什么？
3. 产品生产成本表如何编制？
4. 主要产品单位成本表如何编制？
5. 简述成本报表分析的一般程序和方法。

第六章 成本性态及本量利分析

ITEM 6

教学目标

○ 了解成本性态的含义；
○ 熟悉在成本性态下的成本分类方法；
○ 掌握成本性态分析方法；
○ 掌握本量利分析方法。

知识导航

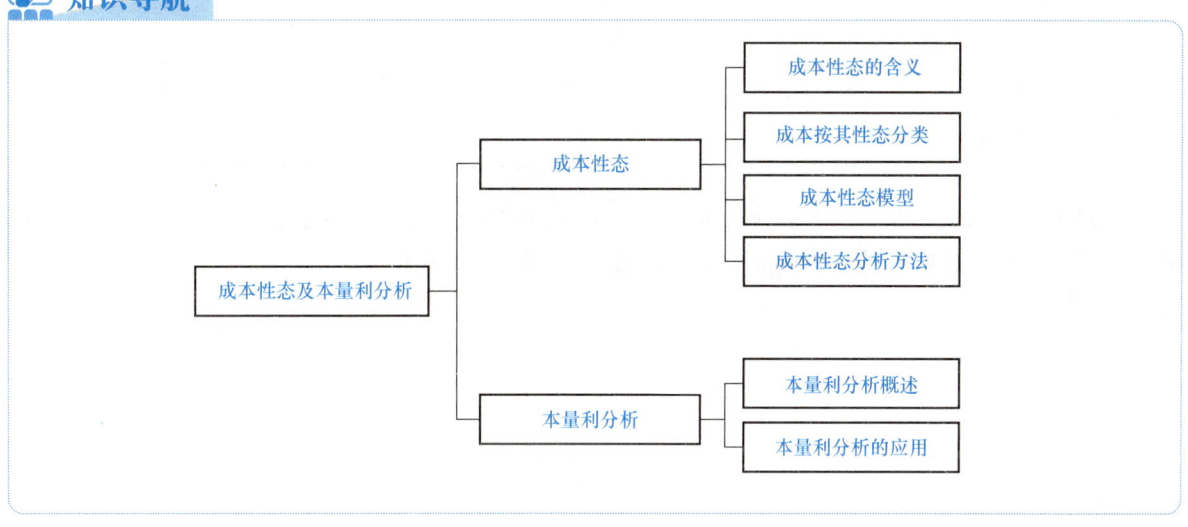

成本按性态分析是管理会计对成本分类的基本要求，由此产生的成本性态分析法成为管理会计方法的起点。在这一起点上，再将其与利润联系起来，就可以进行成本、业务量和利润三者之间的关系分析，从而为企业预测、决策分析以及规划和控制企业发展奠定坚实的基础。

第一节 成本性态

一、成本性态的含义

成本性态也称"成本习性"，是指成本总额与业务量（产量或销量）之间的依存关系。从成本性态来研究分析成本,目的是揭示成本与产量、销量等业务量之间的内在联系,考察当某特定的业务量变动时,与其相应的成本是否随之变动,从而从数量上具体把握产品成本与生产能力之间的规律性联系。

二、成本按其性态分类

成本按其性态可分为三类:变动成本、固定成本和混合成本。

(一)变动成本

变动成本是指成本总额随着业务量的增减变动成正比例变动的成本。变动成本的概念是就总额而言的,产品的单位变动成本不受业务量增减变动的影响,相对保持不变。直接材料、直接人工、制造费用中的产品包装费、按工作量计算的固定资产折旧费、按销量多少支付的销售佣金等都属于变动成本。

【例 6-1】特立企业生产甲产品,不同产量水平下的变动成本总额和单位变动成本如表 6-1 所示。

表 6-1 变动成本和业务量

产量(台)	变动成本总额(元)	单位变动成本(元/台)
10 000	200 000	20
20 000	400 000	20
30 000	600 000	20
40 000	800 000	20

从表 6-1 中可以看出,无论产量如何变动,产品的单位变动成本总是 20 元/台,而变动成本总额则与产量成正比例变动,这种依存关系如图 6-1 和图 6-2 所示。

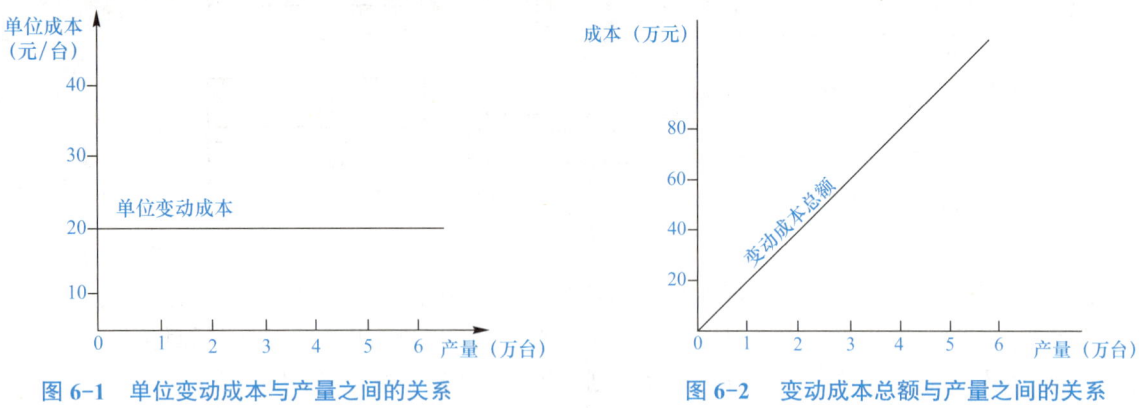

图 6-1 单位变动成本与产量之间的关系　　图 6-2 变动成本总额与产量之间的关系

根据变动成本与产量之间的关系,要想降低产品的变动成本,应从降低产品的单位消耗入手。

(二)固定成本

固定成本是指在一定时期和一定业务量范围内,其总额不随业务量的增减变动而变动的成本,如管理人员的工资、按直线法提计的固定资产折旧等。虽然固定成本总额不随业务量的增减变动而变动,保持相对固定,但单位业务量的固定成本却随业务量的增减变动而成反比例变动。

【例 6-2】特立企业的原材料仓库是租用的,按照租用合同,每月需向出租方缴纳租金 15 000 元。当产量(x)发生变化时,租金总成本(a)及单位产量的租金成本(a/x)的变动情况如表 6-2 所示。

表 6-2　固定成本和业务量

产量 x（件）	租金总成本 a（元）	单位产量的租金成本 a/x（元/件）
5 000	15 000	3.00
10 000	15 000	1.50
15 000	15 000	1.00
20 000	15 000	0.75

在【例 6-2】中，当产量从 5 000 件增加到 20 000 件时，每月的租金保持不变，均为 15 000 元，但单位产品分摊的租金却随着生产量的增加而逐步从 3.00 元下降到 1.5 元、1.00 元和 0.75 元。固定成本总额和单位固定成本与产量之间的关系如图 6-3 和图 6-4 所示。

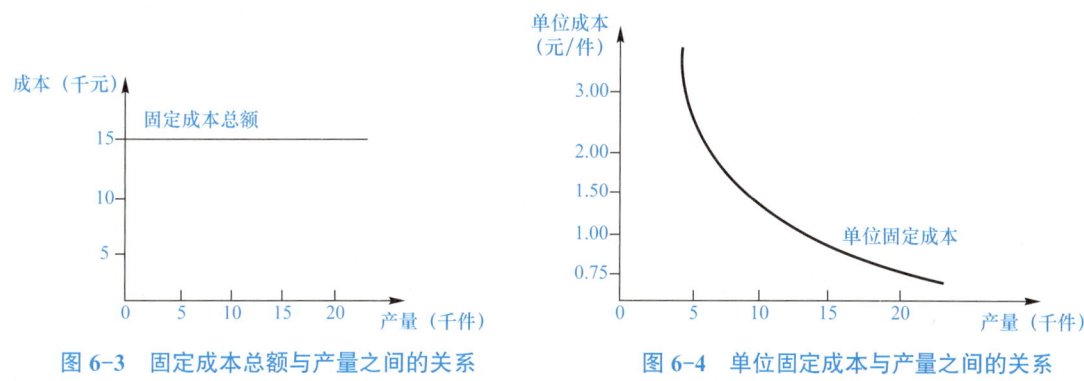

图 6-3　固定成本总额与产量之间的关系　　　　图 6-4　单位固定成本与产量之间的关系

固定成本按其是否受管理当局短期决策行为的影响，可进一步细分为约束性固定成本与酌量性固定成本两类。

约束性固定成本是指在日常经营活动中很难控制并改变其数额的固定成本。如厂房和机器设备的折旧费、保险费、财产税和管理人员的工资等。这类成本与企业生产能力的形成和正常维护相关，企业的生产能力一经形成，一般在短时期内难以出现较大变动，与之相关的成本也就相对稳定下来。固定成本是企业维持一定的生产能力所必须负担的最低成本，在一定生产量范围内，不随企业生产量变化而变化。只有当企业的资产数额增多或减少时，即经营能力改变，相应的约束性固定成本才会发生改变。要控制约束性固定成本，必须通过合理地利用生产能力提高产品产量，才能相对降低单位产品负担的固定成本。

酌量性固定成本是指企业管理部门在日常经营活动中可以控制并改变其数额的固定成本。如研发费用、职工培训费、广告宣传费等。这类成本的特点是其成本数额可以因高层管理人员的决定而作适当调整，其发生额同企业的产量并无直接联系。控制酌量性固定成本的方法是从实际出发，精打细算，厉行节约，不断降低其绝对额。

（三）混合成本

有些企业的业务量发生变化时，其成本总额会随业务量的变动而变动，但其变动的幅度并不同业务量的变化保持严格的比例，这类成本由于同时包含固定成本和变动成本两种成本，故称为混合成本。根据混合成本中变动成本和固定成本与业务量之间的关系，可将其进一步分为以下四种类型：

1. 半变动成本

这种混合成本通常有一个基数，与业务量的变动无关，这部分成本相当于固定成本；在此基数之上,随着业务量的增加,成本也会成正比例增加,这部分成本相当于变动成本。如电话费、水电费等,一般由供应单位规定一个每月的收费基数,不管企业使用量大小,都必须支付这个基数,在此基础上,再根据用量的大小和单价计算其余的部分。这种混合成本中变动成本的成分较多,故称为半变动成本。

半变动成本与业务量之间的关系如图 6-5 所示。

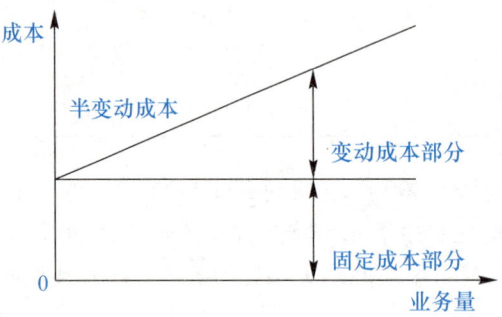

图 6-5　半变动成本与业务量之间的关系

2. 半固定成本

这种混合成本在一定业务量范围内的发生额是固定的,但当业务量的增长超过一定限度时,其发生额就会突然跃升到一个新的水平,然后在业务量增长的一定范围内,成本总额又会保持不变,直到另一个新的跳跃为止。如企业检测人员的基本工资、机器设备维修费用等就属于这类成本。这类成本称作半固定成本。半固定成本与业务量之间的关系如图 6-6 所示。

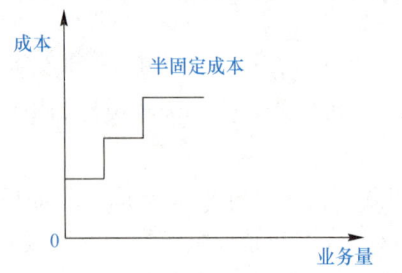

图 6-6　半固定成本与业务量之间的关系

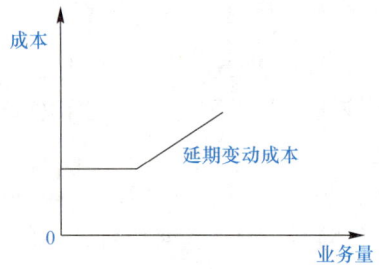

图 6-7　延期变动成本与业务量之间的关系

3. 延期变动成本

这种混合成本是指在一定的业务量范围内成本总额保持固定不变,但业务量超过一定范围后,成本总额则随业务量的增长而按比例增长。如职工的基本工资,在正常上班的情况下是不变的,当工作时间超出正常水准时,则要根据加班时间的长短按标准支付加班工资。这种成本称为延期变动成本。延期变动成本与业务量之间的关系如图 6-7 所示。

4. 曲线变动成本

这种成本通常有一个初始量,在一定条件下保持不变,相当于固定成本。在这个初始量的基础上,随着业务量的增加,成本总额呈非线性增加,表现为一条弯曲的线,故称为曲线变动成本。曲线变动成本可进一步分为递增型曲线变动成本和递减型曲线变动成本两种。

递增型曲线变动成本是指单位变动成本随业务量的增加而递增的变动成本。如累进计件工资等。递增型曲线变动成本与业务量之间的关系如图 6-8 所示。

递减型曲线变动成本是指单位变动成本随业务量的增加而递减的变动成本。如供货单位根据采购量的大小给予折扣的那部分原材料成本。递减型曲线变动成本与业务量之间的关系如图 6-9 所示。

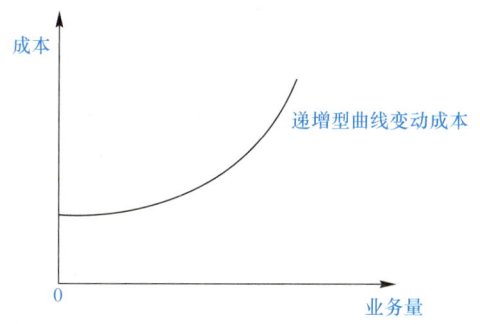

图 6-8　递增型曲线变动成本与业务量之间的关系

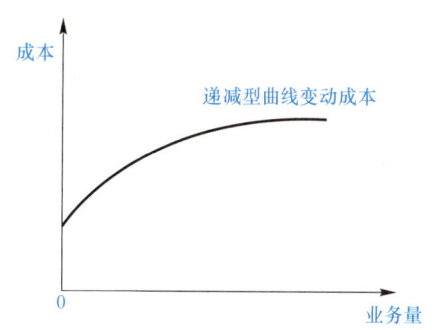

图 6-9　递减型曲线变动成本与业务量之间的关系

三、成本性态模型

管理会计根据成本状态将企业的全部成本划分为固定成本和变动成本两大类，因此总成本的表达式如下：

$$总成本＝固定成本总额＋变动成本总额$$
$$＝固定成本总额＋单位变动成本×业务量$$

用 y 代表总成本，a 代表固定成本总额，b 代表单位变动成本，x 代表业务量，则上述总成本公式可以表示为：$y=a+bx$。

这个成本函数式是一个直线方程式。将其绘制在坐标图上，如图 6-10 所示。

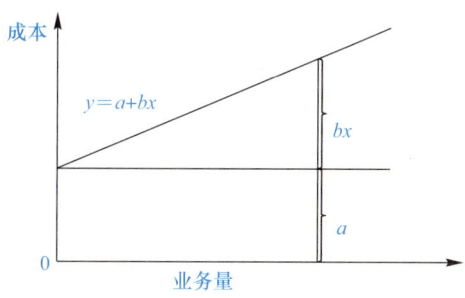

图 6-10　总成本性态模型

四、成本性态分析方法

成本性态分析，就是在成本按性态分类的基础上，按照一定的程序，采用一定的方法，最终将全部成本进一步分成变动成本和固定成本两部分。因此，必须采用适当的方法将混合成本分解，分别纳入变动成本和固定成本中。混合成本的分解，通常有以下几种方法：

（一）直接观察法

直接观察法是根据会计账簿中各半变动成本项目的性质，观察其比较接近于变动成本还是固定成本，从而直接认定其归属的方法。例如，燃料和动力费项目，虽然不与业务量成正比例，但费用变动与业务量的关系比较紧密，就可以直接作为变动成本处理；水电费、劳动保护费、低值易耗品摊销等项目，与业务量变动的关系不显著，基本上是固定的，就可以直接作为固定成本处理。

直接观察法比较简单，内容具体，还能借以检查成本高低的原因，但是，它仅凭观察人员的经验直观地分解成本，比较粗略，结果也不太准确。

（二）合同确认法

合同确认法是根据交易双方签订的合同中所规定的计价方法与合同提供的业务量之间的关系分析成本性态的一种定量分析方法。其中，将不论业务量多少均需支付的部分，即基数部分，划入固定成本；将按业务量计价的部分划入变动成本。

合同确认法的优点是成本性态分析比较准确，但其应用范围较小，只限于签有合同的生产经营项目的成本性态分析。

（三）资料分析法

1. 高低点法

高低点法是通过对若干期的历史资料进行分析，从中找出某一时期的最高产量和另一时期的最低产量，用两期相应的混合成本总额之差，除以最高产量与最低产量之差，求得变动率，即为单位变动成本，然后据以分解出混合成本中变动成本和固定成本的数额的一种方法。

设 y 代表一定时期的某项混合成本的总额，x 代表业务量，a 代表混合成本中的固定成本总额，b 代表单位变动成本，则混合总成本可以表示为：

$$y = a + bx$$

根据高低点法的基本原理，a、b 可按下列公式计算：

$$b = \frac{最高点业务量的成本 - 最低点业务量的成本}{最高点业务量 - 最低点业务量}$$

$$a = 最高点业务量的成本 - b \times 最高点业务量$$

或

$$a = 最低点业务量的成本 - b \times 最低点业务量$$

【例 6-3】特立企业 2021 年 1—6 月的设备维修费与业务量数据如表 6-3 所示。

表 6-3　设备维修费与业务量（1）

月份	业务量（机器小时）	维修费（元）
1	4 100	560
2	4 300	575
3	5 100	660
4	4 200	565
5	3 800	530
6	4 200	570

根据表 6-3，该企业业务量的最高点为 5 100 机器小时，业务量最低点为 3 800 机器小时。最高点业务量的成本为 660 元，最低点业务量的成本为 530 元。则：

$$b = \frac{660 - 530}{5\,100 - 3\,800} = 0.1（元/机器小时）$$

$$a = 660 - 0.1 \times 5\,100 = 150（元）$$

或

$$a = 530 - 0.1 \times 3\,800 = 150（元）$$

根据计算出的 a 和 b 的值，维修费变动趋势的直线方程可写成：

$$y = 150 + 0.1x$$

2. 散布图法

散布图法是将若干历史时期的混合成本的数据逐一在坐标图上标明，形成若干个散布点，然后通过目测的方法画出一条尽量与上下两侧各点距离相等的目测变化趋势线，该直线即可近似地表示出业务量与成本之间的关系的一种成本性态分析方法。该直线与纵轴的交点是固定成本的总额，表示业务量为零时应承担的成本数额；直线的斜率表示单位变动成本。

【例 6-4】特立企业 2021 年 7—12 月的设备维修费与业务量数据如表 6-4 所示。

表 6-4　设备维修费与业务量（2）

月份	业务量（千机器小时）	维修费（元）
7	7	130
8	9	135
9	5	105
10	8	125
11	10	140
12	6	120

根据表 6-4 中的业务量和设备维修费的数据绘制散布图，如图 6-11 所示。

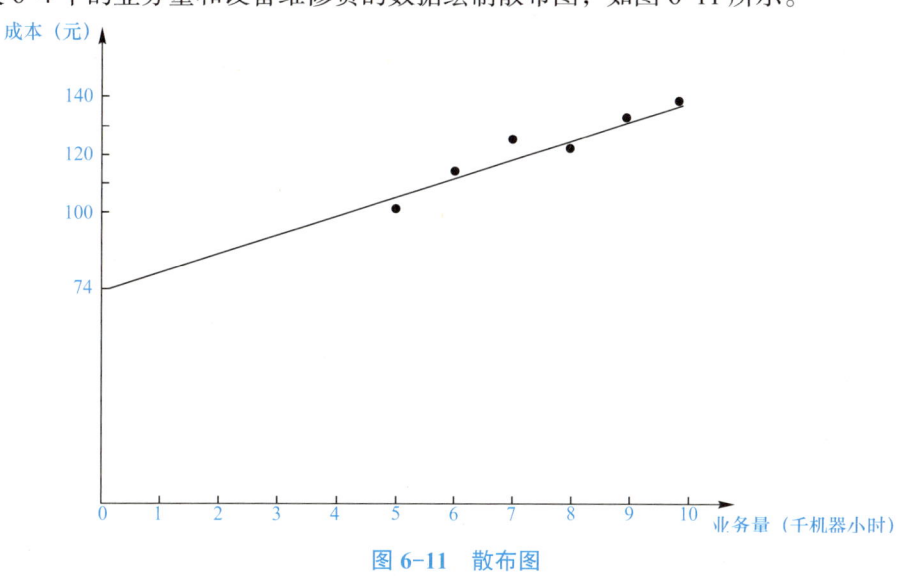

图 6-11　散布图

从图 6-11 中可以看出，直线与纵坐标的交点即为混合成本中的固定成本（a），大约为 74 元，直线的斜率即单位变动成本 b。单位变动成本的值可以通过将任意一期的 x 与 y 的值代入下列公式计算求得：

$$b = \frac{y - a}{x}$$

代入公式的 x 和 y 的值可以是直线上任意一点的值，通常 x 的值取较大一些为好。【例 6-4】中，我们取 x 值为 10 千机器小时，相应的 y 值为 140 元，则

$$b = \frac{140 - 74}{10} = 6.6（元 / 千机器小时）$$

根据计算出的 a 和 b 的值，维修费变动趋势的直线方程如下：

$$y = 74 + 6.6x$$

3. 回归直线法

回归直线法是根据过去若干历史时期的业务量和成本总额的资料，运用最小二乘法的原理，建立反映成本和业务量之间关系的回归直线方程，并据此确定混合成本中的固定成本和变动成本的一

种定量分析方法。

假设共有 n 期业务量和成本的资料，用 x 代表业务量，y 代表某项混合成本，a 代表混合成本中的固定成本部分，b 代表单位变动成本。它们之间的关系可以用直线方程 $y = a + bx$ 来表示，只要 x 与 y 之间基本保持线性关系，就可以运用最小二乘法的原理求出 a 和 b 的值，最终确立该项业务的成本与业务量之间变动趋势的直线方程。a、b 的值可按如下公式计算：

$$a = \frac{\sum y - b\sum x}{n}$$

$$b = \frac{n\sum xy - \sum x\sum y}{n\sum x^2 - (\sum x)^2}$$

【例 6-5】仍以【例 6-4】的资料说明回归直线法的具体运用。为了方便计算，先对有关资料进行加工，如表 6-5 所示。

表 6-5　设备维修费与业务量（3）

月份	业务量（x）（千机器小时）	维修费（y）（元）	xy	x^2
7	7	130	910	49
8	9	135	1 215	81
9	5	105	525	25
10	8	125	1 000	64
11	10	140	1 400	100
12	6	120	720	36
$n = 6$	$\sum x = 45$	$\sum y = 755$	$\sum xy = 5\ 770$	$\sum x^2 = 355$

注：表中数据由表 6-4 整理得到。

根据表 6-5 的资料计算可得：

$$b = 6.14（元/千机器小时）$$
$$a = 79.78（元）$$

根据上述计算结果，采用回归直线法计算出的设备维修费变动趋势的直线方程为 $y = 79.78 + 6.14x$。

与高低点法和散布图法相比，回归直线法由于运用了最小二乘法的原理，计算过程更科学，因而计算结果相对来说也最精确。

第二节　本量利分析

一、本量利分析概述

本量利分析是成本—产量（或销售量）—利润依存关系分析的简称，也称为 CVP 分析。它是在变动成本计算模式的基础上，以数学化的会计模型与图文来揭示固定成本、变动成本、销售量、单价、销售额、利润等变量之间的内在规律性的联系，为会计预测决策和规划提供必要的财务信息的一种定量分析方法。本量利分析（CVP 分析）又称量本利分析（VCP 分析），着重研究销售数量、价格、成本和利润之间的数量关系。它所提供的原理、方法在管理会计中有着广泛的用途，同时它又是企业进行决策、计划和控制的重要工具。

（一）本量利分析的基本假设

在现实经济生活中，成本、销售数量、价格和利润之间的关系非常复杂。例如，成本与业务量之间可能呈线性关系，也可能呈非线性关系；销售收入与销售量之间也不一定呈线性关系，因为售价可能发生变动。为了建立本量利分析理论，必须对上述复杂关系做一些基本假设，由此来严格限定本量利分析的范围，对于不符合这些基本假设的情况，可以进行本量利扩展分析。

1. 相关范围和线性关系假设

由于本量利分析是在成本性态分析基础上发展起来的，所以成本性态分析的基本假设也就成为本量利分析的基本假设，也就是在相关范围内，固定成本总额保持不变，变动成本总额随业务量变化成正比例变化，前者用数学模型来表示就是 $y=a$，后者用数学模型来表示就是 $y=bx$，所以，总成本与业务量呈线性关系，即 $y=a+bx$。相应地，假设售价也在相关范围内保持不变，这样，销售收入与销售量之间也呈线性关系，用数学模型来表示就是以售价为斜率的直线 $y=px$（p 为销售单价）。这样，在相关范围内，成本与销售收入均表现为直线。

有了相关范围和线性关系这种假设，就把相关范围之外成本和销售收入分别与业务量呈非线性关系的实际情况排除在外了。但在实际经济活动中，成本、销售收入和业务量之间却存在非线性关系。为了解决这一问题，将在后面放宽这些假设，讨论非线性条件下的情况。

2. 品种结构稳定假设

该假设是指在一个生产和销售多种产品的企业里，每种产品的销售收入占总销售收入的比重不会发生变化。但在现实经济生活中，企业很难始终按照一个固定的品种结构来销售产品，如果销售产品的品种结构发生较大变动，必然导致利润与原来品种结构不变假设下预计的利润有很大差别。有了这种假定，就可以使企业管理人员关注价格、成本和业务量对营业利润的影响。

3. 产销平衡假设

所谓产销平衡，就是企业生产出来的产品总是可以销售出去，能够实现生产量等于销售量。在这一假设下，本量利分析中的量就是指销售量而不是生产量，进一步讲，在销售价格不变时，这个量就是指销售收入。但在实际经济生活中，生产量可能会不等于销售量，这时产量因素就会对本期利润产生影响。

正因为本量利分析建立在上述假设基础上，所以一般只适用于短期分析。在实际工作中应用本量利分析原理时，必须从动态的角度去分析企业生产经营条件、销售价格、品种结构和产销平衡等因素的实际变动情况，调整分析结论，并积极应用动态分析和敏感性分析等技术来突破本量利分析的局限性。

（二）本量利之间的基本关系

（1）在销售总成本已定的情况下，盈亏平衡点的高低取决于单位售价的高低。单位售价越高，盈亏平衡点越低；单位售价越低，盈亏平衡点越高。

（2）在销售收入已定的情况下，盈亏平衡点的高低取决于固定成本和单位变动成本的高低。固定成本越高，或单位变动成本越高，则盈亏平衡点越高；反之，盈亏平衡点越低。

（3）在盈亏平衡点不变的前提下，销售量越大，企业实现的利润越多（或亏损越少）；销售量越小，企业实现的利润越少（或亏损越多）。

（4）在销售量不变的前提下，盈亏平衡点越低，企业能实现的利润越多（或亏损越少）；盈亏平衡点越高，企业能实现的利润越少（或亏损越多）。

（三）本量利分析的常用指标

本量利分析时常用到贡献毛益指标，贡献毛益是指产品的销售收入扣除变动成本之后的金额，表明该产品为企业做出的贡献，也称贡献边际、边际利润或创利额，是用来衡量产品盈利能力的一项重要指标。由于变动成本分为制造产品过程中发生的变动生产成本和非制造产品过程中发生的变动非生产成本,所以贡献毛益也可以分为制造贡献毛益和营业贡献毛益两种,本书中如无特别说明,贡献毛益就是指扣除了全部变动成本的营业贡献毛益。贡献毛益可以用总额表示,也可以用单位贡献毛益和贡献毛益率表示。

1. 贡献毛益总额

贡献毛益总额是指产品销售收入总额与变动成本总额之间的差额。用公式表示为:

$$贡献毛益总额 = 销售收入总额 - 变动成本总额$$

由于"税前利润=销售收入总额-变动成本总额-固定成本=贡献毛益总额-固定成本",所以贡献毛益总额可以表示为:

$$贡献毛益总额 = 税前利润 + 固定成本$$

2. 单位贡献毛益

单位贡献毛益是指单位产品售价与单位变动成本的差额。用公式表示为:

$$单位贡献毛益 = 销售单价 - 单位变动成本$$

该指标反映每销售一件产品所带来的贡献毛益。

3. 贡献毛益率

贡献毛益率是指贡献毛益总额占销售收入总额的百分比,或单位贡献毛益占单价的百分比。用公式表示为:

$$贡献毛益率 = 贡献毛益总额 / 销售收入总额 \times 100\%$$
$$= 单位贡献毛益 / 单价 \times 100\%$$

由上式可知,该指标反映每百元销售收入所创造的贡献毛益。

与贡献毛益率相关的另一个指标是变动成本率。变动成本率是指变动成本总额占销售收入总额的百分比或单位变动成本占单价的百分比。用公式表示为:

$$变动成本率 = 变动成本总额 / 销售收入总额 \times 100\%$$
$$= 单位变动成本 / 单价 \times 100\%$$

将变动成本率与贡献毛益率两个指标联系起来,可以得出:

$$贡献毛益率 + 变动成本率 = 1$$

由此可以推出:

$$贡献毛益率 = 1 - 变动成本率$$

或

$$变动成本率 = 1 - 贡献毛益率$$

可见,变动成本率与贡献毛益率两者是互补的。企业变动成本率越高,贡献毛益率就越低;变动成本率越低,贡献毛益率就越高。

二、本量利分析的应用

本量利分析可以用于企业的预测和决策。具体来说,本量利分析主要有保本分析、保利分析和经营安全程度分析等。

(一)保本分析

保本分析就是确定盈亏平衡点。盈亏平衡点也称损益两平点、盈亏临界点等,是指刚好使企业经营达到不盈不亏状态的销售量(额)。此时,企业的销售收入恰好弥补全部成本,企业的利润等于零。盈亏平衡点分析就是根据销售收入、成本和利润等因素之间的函数关系,分析企业如何达到不盈不亏状态。也就是说,销售价格、销售量以及成本因素都会影响企业的盈亏状态。通过盈亏平衡点分析，企业可以预测售价、成本、销售量以及利润情况并分析这些因素之间的相互影响，从而加强经营管理。企业可以根据所销售产品的实际情况，计算盈亏平衡点。

1. 盈亏平衡点计算

（1）单一产品的盈亏平衡点分析。企业只销售单一产品，则该产品的盈亏平衡点计算比较简单。根据本量利分析的基本公式可以得出税前利润的计算公式为：

$$税前利润 = 销售收入 - 总成本 = 销售单价 \times 销售量 - （变动成本 + 固定成本）$$
$$= 销售单价 \times 销售量 - 单位变动成本 \times 销售量 - 固定成本$$

企业不盈不亏时，利润为零，此时的销售量就是企业的盈亏平衡点销售量。其计算公式为：

$$盈亏平衡点销售量 = 固定成本 /（销售单价 - 单位变动成本）$$
$$= 固定成本 / 单位贡献毛益$$

盈亏平衡点销售额的计算公式为：

$$盈亏平衡点销售额 = 盈亏平衡点销售量 \times 销售单价$$
$$= 固定成本 / 贡献毛益率$$

【例6-6】假设特立企业只生产和销售一种产品，该产品的市场售价预计为100元/件，该产品单位变动成本为20元/件，固定成本为32 000元，则盈亏平衡点的销售量为：

$$保本销售量 = 32\,000 \div （100 - 20）= 400（件）$$

相应地，可以算出盈亏平衡点的销售额：

$$保本销售额 = 100 \times 400 = 40\,000（元）$$

（2）多品种的盈亏平衡点的计算。在现实经济生活中，大部分企业生产经营的产品不止一种。在这种情况下，企业的盈亏平衡点就不能用实物单位表示，因为不同产品的实物计量单位是不同的，把这些计量单位不同的产品销量加在一起是没有意义的。所以，在企业产销多种产品的情况下，只能用金额来表示企业的盈亏平衡点，即只能计算企业盈亏平衡点的销售额。通常计算多品种企业盈亏平衡点的方法有综合贡献毛益率法、联合单位法、主要品种法和分算法等。

1）综合贡献毛益率法。所谓综合贡献毛益率法，是指将各种产品的贡献毛益率按照其各自的销售比重这一权数进行加权平均，得出综合贡献毛益率，然后据此计算企业的盈亏平衡点销售额和每种产品的盈亏平衡点的方法。具体计算步骤如下：

第一步，计算综合贡献毛益率。

首先，计算各种产品的销售比重，这里的销售比重是销售额的比重而不是销售量的比重。计算公式为：

$$某种产品的销售比重 = 该种产品的销售额 / 全部产品的销售总额 \times 100\%$$

其次，计算综合贡献毛益率。计算公式为：

$$综合贡献毛益率 = \sum（各种产品贡献毛益率 \times 该种产品的销售比重）$$
$$= 各种产品贡献毛益额之和 / 销售收入总额$$

第二步，计算企业盈亏平衡点销售额。计算公式为：

$$盈亏平衡点销售额 = 企业固定成本总额 / 综合贡献毛益率$$

第三步，计算各种产品盈亏平衡点销售额。计算公式为：

$$某种产品盈亏平衡点销售额 = 企业盈亏平衡点销售额 \times 该种产品的销售比重$$

【例6-7】特立企业销售甲、乙、丙三种产品，全年预计固定成本总额为210 000元，预计销售量分别为8 000件、5 000台和10 000件，预计销售单价分别为25元/件、80元/台、40元/件，单位变动成本分别为15元/件、50元/台、28元/台，则该企业的盈亏平衡点是多少？

第一步，计算综合贡献毛益率。

全部产品销售总额＝8 000×25＋5 000×80＋10 000×40＝1 000 000（元）

甲产品的销售比重＝8 000×25÷1 000 000×100%＝20%

乙产品的销售比重＝5 000×80÷1 000 000×100%＝40%

丙产品的销售比重＝10 000×40÷1 000 000×100%＝40%

甲产品的贡献毛益率＝（25－15）÷25×100%＝40%

乙产品的贡献毛益率＝（80－50）÷80×100%＝37.5%

丙产品的贡献毛益率＝（40－28）÷40×100%＝30%

综合贡献毛益率＝40%×20%＋37.5%×40%＋30%×40%＝35%

第二步，计算企业盈亏平衡点销售额。

盈亏平衡点销售额＝企业固定成本总额/综合贡献毛益率＝210 000÷35%＝600 000（元）

第三步，将企业盈亏平衡点销售额分解为各种产品盈亏平衡点销售额和销售量。

甲产品盈亏平衡点销售额＝600 000×20%＝120 000（元）

乙产品盈亏平衡点销售额＝600 000×40%＝240 000（元）

丙产品盈亏平衡点销售额＝600 000×40%＝240 000（元）

甲产品盈亏平衡点销售量＝120 000÷25＝4 800（件）

乙产品盈亏平衡点销售量＝240 000÷80＝3 000（台）

丙产品盈亏平衡点销售量＝240 000÷40＝6 000（件）

综合贡献毛益率的大小反映了企业全部产品的整体盈利能力高低，企业若要提高全部产品的整体盈利水平，可以调整各种产品的销售比重，或者提高各种产品自身的贡献毛益率。

2）联合单位法。所谓联合单位法，是指企业各种产品之间存在相对稳定的产销量比例关系，可将这一比例关系的产品组合视同一个联合单位，然后确定每一联合单位的售价和单位变动成本，以进行多品种的盈亏平衡点分析。如企业A、B、C三种产品，其销量比为1∶2∶3，则这三种产品的组合就构成一个联合单位。然后按照销量比来计算各种产品共同构成的联合单价和联合单位变动成本。即

联合销售单价＝A产品单价×1＋B产品单价×2＋C产品单价×3

联合单位变动成本＝A产品单位变动成本×1＋B产品单位变动成本×2＋

C产品单位变动成本×3

然后就可以计算出联合保本量，即

联合保本量＝固定成本/（联合销售单价－联合单位变动成本）

某产品保本量＝联合保本量×该产品销量比

这种方法主要适用于有严格产出规律的联产品生产企业。

【例6-8】仍按【例6-7】资料，联合销售单价、联合单位变动成本、联合保本量、各种产品的保本量和保本额计算如下：

甲、乙、丙产品销量比＝1∶0.625∶1.25

联合销售单价＝1×25＋0.625×80＋1.25×40＝125（元/联合单位）

联合单位变动成本＝1×15＋0.625×50＋1.25×28＝81.25（元/联合单位）

联合保本量＝210 000÷（125－81.25）＝4 800（联合单位）

甲产品保本量＝4 800×1＝4 800（件）

甲产品保本额＝4 800×25＝120 000（元）

乙产品保本量＝4 800×0.625＝3 000（台）

乙产品保本额＝3 000×80＝240 000（元）

丙产品保本量＝4 800×1.25＝6 000（件）

丙产品保本额＝6 000×40＝240 000（元）

3）主要品种法。如果企业生产经营的多种产品中，有一种产品为企业提供的贡献毛益占企业贡献毛益总额的比重很大，而其他产品为企业提供的贡献毛益比重较小，则可以将这种产品认定为主要品种。此时，企业的固定成本几乎由主要产品来负担，所以，可以根据这种产品的贡献毛益率计算企业的盈亏平衡点。当然，用这种方法计算出来的企业的盈亏平衡点可能不十分准确。如果企业产品品种主次分明，就可以采用这种方法。

4）分算法。分算法是指在一定条件下，企业可以将全部固定成本按一定标准在各种产品之间进行分配，然后对每一个品种分别进行盈亏平衡点分析的方法。全部固定成本中的专属固定成本直接划归某种产品负担，共同固定成本则要按照一定标准（如产品重量、体积、长度、工时、销售额等）分配给各种产品。分算法要求企业能够客观分配固定成本，如果不能做到客观，则可能使计算结果出现误差。这种方法可以给企业管理当局提供各产品计划和控制所需要的资料。

2. 盈亏平衡点的作业率

盈亏平衡点作业率也称保本作业率、危险率，是指企业盈亏平衡点销售量（额）占现有或预计销售量（额）的百分比。该指标越小，表明用于保本的销售量（额）越低；反之，则越高。其计算公式为：

盈亏平衡点作业率＝盈亏平衡点销售量（额）/ 现有或预计销售量（额）

如在【例6-6中】，假定企业预计销售量是1 000件，则盈亏平衡点的作业率为40%（400/1 000×100%）。这说明，企业的作业率只有超过40%时，才能盈利，否则就会亏损。某些西方企业用该指标来评价企业经营的安全程度。

（二）保利分析

前面盈亏平衡点分析是研究企业利润为零时的情况。而企业的目标是获取利润，所以，下面将分析企业实现目标利润时的情况。

1. 保利点及其计算

所谓保利点是指企业为实现目标利润而要达到的销售量或销售额。保利点具体可用保利量和保利额两个指标表示。

根据本量利分析的基本公式：

目标利润＝销售单价 × 保利量 － 单位变动成本 × 保利量 － 固定成本

可得：

保利量＝（固定成本＋目标利润）/（销售单价－单位变动成本）＝（固定成本＋目标利润）/ 单位贡献毛益

相应地，可得：

保利额＝销售单价 × 保利量＝（固定成本＋目标利润）/ 贡献毛益率＝（固定成本＋目标利润）/（1－变动成本率）

这里的目标利润是指尚未扣除所得税的利润。

【例6-9】假设某企业只生产和销售一种产品，该产品售价为80元/件，单位变动成本为30元/件，固定成本为30 000元，目标利润为20 000元。则

保利量＝（固定成本＋目标利润）/（销售单价－单位变动成本）
＝（30 000＋20 000）/（80－30）＝1 000（件）

保利额＝（固定成本＋目标利润）/ 贡献毛益率＝（30 000＋20 000）/62.5%＝80 000（元）

2. 保净利点及其计算

由于税后利润（净利润）是影响企业生产经营现金流量的真正因素，所以，进行税后利润的规

划和分析更符合企业生产经营的需要。因此，应该进行保净利点的计算。保净利点是指实现目标净利润的业务量。其中，目标净利润就是目标利润扣除所得税后的利润。保净利点可以用保净利量和保净利额两个指标表示。

$$目标净利润 = 目标利润 \times (1 - 所得税税率)$$
$$目标利润 = 目标净利润 / (1 - 所得税税率)$$
$$保净利量 = [固定成本 + 目标净利润 / (1 - 所得税税率)] / (销售单价 - 单位变动成本)$$
$$保净利额 = [固定成本 + 目标净利润 / (1 - 所得税税率)] / 贡献毛益率$$

【例6-10】仍按【例6-9】中的资料，另外，假定目标净利润为15 000元，所得税税率为25%。

$$保净利量 = [30\,000 + 15\,000/(1-25\%)]/(80-30) = 1\,000（件）$$
$$保净利额 = [30\,000 + 15\,000/(1-25\%)]/62.5\% = 80\,000（元）$$

从盈亏平衡点、保利点和保净利点公式可以看出，它们的共同之处在于，凡是计算销售量指标时，分母都是单位贡献毛益；凡计算销售额指标时，分母都是贡献毛益率。它们的不同之处在于，各公式的分子项目不完全相同。

（三）经营安全程度分析

在成本管理会计中常用安全边际的大小来衡量企业的经营安全程度。所谓安全边际是指现有或预计销售量（额）超过盈亏平衡点销售量（额）的部分。超出部分越大，企业发生亏损的可能性越小，发生盈利的可能性越大，企业经营就越安全。安全边际越大，企业经营风险越小。衡量企业安全边际大小的指标有两个，它们是安全边际量（额）和安全边际率。

$$安全边际量（额） = 现有或预计销售量（额） - 盈亏平衡点销售量（额）$$
$$安全边际率 = 安全边际量（额） / 现有或预计销售量（额） \times 100\%$$

安全边际率与盈亏平衡点的作业率之间的关系为：

$$安全边际率 + 盈亏平衡点的作业率 = 1$$

如在【例6-6】中，假定企业预计销售量是1 000件，则

安全边际量 = 1 000 - 400 = 600（件），安全边际额 = 600×100 = 60 000（元）

$$安全边际率 = 600 \div 1\,000 \times 100\% = 60\%$$

西方国家一般用安全边际率来评价企业经营的安全程度。下面列示了安全边际的经验数据，如表6-6所示。

表6-6 利用安全边际评价企业经营安全程度的一般标准

安全边际率	10%以下	10%~20%	20%~30%	30%~40%	40%以上
安全程度	危险	值得注意	比较安全	安全	很安全

安全边际能够为企业带来利润。我们知道，盈亏平衡点的销售额除了弥补产品自身的变动成本外，刚好能够弥补企业的固定成本，不能给企业带来利润。只有超过盈亏平衡点的销售额，才能在扣除变动成本后，不必再弥补固定成本，而是直接形成企业的税前利润。用公式表示为：

$$税前利润 = 销售单价 \times 销售量 - 单位变动成本 \times 销售量 - 固定成本$$
$$= (安全边际销售量 + 盈亏平衡点销售量) \times 单位贡献毛益 - 固定成本$$
$$= 安全边际销售量 \times 单位贡献毛益$$
$$= 安全边际销售额 \times 贡献毛益率$$

将上式两边同时除以销售额可以得出：

$$税前利润率 = 安全边际率 \times 贡献毛益率$$

（四）本量利关系图

将成本、业务量、销售单价之间的关系反映在平面直角坐标系中就形成本量利关系图。通过这种图形，可以非常清楚而直观地反映出固定成本、变动成本、销售量、销售额、盈亏平衡点、利润区、亏损区、贡献毛益和安全边际等。根据数据的特征和目的，本量利关系图可以分为传统式、贡献毛益式和利量式图形三种。

（1）传统式本量利关系图是最基本、最常见的本量利关系图形。其绘制方法如下：

1）在直角坐标系中，以横轴表示销售量，以纵轴表示成本和销售收入。

2）绘制固定成本线。在纵轴上找出固定成本数值，以此为起点，绘制一条与横轴平行的固定成本线。

3）绘制总成本线。以（0，固定成本数值）为起点，以单位变动成本为斜率，绘制总成本线。

4）绘制总收入线。以坐标原点（0，0）为起点，以销售单价为斜率，绘制总收入线。

这样，绘制出的总成本线和总收入线的交点就是盈亏平衡点（BEP）。

图6-12直观、形象而又动态地反映了销售量、成本和利润之间的关系。

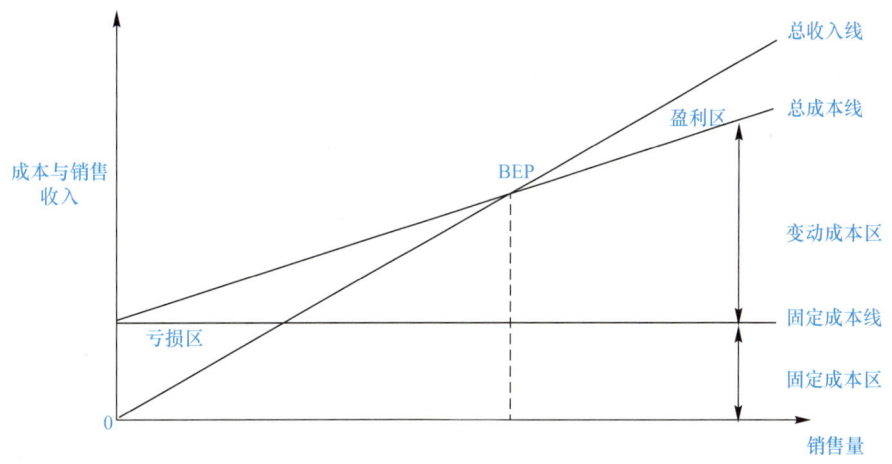

图 6-12　传统式本量利关系图

（2）贡献毛益式本量利关系图。贡献毛益式本量利关系图是一种将固定成本置于变动成本之上，能够反映贡献毛益形成过程的图形，这一点是传统式本量利关系图所不具备的。该图的绘制程序是：先从原点出发分别绘制总收入线和变动成本线；然后以纵轴上的（0，固定成本数值）为起点绘制一条与变动成本线平行的总成本线。这样，总成本线和总收入线的交点就是盈亏平衡点（BER）。

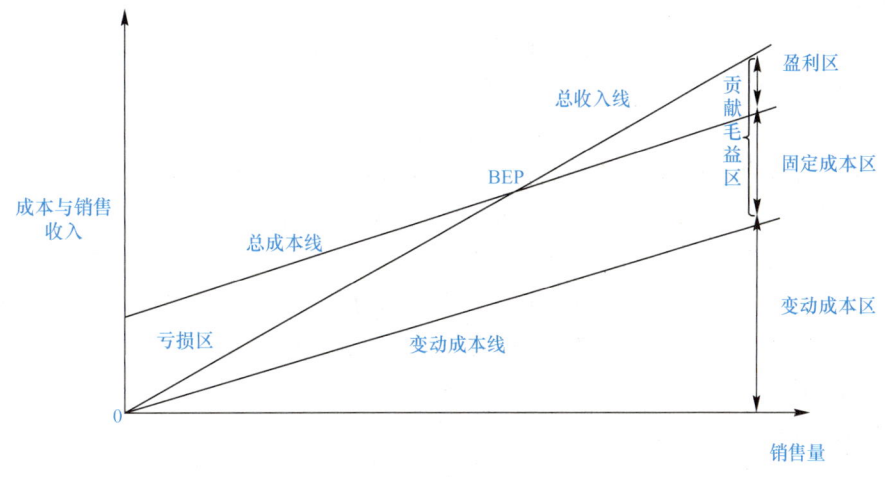

图 6-13　贡献毛益式本量利关系图

图 6-13 能够清楚地反映出贡献毛益的形成过程。总收入线与变动成本线之间所夹区域为贡献毛益区。当贡献毛益正好等于固定成本时，企业达到不盈不亏状态；当贡献毛益超过盈亏平衡点并大于固定成本时，企业获得利润；当贡献毛益没有达到盈亏平衡点时，企业发生亏损。该图能够反映"利润＝贡献毛益－固定成本"的含义，也更符合变动成本法的思路。

（3）利量式本量利关系图。利量式本量利关系图是反映利润与销售量之间依存关系的图形。在图中的平面直角坐标系中，以横轴代表销售量，以纵轴代表利润（或亏损）。该图的绘制程序是：在纵轴原点以下部分找到与固定成本总额相等的点（0，固定成本数值），该点表示业务量等于零时，亏损额等于固定成本；从点（0，固定成本数值）出发画出利润线，该线的斜率是单位贡献毛益。利润线与横轴的交点即为盈亏平衡点。

图 6-14 能直观反映业务量与利润、贡献毛益和固定成本之间的关系。当销售量为零时，企业的亏损就等于固定成本，随着销售量的增长，亏损越来越少，当销售量超过盈亏平衡点时，企业开始出现利润，而且销售量越大，利润越多。可见，这种简单明了的图形更容易让企业管理人员理解。

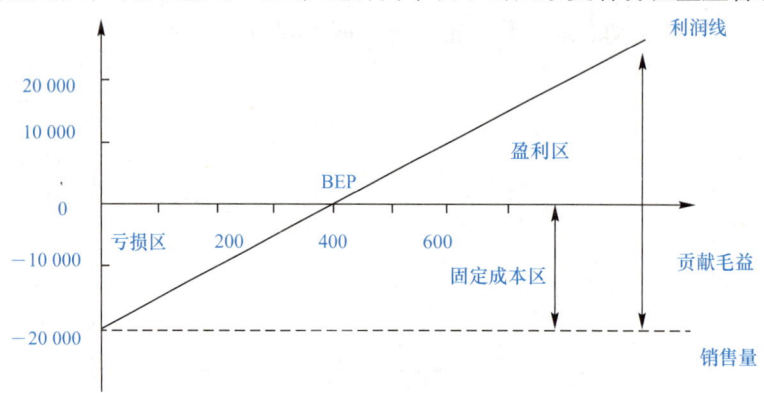

图 6-14　利量式本量利关系图

（五）相关因素变动对盈亏平衡点和保利点的影响

前面进行本量利分析时，销售单价、单位变动成本、固定成本、目标利润都是不变的，当这些因素变动时，对盈亏平衡点和保利点会产生很大影响。

1. 销售单价单独变动对盈亏平衡点和保利点的影响

从盈亏平衡点和保利点的计算公式来看，销售单价提高会使单位贡献毛益和贡献毛益率上升，也就是盈亏平衡点和保利点的计算公式的分母增大，因此，销售单价提高会降低盈亏平衡点和保利点；销售单价降低，则情况相反。

从传统式和贡献毛益式本量利关系图来看，销售单价提高表明总收入线斜率增大，而总成本线不变，所以两线交点下降，即盈亏平衡点和保利点降低；销售单价降低，则情况相反。

2. 单位变动成本单独变动对盈亏平衡点和保利点的影响

从盈亏平衡点和保利点的计算公式来看，单位变动成本上升会使单位贡献毛益和贡献毛益率下降，也就是盈亏平衡点和保利点计算公式的分母变小，因此，单位变动成本上升会提高盈亏平衡点和保利点；单位变动成本下降，则情况相反。

从传统式和贡献毛益式本量利关系图来看，单位变动成本提高表明总成本线斜率增大，而总收入线不变，所以，两线交点上升，即盈亏平衡点和保利点提高；单位变动成本降低，则情况相反。

3. 固定成本单独变动对盈亏平衡点和保利点的影响

从盈亏平衡点和保利点的计算公式来看，固定成本上升会使盈亏平衡点和保利点的计算公式的分子增大，因此，固定成本上升会提高盈亏平衡点和保利点；固定成本下降，则情况相反。

从传统式和贡献毛益式本量利关系图来看，固定成本提高表明总成本线截距增大，而总成本线斜率不变，总收入线斜率也不变，所以，两线交点上升，即盈亏平衡点和保利点提高；固定成本降低，则情况相反。

4. 目标利润单独变动对保利点的影响

目标利润的变动只影响保利点而不影响盈亏平衡点。企业预计达到的目标利润提高时，保利点提高；预计达到的目标利润降低时，保利点降低。

本章小结

本章主要介绍了成本性态及本量利分析的基本知识。成本性态是指在一定时间和一定业务量范围内成本总额与业务量之间的依存关系，成本总额随业务量变动成正比例变动的即为变动成本，不随业务量变动而变动的即为固定成本。成本性态模型为 $y = a + bx$。成本性态分析的方法有直接观察法、合同确认法和资料分析法（高低点法、散布图法和回归直线法）。本量利分析是成本—产量（或销售量）—利润依存关系分析的简称，也称为 CVP 分析。它是在变动成本计算模式的基础上，以数学化的会计模型与图文来揭示固定成本、变动成本、销售量、单价、销售额、利润等变量之间的内在规律性的联系，为会计预测决策和规划提供必要的财务信息的一种定量分析方法。本量利分析必须遵循三大基本假设：相关范围和线性关系假设、品种结构稳定假设、产销平衡假设。常用的分析指标是贡献毛益总额、单位贡献毛益、贡献毛益率和变动成本率。常用的分析方法有保本分析法、保利分析法和经营安全程度分析法。产品销售单价变动、固定成本变动、单位变动成本变动对企业保本点和保利点都会产生重要的影响。衡量企业经营安全程度的指标主要有两类：一类是安全边际和安全边际率，另一类是保本作业率。

复习思考题

1. 什么是成本性态？成本如何按性态分类？
2. 变动成本、固定成本和混合成本的基本特征分别是什么？
3. 成本性态分析的方法有哪些？
4. 什么叫本量利分析？本量利分析的基本假设有哪几个？
5. 什么是安全边际、安全边际率和保本作业率？各指标之间有什么关系？

第七章 变动成本法

ITEM 7

教学目标

○ 熟悉变动成本法的概念和理论依据；
○ 熟悉变动成本法与完全成本法的区别；
○ 掌握变动成本法和完全成本法下税前利润计算；
○ 掌握变动成本法的优缺点及其应用。

知识导航

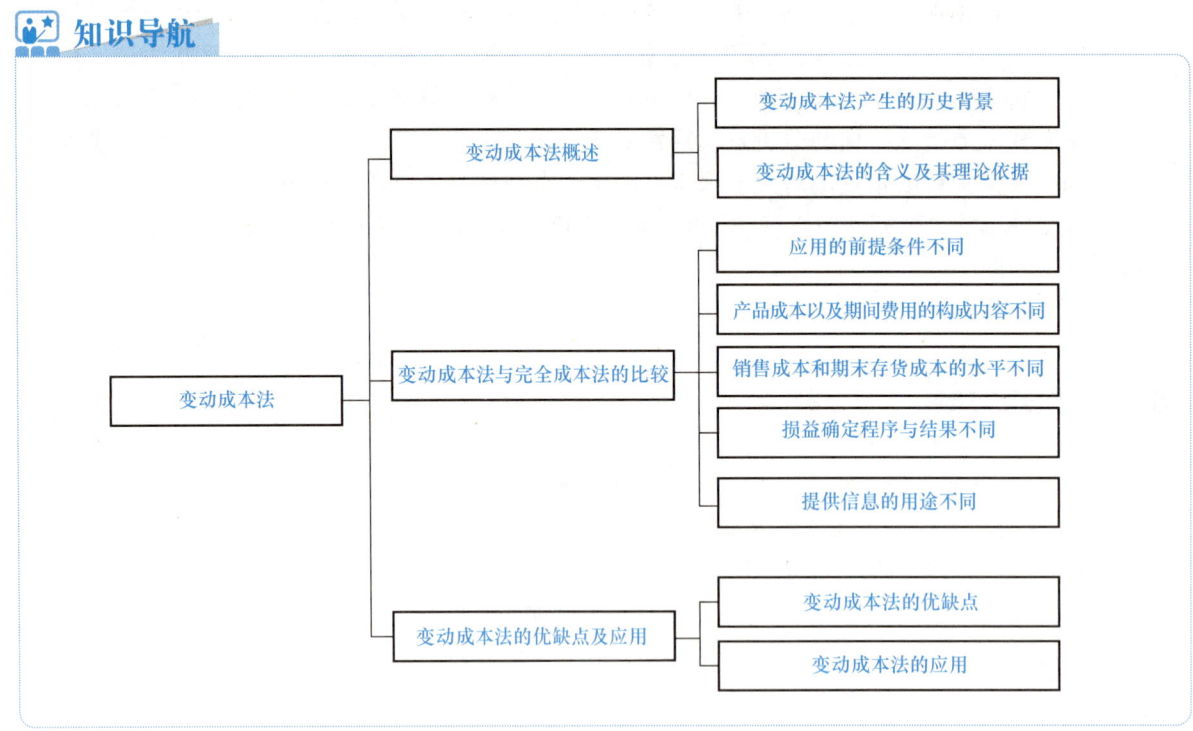

企业管理的科学化要求会计为企业内部管理提供信息资料，作为对经济活动进行预测、决策、计划和控制的依据，传统的完全成本核算法无法适应竞争日益加剧的市场经济。第二次世界大战后，经济发展对会计提出更高的要求，变动成本法开始在西方企业诞生，时至今日，变动成本法被广泛应用于企业的内部管理。本章将对变动成本法的概念、理论依据、特点以及与完全成本法的区别等内容进行全面阐述。

第一节 变动成本法概述

一、变动成本法产生的历史背景

变动成本法起源于 20 世纪 30 年代的美国。据美国权威的《柯勒会计辞典》记载,第一篇专门论述直接成本法的论文是由美籍英国会计学家乔纳森·N.哈里斯撰写的,刊于 1936 年 1 月 15 日的《全国会计师联合会公报》。文章追溯了 1934 年哈里斯在杜威—阿尔末化学公司设计"直接标准成本制造计划"中所发现的问题。当时该公司销售量上升利润反而下降的现象,引起了哈里斯的注意,他发现问题的根源在于采用传统的完全成本法。据此,哈里斯对比了新旧两种方法对营业净利润的不同影响,揭示了直接成本法的优点。

哈里斯的文章公开发表之后,直接成本法的概念得到迅速传播。到了 20 世纪 50 年代,随着企业环境的改变、竞争的加剧、决策意识的增强,人们逐渐认识到传统的完全成本法提供的会计信息越来越不能满足企业内部管理的需要,必须重新认识变动成本法,充分发挥其积极作用。美国的一些会计师和经理重新研究并开始在实务中试行变动成本法,将变动成本法中的贡献边际这一概念用于本量利分析及其他方面。实践使人们认识到,变动成本法不仅有利于企业加强成本管理,而且对制定利润计划、做出科学的经营决策十分有用,能满足企业预测、决策、规划和控制考评的基本管理需要。从此,变动成本法开始受到人们的普遍重视。

20 世纪 60 年代,变动成本法风靡欧美,但变动成本法研究运用在我国起步较晚,1983 年才由余绪缨教授引进中国。目前变动成本法在管理会计中应用得比较广泛。

二、变动成本法的含义及其理论依据

(一)变动成本法的含义

变动成本法也称直线成本法,是变动成本计算的简称,是在组织常规的成本计算过程中,以成本性态分析为前提条件,只将变动生产成本作为产品成本的构成内容,而将固定生产成本和非生产成本作为期间成本,并按贡献式损益确定程序计算损益的一种成本计算模式。变动成本法产生以后,人们就把财务成本会计中的传统成本计算方法称为"完全成本法"。两者的成本构成如图 7-1 和图 7-2 所示。

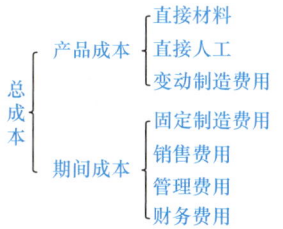

图 7-1 变动成本法下的成本构成

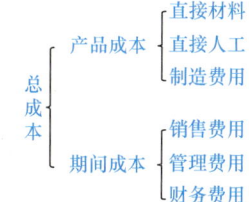

图 7-2 完全成本法下的成本构成

(二)变动成本法的理论依据

变动成本法在计算产品成本时,只列入生产过程中耗用的直接材料、直接人工和变动制造费用,而将固定制造费用作为期间成本全部列入当期损益,直接从当期的收入中扣除,理由如下:

1. 产品成本只是随着产量增减而增减的变动成本

在管理会计中，产品成本是指在生产过程中发生的各种耗费，它应该是那些随产品实体的流动而流动，只有当产品实现销售时才能与相关收入实现配比、得以补偿的成本。因此，它应该随产量而变动，产量增加时，产品成本增加；产量减少时，产品成本减少；产量为零时，无产品成本。根据这一原理，只有直接材料、直接人工、变动制造费用这三项变动成本是在生产过程中发生的，随产量变动而成正比例变动。因此，产品成本应该只包括直接材料、直接人工和变动制造费用三项。

2. 固定制造费用应该作为期间成本

在管理会计中，期间成本是指那些不随产品实体的流动而流动，而是随企业生产经营持续时间长短而增减，其效益随期间的移动而消逝，不能递延到下期，只能在发生的当期计入损益并由当期收入补偿的成本。这类成本的归属只有一个，即在发生的当期直接作为期间成本，因而与产品实体流动情况无关，不能计入产品成本。

固定制造费用主要是为了提供和维持设计生产能力所发生的费用，与生产能力的利用程度无关，与产品的实际生产也没有直接联系。企业的生产能力一经生成，无论其利用程度如何，固定制造费用照样发生，在相关范围内，其总额不受实际产量变动的影响，因此不应计入产品成本。同时，固定制造费用总是按期发生，是一种与企业的生产经营活动一定期间相联系而发生的费用，随时间的消逝而消逝，因此，当期发生的固定制造费用，应全额计入当期的期间成本，直接从当期的收益中扣减，而不应随存货递延到下一个会计期间。

第二节　变动成本法与完全成本法的比较

由于变动成本法与完全成本法在计算产品成本和确定企业损益时，对固定制造费用的处理方法截然不同，为了深刻认识变动成本法的特点，应将其与完全成本法加以比较，揭示两者之间的区别。变动成本法与完全成本法的主要区别，可以概括为以下几个方面（见表7-1）：

表7-1　变动成本法与完全成本法的主要区别

项目		变动成本法	完全成本法
应用的前提条件不同		以成本性态分析为前提	以成本按经济用途分类为前提
产品成本与期间费用的构成内容不同	产品成本	变动生产成本： 　直接材料 　直接人工 　变动制造费用	生产成本： 　直接材料 　直接人工 　制造费用
	期间成本	变动非生产成本： 　变动销售费用 　变动管理费用 　变动财务费用 固定成本： 　固定制造费用 　固定销售费用 　固定管理费用 　固定财务费用	非生产成本： 　销售费用 　管理费用 　财务费用

续表

项目		变动成本法	完全成本法
销售成本和期末存货成本的水平不同		销售成本＝单位变动成本×本期销量	销售成本＝期初存货成本＋本期发生的产品成本－期末存货成本
损益确定程序与结果不同	主要公式	销售收入－变动成本总额＝贡献毛益总额（边际贡献总额） 贡献毛益总额－固定成本＝营业利润	营业收入－营业成本＝毛利 毛利－期间成本＝营业利润
	损益表格式	边际贡献式	盈利式
	损益结果比较	生产量＝销售量：两种成本法确定的营业利润相等 生产量＞销售量：变动成本法确定的利润＜完全成本法确定的利润 生产量＜销售量：变动成本法确定的利润＞完全成本法确定的利润	
提供信息的用途不同		主要满足内部管理的需要：决策、业绩评价等	主要满足对外提供报表以及产品定价的需要

一、应用的前提条件不同

应用变动成本法要求首先进行成本性态分析，把企业的全部成本分为变动成本和固定成本两大部分。其中，对于生产成本，要按照生产量分解为变动生产成本和固定生产成本，尤其是将具有混合成本性质的制造费用按生产量分为固定制造费用和变动制造费用；对于销售及管理费用，要按照销售量分解为变动销售及管理费用和固定销售及管理费用。

完全成本法是财务成本会计核算的基本方法。应用完全成本法要求把全部成本按照其发生的领域或经济用途分为生产成本和期间成本。凡是在生产领域中为生产产品而发生的成本就归于生产成本，发生在流通领域和服务领域的由于组织日常销售或进行日常行政管理而发生的成本则归属于非生产成本。

二、产品成本以及期间费用的构成内容不同

变动成本法将所有成本按照其成本性态分为变动成本和固定成本两大类，然后只将其中的变动生产成本计入产品成本，固定生产成本和全部非生产成本则作为期间成本计入当期损益，直接从当期收入中扣减。

完全成本法则首先将所有的成本按照其经济用途分为生产成本和非生产成本两大类，然后将生产成本计入产品成本，随产品的销售而转入当期损益，或者随存货结转下期，而非生产成本则作为期间成本全额计入当期损益，从当期收入中扣减。

由此可见，变动成本法和完全成本法在成本构成内容上的差别是对固定制造费用的处理不同，前者将固定制造费用全部计入期间成本；后者将固定制造费用计入产品成本，随产品的销售而将已销售产品中的固定制造费用转作销售产品的成本，没有销售的产品中的固定制造费用则作为存货的一部分随存货递延到下一个会计期间。

三、销售成本和期末存货成本的水平不同

企业的产品实体随着企业经营活动处于不断流动的状态。广义的产品有销货和存货两种实物

形态。在期末存货和本期存货均不为零的条件下，本期发生的产品成本最终要表现为销售成本和存货成本。在变动成本法下，固定生产成本被作为期间成本处理，直接计入当期损益，不会转化为销售成本和存货成本，即本期发生的固定生产成本全部计入损益中，不会递延到下一个会计期间。而在完全成本法下，固定生产成本被计入产品成本，并要在期末存货成本和当期销售成本之间进行分配，一部分固定生产成本被期末存货成本吸收递延至下一会计期间，另一部分固定生产成本作为销售成本计入当期损益。显然，这必将导致两种成本计算方法确定的期末存货成本和当期销售成本的大小不同。

四、损益确定程序与结果不同

变动成本法与完全成本法计算期间成本的方法和程序不同。在完全成本法下，通常是先用销售收入减去本期已销产品的销售成本得到销售毛利，再用销售毛利扣除企业的期间成本得到营业利润。而在变动成本法下，一般是先从销售收入中扣除全部变动成本，求得边际贡献总额，再从边际贡献总额中扣除全部固定成本得到营业利润。完全成本法的损益计算表称为盈利式损益表，变动成本法的损益计算表称为边际贡献式损益表。具体计算公式如下：

完全成本法下损益计算：

$$销售毛利＝销售收入总额－已销产品生产成本总额$$
$$已销产品生产成本总额＝期初存货成本＋本期生产成本－期末存货成本$$
$$税前利润＝销售毛利－（销售费用＋管理费用＋财务费用）$$

变动成本法下损益计算：

$$贡献毛益总额＝销售收入－变动成本总额$$
$$税前利润＝贡献毛益总额－固定成本总额$$

五、提供信息的用途不同

完全成本法下计算的产品成本及损益主要是为了满足对外提供报表以及产品定价的需要，而变动成本法下所提供的成本信息主要是为了满足内部管理的需要：决策、业绩评价等。

【例 7-1】特立企业生产甲产品，2018—2020 年的生产和销售资料如表 7-2 所示。甲产品的销售单价为 200 元/件，单位产品的变动生产成本为 40 元/件，单位变动性销售及管理费用为 8 元/件，全年固定性制造费用为 36 000 元，全年销售及管理费用为 5 000 元。存货采用先进先出法计价。

表 7-2　特立企业 2018—2020 年生产和销售资料

单位：件

项目	2018 年	2019 年	2020 年
年初存货量	0	60	20
本年生产量	300	240	200
本年销售量	240	280	200
年末存货量	60	20	20

按完全成本法和变动成本法计算特立企业 2018—2020 年的营业利润并进行对比，分析如下：

在完全成本法、变动成本法下，特立企业 2018—2020 年损益如表 7-3、表 7-4 所示。表 7-5

为特立企业变动成本法和完全成本法利润差异分析。

表 7-3　特立企业 2018—2020 年损益计算表（完全成本法）

单位：元

项目	2018 年	2019 年	2020 年
销售收入	48 000	56 000	40 000
销售产品生产成本			
期初存货	0	9 600	3 800
本期生产成本	48 000	45 600	44 000
期末存货	9 600	3 800	4 400
小计	38 400	51 400	43 400
销售毛利	9 600	4 600	−3 400
销售及管理费用	6 920	7 240	6 600
税前利润	2 680	−2 640	−10 000

表 7-4　特立企业 2018—2020 年损益计算表（变动成本法）

单位：元

项目	2018 年	2019 年	2020 年
销售收入	48 000	56 000	40 000
销售产品生产成本			
期初存货	0	2 400	800
本期生产成本	12 000	9 600	8 000
期末存货	2 400	800	800
小计	9 600	11 200	8 000
变动销售及管理费用	1 920	2 240	1 600
边际贡献总额	36 480	42 560	30 400
固定成本			
固定制造费用	36 000	36 000	36 000
固定销售及管理费用	5 000	5 000	5 000
税前利润	−4 520	1 560	−10 600

表 7-5　特立企业变动成本法和完全成本法利润差异分析

单位：元

项目	2018 年	2019 年	2020 年
完全成本法下的利润	2 680	-2 640	-10 000
变动成本法下的利润	-4 520	1 560	-10 600
利润差额	7 200	-4 200	600
说明	期末存货分摊的固定制造费用为 7 200（60×120）元，期初存货分摊的固定制造费用为 0 元，利润差额为 7 200 元	期末存货分摊的固定制造费用为 3 000（20×150）元，期初存货分摊的固定制造费用为 7 200（60×120）元，利润差额为 4 200 元	期末存货分摊的固定制造费用为 3 600（20×180）元，期初存货分摊的固定制造费用为 3 000（20×150）元，利润差额为 600 元

由表 7-5 可以得到以下启示：

在完全成本法下，各年利润大小排序是 2018 年 >2019 年 >2020 年；在变动成本法下则是 2019 年 >2018 年 >2020 年。变动成本法的利润顺序和销量顺序是一致的，2019 年的销量最大，因此利润也最大。但是完全成本法下的计算结果却体现出 2018 年的利润最大，主要原因是 2018 年的生产量和销售量之间存在 60 件的差额，这 60 件产品承担的固定制造费用在完全成本法下作为期末存货的成本结转到下期，每件产品承担的数额为 120 元，共承担了 7 200 元。因此，变动成本法更能够显示实现的销售对企业利润的贡献，完全成本法则可以通过调节生产量和销售量的对比关系调节当期利润。

第三节　变动成本法的优缺点及应用

一、变动成本法的优缺点

（一）变动成本法的优点

变动成本法突破了传统成本法的狭义观点，为强化经营管理、提高经济效益服务。当前，变动成本法已广泛应用于企业内部管理，而且出现了对外报告的发展趋势。其优点主要体现在以下几个方面：

1. 体现了收益与费用相配比的原则

变动成本法将已销产品的变动生产成本与当期收入相配比，将未销产品的变动生产成本转入存货，以便与未来销售期间实现的收入相配比。制造费用是为了保持生产经营能力而必须发生的成本，不会因产量变化而变化，只是随着时间的推移而消失。因此，把固定制造费用作为期间成本计入当期损益更加符合配比原则的要求，更能真实地反映企业的经营成果。而且，只有这样做才能解释某一会计期间没有生产任何产品却发生固定制造费用的现象。

2. 有利于进行正确的短期决策

变动成本法以成本性态分析为基础，将与产量成正比的变动性制造费用作为产品成本，而将固定制造费用作为期间成本，这样做便于管理人员从成本性态上掌握成本与业务量之间的关系，从而进行成本预测、规划与控制。

3. 促使管理者重视销售环节，防止盲目扩大生产

变动成本法揭示了销量与利润之间的内在联系。在计算营业利润时，将固定制造费用全部作为期间成本，计入当期损益，就排除了产量高低对单位产品成本的影响。在销售单价、单位变动成本和产品销售结构水平不变的条件下，企业的利润与产品的销量直接相关，随销量呈正方向变动。因此，变动成本法可以促使企业管理部门重视销售环节，做好销售预测，实行以销定产。

4. 便于分清责任，有利于控制成本和评价业绩

变动成本法能够提供变动成本和固定成本的信息，这是分清经济责任、进行成本控制和业绩评价的重要依据。因为变动性生产通常由生产部门和供应部门负责，其成本的高低反映了生产部门和供应部门的工作业绩。直接材料、直接人工和变动制造费用的节约或超支，都会从产品变动成本中反映出来，从而确定生产部门和供应部门的责任，以便采取措施加以控制。而固定生产成本是由各生产有关管理部门负责的，管理部门一般通过编制费用预算对其进行控制。

（二）变动成本法的缺点

变动成本法的缺点体现在以下几个方面：

1. 变动成本法不是非常精确的计算方法

变动成本与固定成本的划分在很大程度上是假设的结果，并非一种十分精确的计算结果。

2. 变动成本法不符合传统成本概念的要求

美国会计准则委员会认为"成本是为了达到一个特定目的而已经发生或可能发生的，以货币计量的价值牺牲"。按照这种观点，产品成本应既包括变动成本，又包括固定成本，按变动成本法计算的产品成本不符合这一传统成本概念的要求。

3. 变动成本法不能适应长期经济决策和定价决策的需要

长期经济决策和定价决策不需要一个完全的产品成本。从长期来看，单位变动成本和固定成本总额都很难保持不变。同时，只有当变动成本和固定成本在产品定价时均得到补偿，才能使企业最终获利。而变动成本法提供的产品成本资料只能作为短期经营决策的依据，不能满足长期和产品定价决策的需要。

4. 变动成本法会影响有关方面当期的损益

在实践中，当开始从采用完全成本法改为采用变动成本法时，一般会影响期末存货的计价，降低当期的利润，从而影响征税机关当年的所得税收入及投资者当年的股息收入。正因如此，企业在编制对外报表时还必须遵循一般公认的会计原则，采用完全成本法。由变动成本法计算的存货价值确定的利润，不能用来申报所得税。

二、变动成本法的应用

变动成本法是企业加强经营管理的一种行之有效的成本计算方法，但由于变动成本法只能用于企业内部决策，至今尚未被公认的《企业会计准则》所承认，因此，企业在缴税和对外报告时，仍以完全成本法计算的完全成本为准。关于如何在实践中应用变动成本法，概括起来主要有以下三种观点：

1. 双轨制

采用双轨制能提供一套平等的成本核算资料，既能提供完全成本法下的成本核算资料，也能提供变动成本法下的成本核算资料，以分别满足不同的需要。这种观点在技术上比较简单，但工作量较大，并且重复设账，会造成人力、物力、财力和时间的极大浪费。

2. 单轨制

采用单轨制即以变动成本法取代完全成本法，最大限度地发挥变动成本法的优点。显然，这种观点不符合现行《企业会计准则》的统一要求。

3. 结合制

采用结合制就是将变动成本法和完全成本法结合使用，日常核算建立在变动成本法的基础之上，以满足企业内部管理的需要；期末对需要用完全成本法反映的有关项目进行调整，以满足对外报告的需要。这种做法既能充分发挥变动成本法的优点，又能兼顾现行会计制度的统一要求。

本章小结

本章主要介绍了变动成本法产生的历史背景、变动成本法与完全成本法的区别，以及变动成本法的优缺点及应用。变动成本法最早起源于美国。变动成本法是在组织常规的成本计算过程中，以成本性态分析为前提条件，只将变动生产成本作为产品成本的构成内容，而将固定生产成本和非生产成本作为期间成本，并按贡献式损益确定程序计算损益的一种成本计算模式。变动成本法与传统的完全成本法相比主要有五个方面的区别：应用的前提条件不同、产品成本与期间费用的构成内容不同、销售成本和期末存货成本的水平不同、损益确定程序与结果不同、提供信息的用途不同。变动成本法体现了收益与费用相配比的原则；有利于进行正确的短期决策；促使管理者重视销售环节，防止盲目扩大生产；便于分清责任，有利于控制成本和评价业绩。但变动成本法不是一种精准的成本计算方法，不符合传统成本概念的要求，不能适应长期经济决策和定价决策的需要，会影响有关方面当期的损益。关于在会计实践中如何应用变动成本法，有三种观点：双轨制、单轨制和结合制。

复习思考题

1. 什么叫变动成本法？变动成本法有何优缺点？
2. 变动成本法与完全成本法的区别有哪些？

第八章 作业成本法

ITEM 8

教学目标

○ 了解作业成本控制的思想；
○ 了解作业成本法的产生与发展过程；
○ 熟悉作业成本法的优点；
○ 掌握作业成本的计算方法和原理；
○ 掌握作业成本决策方法。

知识导航

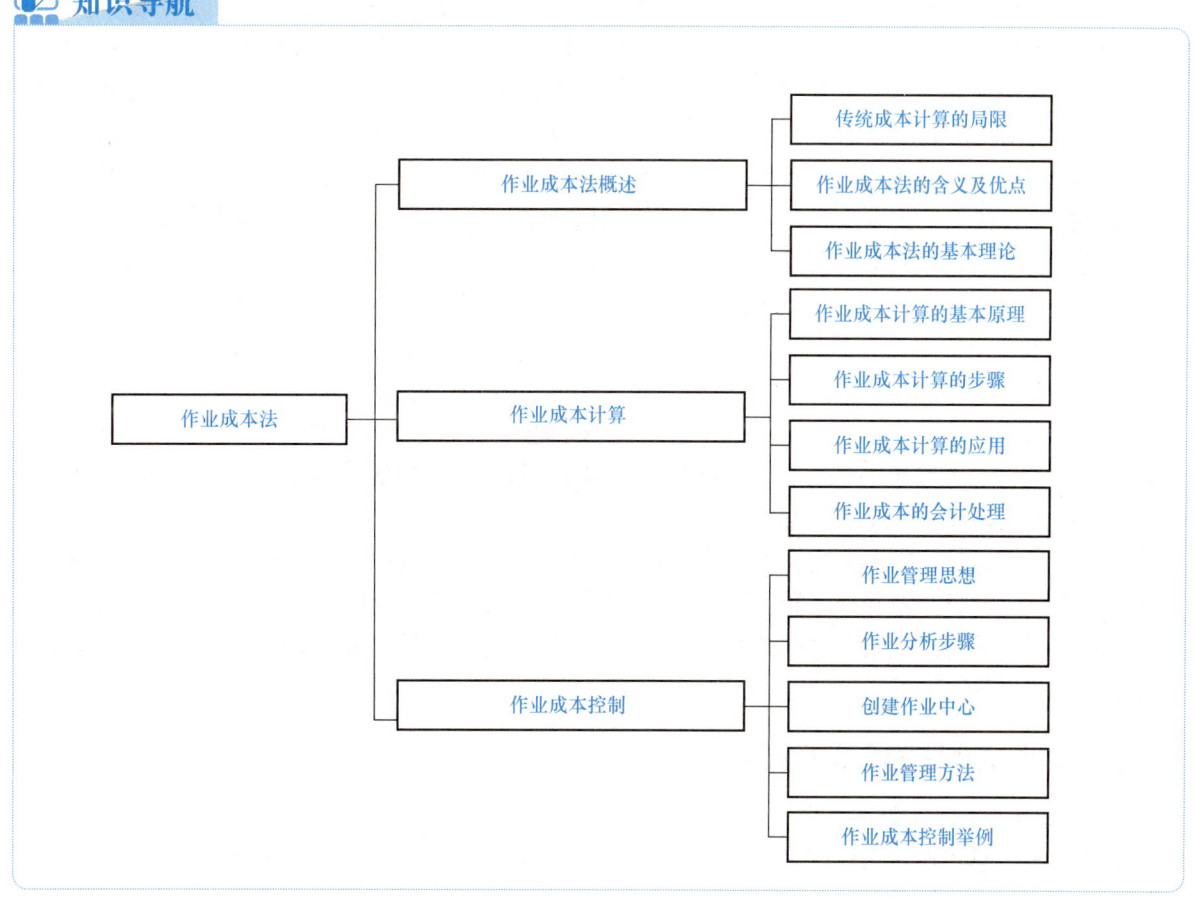

传统成本计算以单一工时作为制造费用分配的标准，导致产量高、技术复杂程度低的产品成本偏高，而产量低、技术复杂程度高的产品成本偏低，从而不能真实反映产品成本信息。作业成本法引入"成本动因"作为成本分配标准，而不是采用传统的数量分配标准。这种分配方法在产品同其所消耗的资源之间建立起一种更准确的因果关系，因而对现代化企业的成本核算及管理具有重大的意义。

第一节　作业成本法概述

一、传统成本计算的局限

传统的成本计算重视对直接材料、直接人工等直接成本的计算和控制，而对间接费用的计算和控制关注较少。传统成本计算以产出量为基础，采用单一的间接成本分配率将间接成本分配给产品或服务。其假设前提是，直接人工含量越高的产品需要承担越多的间接成本分配额。当直接人工和直接材料作为最主要的生产因素、技术稳定且产品的变动范围有限时，以数量为基础的传统成本计算是准确的，但是，传统成本的计算有其固有的局限，主要表现在以下几个方面：

（1）科技制造环境下，传统成本计算的分配标准无法满足成本决策的需要。随着制造环境的变化、高度自动化的先进制造企业管理观念和管理技术的巨大变革，如适时制采购政策与制造系统、零库存、弹性制造单元、全面质量管理等，企业成本中的直接人工与直接材料所占的比重越来越小，而制造费用所占的比重越来越大，传统成本计算无法满足成本决策的需要。

（2）传统成本计算无法真实反映产品成本结构的重大变化。在先进制造环境下，许多人工已被机器取代，直接人工成本比例大大下降，固定制造费用比例大大上升。在以技术密集型为主导的现代制造环境中，人工成本的含量越来越低，间接成本成为份额最大的成本项目。20世纪70年代前的间接费用仅为直接人工成本的50%~60%，而目前大多数公司的间接费用为直接人工成本的400%~500%，以往直接人工成本占产品成本的40%~50%，而今天不到10%，甚至仅占产品成本的3%~5%，因此以直接人工成本为基础确定的间接成本分配必然对成本有较大歪曲。使用在产品成本中占有越来越小比重的直接人工去分配越来越多与工时不相关的作业费用（如质量检测、试验、物料搬运、调整准备等），以及忽略批量不同产品实际耗费的差异等，必将歪曲产品成本，引起经营决策失误和产品成本失控。

（3）产品多样化加剧了传统成本计算对成本的歪曲。产品的数量、规格和多样化程度不同，资源消耗存在巨大差异。随着产品的多样化程度增加，处理交易的作业所需的资源量也将提高，传统成本计算将多计大规格、高产量产品的成本，同时少计小规格、低产量产品的成本，因此加剧了产品成本歪曲。

二、作业成本法的含义及优点

（一）作业成本法的含义

作业成本法是以作业为核算对象，通过成本动因来确认和计量作业量，进而以作业量为基础分配间接费用的成本计算方法。

（二）作业成本法的优点

作业成本法与传统成本计算的核心区别是分配基础不同，作业成本法能够提供相对准确的产品成本信息。具体来说，作业成本法的优点如下：

1. 根据因果关系分配间接费用

传统成本计算用单一数量动因（如人工工时、机器小时和产品数量）将间接费用分配到成本对象，但是由于间接费用的发生与数量动因并不都成比例或相关，传统成本计算不能提供准确的成本信息。作业成本法则采用多元分配基准（如产品零部件的数量、调整准备次数、运输距离、质量检测时间等），将制造费用按成本动因分配到产品，提高了产品成本信息的准确性、真实性。

2. 拓宽了成本核算的范围

作业成本法以作业为核心进行成本核算，抓住资源向成本对象流动的关键，分析企业特定产品、劳务、顾客和市场及其组合以及各相应作业盈利水平的差别。

3. 揭示资源耗费、成本发生的前因后果

成本是由作业引起的，而作业的形成要追踪到产品的设计环节，正是产品的设计环节决定了产品生产的作业组成和作业预期的资源消耗水平。从后果来看，分析成本动因可提供有效信息，促使企业改进产品设计、提高作业效率，并降低资源消耗。

4. 建立新的责任会计系统

企业作业链是一条责任链，以成本库为责任中心，分析评价成本库中费用发生的合理性，以能否增加最终产品价值作为合理标准，并以是否提高价值链的价值为依据进行业绩评价。

三、作业成本法的基本理论

作业成本法的基本理论认为，企业的全部经营活动是由一系列相互关联的作业组成的，企业每进行一项作业都要耗用一定的资源，而企业生产的产品（包括提供的服务）需要通过一系列的作业来完成。因而，产品的成本实际上就是企业全部作业所消耗资源的总和。在计算成本时，应首先按经营活动中发生的各项作业来归集成本，计算作业成本；然后按各项作业成本与成本对象（产品或服务）之间的因果关系，将作业成本追溯到成本对象；最终完成成本计算过程。

（一）作业成本法的相关概念

1. 作业和作业链

作业是作业成本法中最基本的概念。作业是指企业在经营活动中的各项具体活动，如签订材料采购合同、将材料运达仓库、对材料进行质量检验、办理入库手续、登记材料明细账，以及产品的质量检验、入库等。其中，每一项具体活动就是一项作业。每一项作业对于任何加工服务对象，都必须是重复执行特定的或标准化的过程和办法。

从广义上讲，作业是指产品制造过程中的一系列经济活动，是企业组织为达到特定目的而消耗资源的活动或事项。从企业管理的角度来看，无附加价值的作业应当尽量剔除，所以作业成本计算或作业成本管理中的作业是指会发生成本并具有附加价值的经济活动。

在作业成本法中，作业一般分为进货作业、生产作业、营销作业、发货作业与服务作业五大类。其中，罗宾·库珀又将生产作业分为以下四类：

（1）单位作业。单位作业是每生产一个单位执行一次，而且各个单位所消耗的资源数量大致相同的作业，这种作业的成本与产品产量成比例变动。单位作业是使单位产品受益的作业，主要有直接人工成本、直接材料成本、机器的折旧及动力等成本项目。

（2）批次作业。批次作业是指每生产一批产品执行一次的作业。其资源的消耗反映在与各批相联系的成本动因上，属于能够使一批产品受益的作业。批次作业包含对每批次产品的检验成本、机器准备、原料处理、运送等成本项目。这种作业的成本与产品批数成比例变动。

（3）产品作业。产品作业是指使某种产品的每个单位都受益的作业，如对一种产品编制规划、产品分类、材料清单。这种作业的成本与产品产量及批数无关，但与产品项目成比例变动。

（4）工序作业。工序作业是计算加工成本的基础。

在罗宾·库珀作业分类的基础上，特尼教授又提出了顾客作业，即为特定顾客服务的作业。

现代企业实际上就是一个为了满足顾客需要而建立的一系列前后有序的作业集合体，这个有序的集合体称为作业链（见图8-1）。

图 8-1　企业作业链

2. 价值链

与作业链相关的概念是价值链。作业成本法的原理是产品消耗作业、作业消耗资源，于是每完成一项作业就消耗一定量的资源，同时又有一定的价值量和产出被转移到下一项作业，照此过程逐步结转下去，直至最后一个步骤——将产品提供给顾客。作业的转移伴随着价值的转移，最终产品是全部作业的集合，也表现了全部作业的价值集合。作业链的形成过程，也就是价值链的形成过程。

在作业成本法中，依据是否会增加顾客价值，将作业分为增值作业和不增值作业。增值作业是指会增加顾客价值的作业，这种作业的增减变动会导致顾客价值的增减变动；不增值作业是指不会增加顾客价值的作业，是一种浪费，如零件等待加工的闲置时间等。作业分类为减少浪费、改进作业提供了办法，而作业管理着重于价值链分析，其目标是发现和消除对价值链无贡献的作业。

（二）成本动因的确定

成本动因是引起相关成本对象的总成本发生变动的因素，也称为成本驱动因素。

1. 成本动因的分类

（1）按驱动因素分类，可将成本动因分为资源动因和作业动因。

1）资源动因。作业量的多少决定着资源的耗用量。例如，当检验部门被定义为一个作业中心时，检验小时就可称为一个资源动因，这时许多与检验有关的成本将会归集到消耗该项资源的作业中心。资源动因反映了作业中心对资源的耗费情况，是将资源成本分配到作业中心的标准。在分配过程中，由于资源是逐项分配到作业，于是就产生了作业成本要素，将每个作业成本要素汇总就形成了作业成本库。

2）作业动因。作业动因是引起产品成本变动的因素。作业动因计量各种产品对作业耗用的情况，是作业成本的分配基础。作业动因是将作业中心的成本分配到产品、劳务或顾客中的标准，是沟通资源消耗与最终产出的中介。

（2）依据其与成本库费用的发生是否有着高度的线性相关性，成本动因又可分为三类，即纯数量成本动因、加权数量成本动因和随情况而定的成本动因。

1）纯数量成本动因。这类成本动因是理想的成本动因，是作业产出的一个同质的衡量指标。例如，如果所有的采购消耗的资源都相同，那么采购单数就可作为采购作业的成本动因，每增加一份采购单就相应地增加采购作业成本。

2）加权数量成本动因。这种成本动因不是作业产出的同质的衡量指标。例如，不同的采购需要消耗的资源不同。假设某企业的采购地点分为 A、B、C、D 和 E 五个，如表 8-1 所示，针对不同的采购地点消耗的不同资源情况，可采用加权方法确定成本动因。

表 8-1　加权数量成本动因

采购地点	资源使用权数	实际采购单数	加权采购单数
A	1	300	300
B	1.5	200	300
C	2.2	200	440
D	3.1	100	310
E	1.2	200	240
合计	9	1 000	1 590

3）随情况而定的成本动因。环境因素对作业成本有很大的影响，在成本库集合成本较高的情况下，成本一般不能由单一的成本动因来分配，这时就应按实际情况选择一个重要的成本动因。例如，对于采购作业，如果了解和联络供应商是采购成本中的主要部分，那么可以以供应商数目作为成本动因。成本动因的确定有利于关注引起成本增加的主要因素，但这种成本动因的选择带有一定的主观性。由于成本库的费用与成本动因之间不存在完全的线性关系，相对而言，成本信息的准确度要稍微差一些。

然而，在作业成本法下，还要确认企业中不同作业层次所驱动的各项成本，并采用不同的成本动因分配这些成本。例如，直接材料主要受到产品单位数量的影响，而生产线的管理人员工资却受到生产线数量的影响。因此，作业成本计算法应该以一种不仅能够反映总成本中的各个成分，而且能够反映成本驱动层次的方式对外报告。

企业常用的典型成本动因如表 8-2 所示。

表 8-2　企业常用的典型成本动因

作业级别	典型作业	作业成本动因
单位作业	每件产品的质量检查	产品数量
	直接人工操作、监管	直接人工工时
	机器消耗动力	机器小时
批次作业	机器调整	调整小时/调整次数
	每批次的质量检查	检查次数/检查小时
	采购材料	采购次数
产品作业	产品设计	产品种类
	零件管理	零件数量
	生产流程	产品种类
管理作业	内务管理	厂房面积
	应收账款管理	顾客数量
	会计、人事管理	员工人数

2．成本动因的选择标准

成本动因的选择是作业成本法中的关键步骤。一般而言，成本动因应由企业的工程技术人员和成本会计人员组成的小组专门讨论后确定。

在选择成本动因时，应依据以下标准：

（1）成本效益原则。选择的成本动因数量越多，成本信息相对来说就越精准，但会导致系统的高复杂程度以及高成本。因此，企业应根据成本效益原则，权衡成本动因数目和期望的信息精确度。

（2）重要性和充分性相结合。选择成本动因时，要挑选有代表性或重要的，但是又要避免过于简陋以至于反映的信息不充分。

（3）所选成本动因变量应是定量的且是同质的。例如，选工作复杂度作为成本动因，就要求用工作复杂度所具有的某种共同的可计量的特性来表示。

（4）所选成本动因变量的数据易于收集，并且具有代表性与全面性，能将产品与作业的消耗联系起来，易从现存的资料中分辨出来，并与部门的产出有直接的关联性。

（5）所选成本动因应与作业成本库中的资源消耗情况有高度的相关性，成本库费用变化可由所选的成本动因做出线性解释。

3. 成本动因数量的影响因素

对于选择的成本动因，应保证其耗用量与对应的成本库成本具有同向变动性。成本动因的数量要适当，太多容易分散管理层的注意力，太少则抓不住问题的实质。

成本动因的数量取决于以下三个方面：

（1）成本动因与间接费用的相关程度。在一定的精确度要求下，成本动因数量与这种相关程度呈反向关系，与之相关程度越高，所需的成本动因数目就越少。

（2）企业生产经营过程的复杂程度。企业的生产经营过程越复杂，需要的成本动因数量就越多，反之就越少。

（3）产品成本的期望精确程度。期望的精确度越高，需要的信息来源就越多，从而需要的成本动因的数量也越多。

对于同一个成本库，有时存在不止一个成本动因。在这种情况下，就需要运用以上标准进行判断，选择一个最合适的成本动因或将成本库按不同的成本动因进一步细化。以采购作业为例，在作业集合程度较低的情况下，可将每一项作业所发生的成本作为一个成本库，并为每个成本库选择成本动因（见表8-3）。表8-3中的成本动因能准确说明采购成本发生的原因，每一成本库与其成本动因之间具有线性相关性。然而，采购作业分得越细，对信息收集工作提出的要求就越高。

表8-3 价值链中公司职能的成本动因举例

职能	成本动因
研究、开发	项目数量，项目耗费工时，项目技术复杂性
产品、服务及生产过程设计	产品种类，产品零部件数量，设计时间
生产	产量，生产步骤数量，生产指令数量，直接人工工时，机器工时
销售	广告次数或广告时间，销售人员数量，销售额或销售量
配送	配送产品数目，配送顾客数量，配送产品重量、体积、件数
顾客服务	服务电话数量，服务产品数目，产品服务时间
策略与管理	人员数，员工工作时间

成本库应该根据管理的具体要求，对作业进行不同程度的集合。例如将市场调查、了解供应商、谈判和催促发货归集为联系供应商成本库，而将核查需求、申请、批准和合同准备归集为内部采购单处理成本库。在确定这两个成本库的成本动因时，可根据上述三条标准做出选择。例如，在内部采购单处理成本库中，大多数费用的发生是由订单数引起的，因而可以将订单数作为其成本动因。

第二节 作业成本计算

一、作业成本计算的基本原理

作业成本计算的基本原理是：作业消耗资源，产品消耗作业。按此原理，作业成本计算主要分为两个阶段：第一阶段，将作业执行中耗费的资源追溯到作业，计算作业的成本并根据作业动因计算作业成本分配率；第二阶段，根据第一阶段计算出的作业成本分配率和产品所耗费作业的数量，将作业成本追溯到各有关产品（见图 8-2）。最后，分别汇总各种产品的作业成本，计算各种产品的总成本和单位成本。这就是将作业成本按作业动因追踪到产品从而得到产品成本的过程。

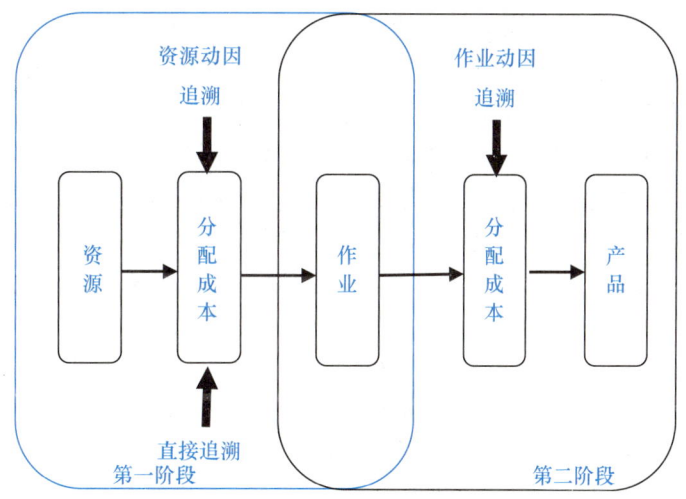

图 8-2　作业成本计算的两个阶段

二、作业成本计算的步骤

作业成本计算是一个以作业为基础的管理信息系统。它以作业为中心，而作业是从产品设计到物料供应，从生产工艺流程（各车间）的各个环节、质量检验、总装到发运销售的全过程。通过对作业及作业成本的确认、计量，最终计算出相对真实的产品成本，同时追踪分析所有与产品相关联的作业活动，尽可能消除不增值作业，改进增值作业，优化作业链和价值链，提供有用信息，将损失、浪费减少到最低限度，提高决策、计划、控制的科学性和有效性，最终达到提高企业的市场竞争能力和盈利能力，从而增加企业价值的目的。

作业成本计算有广义和狭义之分。广义的作业成本计算不仅要对过去的成本进行计算与分析，还要对未来的成本进行计划，因此其基本步骤较多、内容较广。狭义的作业成本计算主要是指事后作业成本计算，因此其基本步骤较少、内容较窄。一般来说，作业成本计算主要包括以下三个步骤：

1. 确认主要作业和作业中心

确认主要作业是指将与企业间接费用发生有关的作业活动进行分类。不同类型的企业，不同产品的生产，其作业活动的领域不同。理论上，作业划分越细越好，但基于成本效益的考虑，公司常依据重要性和同质性来找出主要作业。例如，有的企业将作业活动分为采购、设计、规划、组织订货、制造、仓储、发运、售后服务等。通常，企业作业可分为单位作业、批次作业、产品作业和工序作业等四类。

一个作业中心就是生产程序的一个部分，如检验部门就是一个作业中心。按照作业中心披露成本信息，便于管理当局控制作业和评估业绩。

2. 将成本或资源分配到作业中心

将所有间接成本归属到所确认的主要作业，进而建立作业成本库。例如，机器调整是一项作业，所有与机器调整有关的费用都应归属到"机器调整"这一作业成本库。每个成本库代表的是它所在的那个中心执行的作业。将归集起来的投入成本或资源分配到每个作业中心的成本库，需要选择资源动因作为分配的基础，而这种资源动因正反映了作业与资源费用的逻辑联系。

3. 将成本分配到各种产品

选择作业成本动因，确定各作业成本的分配率，将各个作业中心的成本分配到最终产品、劳务或顾客，从而计算每种产品的单位成本。选择作业成本动因是指根据追踪的资源，选择分配到各作业中心成本的标准。例如，材料搬运作业的衡量标准是搬运的零件数量，生产调度作业的衡量标准是生产的订单数量，自动化设备作业的衡量标准是机器工时数。这一步骤的分配工作说明产出量的多少决定着作业的消耗量，而这种作业消耗量与企业产出量之间的关系就是作业动因。

应当指出的是，在分配作业中心成本时，有些成本动因与产品直接相关，因而可以将这些作业中心的成本直接分摊至产品。例如，与产量有关的作业中心的成本和与产品批次有关的作业中心的成本都可直接分配到产品中去。其他一些与产品没有直接关系的作业中心成本，应当首先分摊至与产品有直接关系的作业中心（或称初步成本分配），然后由与产品直接相关的作业中心分配到产品中去。

当各作业成本库及成本动因确立后，就可用各作业成本除以预计的成本动因单位数，计算出以成本动因为单位的分配率。然后，根据各批产品所耗用的成本动因单位数和各作业中心的成本分配率，求得各批产品所负担的作业总成本和单位成本。

三、作业成本计算的应用

下面举例说明作业成本计算的应用。

【例 8-1】特立企业 2021 年 3 月生产甲、乙两种产品。甲产品为小批量、高科技产品，生产工人平均技术级别较高；乙产品为大批量产品，生产工艺比甲产品简单。具体资料如表 8-4 所示。

表 8-4　产销量及作业资料

项目	甲产品	乙产品
产销量（件）	10 000	40 000
机器调整次数（次）	5	2
原材料处理次数（次）	10	5

续表

项目	甲产品	乙产品
质量检验次数（次）	100	50
机器制造小时（小时）	20 000	60 000
直接材料（元）	250 000	600 000
直接人工（元）	100 000	240 000

企业当年制造费用项目与金额如表8-5所示。

表8-5 制造费用资料　　　　　　　　　　　　　　　　　　　　　单位：元

项目	金额
机器调整成本	140 000
原材料处理成本	150 000
质量检验成本	300 000
间接人工支出	34 000
燃料与水电费用	160 000
设备折旧	240 000
其他费用	176 000
合计	1 200 000

相关计算分析如下：

①传统成本法下的成本计算。依据传统成本法，可将制造费用按机器制造工时进行分配。

制造费用分配率＝1 200 000÷（20 000＋60 000）＝15（元／小时）

甲产品应分摊的制造费用＝20 000×15＝300 000（元）

乙产品应分摊的制造费用＝60 000×15＝900 000（元）

根据上述分析与计算结果编制产品成本计算表，如表8-6所示。

表8-6 传统成本法下的成本计算表

2021年3月　　　　　　　　　　　　　　　　　　　　　　　　　　单位：元

项目	甲产品	乙产品
直接材料	250 000	600 000
直接人工	100 000	240 000
制造费用	300 000	900 000
总成本	650 000	1 740 000
产销量（件）	10 000	40 000
单位产品成本（元／件）	65	43.5

②作业成本法下的成本计算。作业成本法的关键在于对制造费用的处理不是完全按机器制造工时进行分配，而是按关键作业中心与成本动因确定各类费用的分配标准。具体计算过程如下：

a. 对于机器调整成本，其成本动因是机器调整次数。

$$分配率 = 140\,000 \div (5 + 2) = 20\,000（元/次）$$
$$甲产品应分配机器调整成本 = 5 \times 20\,000 = 100\,000（元）$$
$$乙产品应分配机器调整成本 = 2 \times 20\,000 = 40\,000（元）$$

b. 对于原材料处理成本，其成本动因是原材料处理次数。

$$分配率 = 150\,000 \div (10 + 5) = 10\,000（元/次）$$
$$甲产品应分配原材料处理成本 = 10 \times 10\,000 = 100\,000（元）$$
$$乙产品应分配原材料处理成本 = 5 \times 10\,000 = 50\,000（元）$$

c. 对于质量检验成本，其成本动因是质量检验次数。

$$分配率 = 300\,000 \div (100 + 50) = 2\,000（元/次）$$
$$甲产品应分配质量检验成本 = 100 \times 2\,000 = 200\,000（元）$$
$$乙产品应分配质量检验成本 = 50 \times 2\,000 = 100\,000（元）$$

d. 对于间接人工支出，其成本动因是直接人工成本。

$$分配率 = 34\,000 \div (100\,000 + 240\,000) = 0.1$$
$$甲产品应分配间接人工支出 = 0.1 \times 100\,000 = 10\,000（元）$$
$$乙产品应分配间接人工支出 = 0.1 \times 240\,000 = 24\,000（元）$$

e. 对于燃料与水电费用、设备折旧，其成本动因都是机器制造小时。

$$其共同分配率 = (160\,000 + 240\,000) \div (20\,000 + 60\,000) = 5（元/小时）$$
$$甲产品应分配的这两项费用 = 5 \times 20\,000 = 100\,000（元）$$
$$乙产品应分配的这两项费用 = 5 \times 60\,000 = 300\,000（元）$$

f. 对于其他费用，由于其成本动因不易确定，故采用上列费用分配给甲、乙两产品的总额的比例作为分配基础。

$$甲产品所分配的费用 = 100\,000 + 100\,000 + 200\,000 + 10\,000 + 100\,000 = 510\,000（元）$$
$$乙产品所分配的费用 = 40\,000 + 50\,000 + 100\,000 + 24\,000 + 300\,000 = 514\,000（元）$$
$$分配率 = 176\,000 \div (510\,000 + 514\,000) = 0.171875$$
$$甲产品应分配的其他费用 = 0.171875 \times 510\,000 = 87\,656（元）$$
$$乙产品应分配的其他费用 = 0.171875 \times 514\,000 = 88\,344（元）$$
$$应分配给甲产品的制造费用金额 = 510\,000 + 87\,656 = 597\,656（元）$$
$$应分配给乙产品的制造费用金额 = 514\,000 + 88\,344 = 602\,344（元）$$

根据上述分析与计算结果编制作业成本计算表，如表 8-7 所示。

表 8-7 作业成本法下的成本计算表

2021 年 3 月　　　　　　　　　　　　　　　　　　　　　　　　　　　单位：元

项目	甲产品	乙产品
直接材料	250 000	600 000
直接人工	100 000	240 000
制造费用	597 656	602 344

续表

项目	甲产品	乙产品
总成本	947 656	1 442 344
产销量（件）	10 000	40 000
单位产品成本（元/件）	94.8	36.1

③两种方法计算结果的比较。比较表 8-6 和表 8-7 数据，按作业成本法，甲产品单位成本由传统成本计算得出的 65 元提高到 94.8 元，提高幅度为 46%；乙产品单位成本由传统成本计算得出的 43.5 元下降到 36.1 元，下降幅度为 17%。

可见，在传统成本法下，产量较大的普通型产品的成本被多计或高估，产量较少的精密型产品的成本则被少计或低估。产生差异的原因主要是传统成本法对制造费用只采用单一的分配标准，而忽视了不同作业之间的成本动因不同。显然，作业成本法比传统成本法更准确和科学。

当企业某些产品的成本被多计（或高估）时，必然会有某些产品的成本被少计（或低估）。产品成本一旦被多计或少计，成本交叉补贴的现象就会出现。所谓成本交叉补贴，是指一个企业的某些产品因其成本多计，造成若干其他产品成本少计的结果。交叉补贴一旦存在，就会造成成本扭曲，企业管理人员就无法了解产品的真正成本是多少，因而无法判断哪些是盈利产品，哪些是亏本产品。

就短期而言，只要企业成本扭曲的程度不严重，或许无伤大局；但从长期来看，在竞争激烈的环境中，精确计算产品成本是企业生存发展的必然要求。因为根据精确的成本计算可以发现哪些产品或服务项目具有竞争力，以及哪些产品或服务项目较有利可图，进而采取恰当的决策，强化产品的市场竞争力。

四、作业成本的会计处理

1. 作业成本的核算结构

作业成本法下，成本有直接成本和间接成本之分，而间接成本按成本动因又可分为数量驱动的制造费用和非数量驱动的制造费用两类。

如图 8-3 所示，作业成本的核算结构分为两方面：一方面，直接成本直接归入产品（服务）项目。另一方面，间接成本按照驱动因素分配到不同的产品（服务）项目。数量驱动的制造费用按数量基础分配给产品，而非数量驱动的制造费用根据作业消耗资源、产品消耗作业进行两阶段成本分配。在第一阶段，将那些非直接成本归集到不同类作业；在第二阶段，每一类作业的成本以选定的成本动因按比例分配到产品。

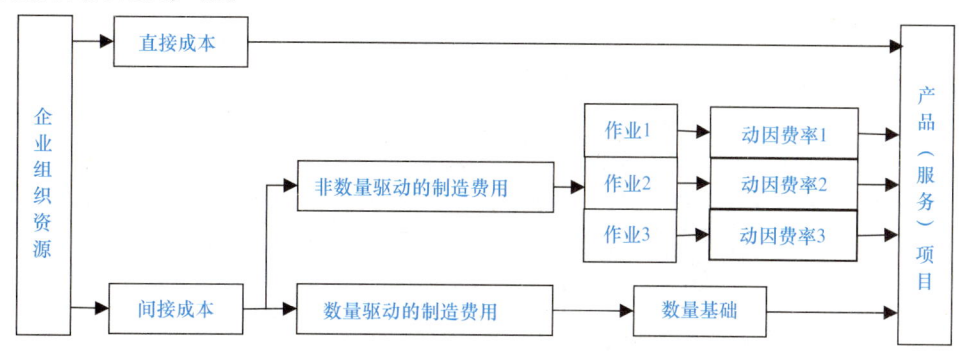

图 8-3 作业成本核算系统的结构

2. 作业成本核算的账务处理

产品（服务）成本分为主要成本（直接材料与直接人工等）和费用类（如制造费用）两部分。主要成本可直接追溯至产品品种；而制造费用则需要先计算作业成本，再按作业动因分配至产品。对于主要成本，可借助会计中"生产成本"总账科目，并按产品品种设置二级账。

如图8-4所示，以"制造费用"账户为中线，反映了作业成本核算的二维模型的账户体系和财务处理。第一阶段以资源动因为标准，将费用要素（资源耗用）直接追溯或分配至产品成本和作业成本之中；第二阶段以作业动因为标准，将作业成本分配至产品成本，最终在"生产成本"及其明细账中加以汇总，计算各产品成本。

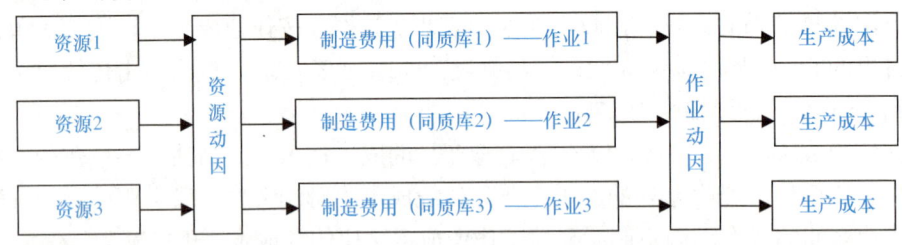

图 8-4 作业成本核算的账务处理程序

这一账户体系和账务处理程序，既体现了作业成本法的账务处理过程，又表明了各作业的可控成本及其产品消耗作业的情况。各账户数据真正实现了作业成本法与制造成本法的结合，能够达到作业成本计算和核算的双重目的（补偿和控制）。

第三节 作业成本控制

作业成本法将着眼点与着重点放在成本发生的前因和后果上，以作业为核心，以资源流动为线索，以成本动因为媒介，通过对所有作业活动进行跟踪动态反映，对最终产品形成过程中所发生的作业成本进行有效控制，是一种实现成本前馈控制与反馈控制相结合、成本计算与成本管理相结合的全面成本管理系统。作业成本法的产生为成本管理提供了一种新思维，即作业成本管理。

一、作业管理思想

成本信息计算需求产生了作业成本观。一般认为，作业成本计算有成本分配观和过程分析观两种观点，前者进行纵向分析计算，后者进行横向分析计算，两者统一为二维作业成本计算模式，如图8-5所示。

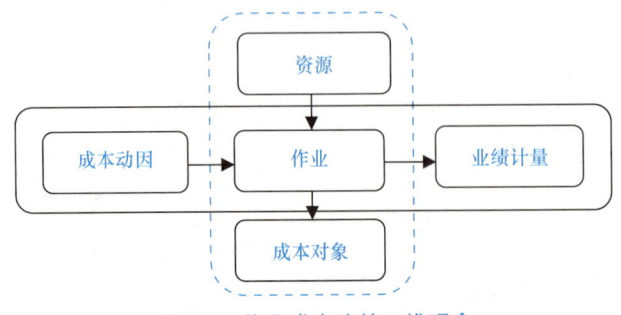

图 8-5 作业成本法的二维观念

二维作业成本计算模式能够为企业的内外部相关利益者提供及时、准确、有用的信息。成本分配观所提供的信息有助于分析各种决策，包括定价决策、产品组合决策、资源利用决策、产品设计决策以及采取各种改进措施决策。过程分析观反映了一个企业对新类型信息的需要，这种信息就是反映影响作业业绩的事件的信息。有了这类信息，企业既可提高业绩又可增加顾客价值。

1. 成本分配观

成本分配观也称成本分解法或二阶动因法，图8-5中的垂直虚线部分反映了成本分配观。它说明成本对象引起作业需求，而作业需求又拉动资源需求，这就是成本分配的资源流动。而成本分配观的成本流动却恰好相反，它从资源成本到作业成本，而后从作业成本到产品成本。

成本分配观包括从分类账中获得主要成本项目（预算项目），确定应该分摊成本的作业之后以产出数量（成本动因）的耗费为基础，将作业成本分摊到产品或劳务中去。典型的成本分配观是一种对历史成本费用进行分析的方法，需要收集大量的数据，因而比较烦琐。

2. 过程分析观

图8-5中的水平实线部分反映了过程分析观。它为企业提供有关何种原因引起作业（成本动因）以及作业完成得如何（业绩计量）的信息。就程序而言，它要先确定实物的耗用量，再确定企业的多个活动过程耗用了哪些资源。显然企业只有耗用资源才发生成本，因此一旦明确了消耗状态，成本计算就成为直接地追踪从资源耗用到作业的过程。

与成本分配观的二阶动因结构不同，过程分析观承认多层次作业。例如，材料管理员使用办公设备，也接受人力资源和信息系统的服务，而后两者都要使用办公设备和场地，信息工作人员也要接受人力资源服务。所以这里有一个重叠式资源成本流。

过程分析观认为，起始于企业供应商，经过企业内部的研究开发、产品设计、制造、销售和售后服务，最终为顾客提供产品的企业业务过程，是由一系列前后有序的作业构成的。企业就是将它们由此及彼、由内到外连接起来的一条作业链。每完成一项作业要消耗一定的资源，作业的产出又形成一定的价值，因而企业又是价值在作业链上各作业之间转移所形成的一条价值链。过程分析有利于找出企业业务活动中各个环节上的症结，提高业务活动各个环节的效率。

采用过程分析法，以业务为导向，能够发现制作流程图和敏感性分析的瓶颈，能够有效地支持经营过程的完善，确定不增值作业。过程分析观既强调一个过程中的作业的相对独立性，又强调作业的相互联系性。

过程分析观的先进性在于以下两点：

（1）将管理的重点由产品成本的结果转向作业成本的形成原因。由作业成本计算原理可知，产品成本的高低不仅与其消耗的作业量的大小有关，还与每种作业上的资源占用量有关，作业量的减少并不能自动地减少该项作业所占用的资源（如设备、人员等）。因此，降低产品成本、提高资源使用效率，不仅要提高生产过程中各项作业完成的效率和质量，而且要提高生产过程之前资源配置的合理性，高度重视产前调研和产品开发设计管理。

（2）使企业整体成为多个局部的动态有机结合，而不再是局部的简单总和。这有助于企业协调局部关系，实现整体最优化和持续改善，也有助于实现业务的根本革新。

二、作业分析步骤

作业分析具体包括如下步骤：

1. 区别增值作业与非增值作业

首先，应分析哪些作业是增值的，哪些作业是不增值的。通常，能增加传递给客户的价值的作业为增值作业，生产工艺流程中的各项作业一般都是增值作业。例如，某机械厂生产工艺流程中的制模、浇铸、下料、冲压、成型、装机、调试等作业，都属于增值作业。不增值作业是指对增加顾客价值没有贡献或者凡经消除而不会降低产品价值的作业，如存货的储存分类整理和搬运、产品的返修或者重复检测以及等待工作等都为非增值作业。管理者应尽可能减少非增值作业，并尽可能提高增值作业的效率。

2. 分析重要性作业

企业的作业通常多达几十种，甚至上百种、上千种，没有必要对这些作业一一进行分析，因为这不符合成本效益原则。根据重要性原则，只需对那些对于顾客价值和企业价值而言比较重要的作业进行分析即可。

3. 对比企业的作业与其他企业类似的作业

因为增值的作业并不意味着有效和最佳，通过与其他企业先进水平的作业进行比较，可以判断某项作业或企业整个价值链是否有效，以寻求改进的机会。例如，产品设计作业是一种增值作业，如果某企业采用手工方式进行图纸设计，而其他企业采用能快速提供服务的计算机辅助设计，则在采用多品种、少批量生产方式和要求快捷供货的情况下，用计算机辅助设计替代人工设计就是必要的。

4. 分析作业之间的联系

作业成本法下的各种作业相互联系，形成作业链，理想的作业链应该是使作业完成的时间最短和重复次数最少的作业链。由此可知，作业管理不仅是一项管理工作，更是在作业成本计算的基础上不断改进企业作业活动的一个动态过程。

三、创建作业中心

（一）收集作业信息

表 8-8 给出了一份收集作业信息的表格，用来在调查中收集信息并确保以后阶段可靠的信息来源。

表 8-8　作业信息表

序号	作业名称	过程说明	输入（产品、信息等）	输出（产品、信息等）	前一项作业	后一项作业	作业所需的资源	作业衡量指标
1	发放工资	处理/比较信息以产生计时工资和月薪人员名册	考勤卡、加班表	银行自动结算系统、清单支票和现金	计算	出纳记账	人工、机器、支票簿	正确性等
2	原材料入库	验收原材料、整理原材料	订货单、到货单	材料合格单	订货	发货	人工	

在作业调查结束后，应将这些表格转换成电子数据表或数据库格式，以有利于企业整合作业，开展企业流程再造。

作业信息表主要包括以下几项内容：

（1）作业名称。尽量避免以单个词定义名称。

（2）过程说明。这部分应该足够详细，以使每个人都清楚作业由什么组成，还可以包括对发生的一些任务所进行的说明。

（3）作业的输入。执行作业所需要的条件或作业产生的因素。

（4）作业的输出。执行作业的结果，如产品、信息等。如有可能，应对执行的作业具备更充分的了解。

（5）确认前一项和后一项作业，有利于形成作业图。

（6）作业所需要的资源，如设备以及执行每项作业需要的人数等。这有助于将成本分配到各项作业中。

（7）作业衡量指标。作业衡量方式有助于确定作业效率。

（二）编制标准作业成本表

编制标准作业成本表的目的是将作业中心的相关成本分配给不同的作业。表8-9是一个将业务单元成本分配给不同作业的标准作业成本表。

表8-9 标准作业成本表

部门：　　　　　　　　　　　　　　　年　月　　　　　　　　　　　　　　　单位：

序号	作业	部门人工成本			直接成本						间接成本		作业成本	
		小组1	小组2	总人工成本	原料成本	消耗品	日常开支	管理成本	折旧费	其他费用	间接成本1	间接成本2	总作业成本	作业总人数

与作业中心有关的成本类项目，如部门人工成本，可能是所有的作业都会发生的。为了简化模型，应确定部门人工成本。假设部门小组中所有员工在相似的程度上进行同样的作业，然后，确定每个小组用于作业的时间并计算作业的人工成本。小组的大小通常可以从个人到某些制造领域的20人以上不等。

（三）绘制作业图

作业图是对已定义的系统中的所有作业以及它们之间的相互作用的分析性描述，描述做过的作业以及不同的作业如何连接在一起满足顾客需求的过程。在同一行业中的企业，如汽车业、宇航业、批量生产制造业、加工制造业等，有着相似的作业图。这意味着可以为具体的行业开发标准模型，这将有助于减少建模的时间，降低建模的复杂度和混乱程度。虽然需要进行较小的改动，但是可以通过评估每个部门的作业并在必要的地方进行修改来实现，因而拥有相似部门的企业可以开发作业库。而且，将这样的作业图用于其他类型产业也是有可能的，但实施中应该注意对每项作业加以验证。

（四）建立作业中心

作业分析通常采用对管理人员进行调查的方法开展。因此，信息的收集并未跨越整个企业，而是仅限在每位管理人员所负责的区域内，即作业中心。每一个作业中心都应由具体的管理人员负责对成本进行归集。作业中心可以仅仅是集成的成本中心，但这通常不能形成完全以企业的信息需求为核心的作业基础。

作业中心在最高层次上应该是一个完整的职位，在最低层次上则是单独的个人或仅为某位管理人员的任务中能够明晰定义的一部分。就小企业而言，作业中心的数量很可能接近管理人员的数量。然而，作业中心的数量并不随企业规模的扩大而增加。一旦超过某一个点，作业中心的数量就会变得十分复杂。因此，最理想的作业中心数量应该在10～40个。

作业中心是通过审阅企业作业图而组建的。首先确定那些能够提供企业作业信息的管理人，然后围绕这些人员建立作业中心。例如，某生产车间管理人员能够充分提供整个产品的作业信息，于是该车间成为最大的作业中心，包括车间所有的员工。同时，辅助职能部门的作业对企业来说也具有举足轻重的作用。

作业中心可以通过查看部门和成本中心的结构或者企业组织结构图来确定。除此之外，也可以为发生了重要成本的领域，以及发生了一些重要作业且这些作业的成本必须得到记录的领域创建作业中心。确定了作业中心以后，便可以确定作业中心所执行的作业。

四、作业管理方法

作业管理就是将企业看作由顾客需求驱动的系列作业组合而成的作业集合体，在管理中努力提高增加顾客价值的作业的效率，消除或遏制不增加顾客价值的作业，实现企业生产经营的持续改善。不增加顾客价值的作业以及增加顾客价值但无效率的作业称为不增值作业，由不增值作业引发的成本称为不增值作业成本。

作业管理主要采用如下方法降低成本：

1. 消除作业

消除作业是指消除不增值作业，即先确定不增值作业，进而采取有效措施予以消除。例如，将原材料从集中保管的仓库搬运到生产部门，将某部门生产的零件搬运到下一个生产部门都是不增值作业。如果条件许可，将原料供应商的交货方式改为直接送达原料使用部门，将功能性的工厂布局转变为单元制造式布置，可缩短运输距离，削减甚至消除不增值作业。

2. 选择作业

选择作业是指尽可能列举各项可行的作业，并从中选择最佳的作业。不同的策略经常产生不同的作业，例如，不同的产品销售策略会产生不同的销售作业，而作业引发成本，因此不同的产品销售策略会引发不同的作业及成本。在其他条件不变的情况下，选择作业成本最低的销售策略可以降低成本。

3. 减少作业

减少作业是指提升必要作业的效率或者改善在短期内无法消除的不增值作业。例如，减少整备次数可以减少作业及其成本。

4. 分享作业

分享作业就是利用规模经济效应提高必要作业的效率，即增加成本动因的数量但不增加作业成本，这样可以减少单位作业成本以及分摊于产品的成本。例如新产品在设计时，如果能够充分利用现有其他产品使用的零件，就可以免除新产品零件的设计作业，从而降低新产品的生产成本。

五、作业成本控制举例

下面举例说明作业成本的控制方法。

【例8-2】特立企业生产甲、乙、丙三种电子产品，假定生产量就是销售量。甲产品的生产工艺最简单；乙产品销量最大，生产工艺相对复杂一些；丙产品的生产工艺最复杂。公司设有一个生产车间，主要工序包括零部件排序准备、自动插件、手工插件、压焊、技术冲洗及烘干、质量检测和包装。原材料和零部件均外购。特立企业一直采用传统成本计算法计算产品成本，以直接人工工时为基础分配制造费用。相关成本资料如表8-10所示。

表8-10 成本资料

项目	甲产品	乙产品	丙产品	合计
（1）产销量（件）	10 000	20 000	4 000	
（2）直接材料（元）	500 000	1 800 000	80 000	2 380 000
（3）直接人工（元）	580 000	1 600 000	160 000	2 340 000
（4）制造费用（元）				3 894 000
（5）年直接人工工时（小时）	30 000	80 000	8 000	118 000
（6）分配率（元/小时）=（4）/（5）	3 894 000÷118 000 = 33			
（7）各产品分摊制造费用（元）=（5）×（6）	990 000	2 640 000	264 000	3 894 000
（8）各产品成本合计（元）=（2）+（3）+（7）	2 070 000	6 040 000	504 000	
（9）单位产品成本（元/件）=（8）/（1）	207	302	126	

①企业的定价策略。公司采用成本加成定价法作为定价策略，按成本加成25%设定目标售价，如表8-11所示。

表8-11 产品销售资料

单位：元/件

项目	甲产品	乙产品	丙产品
产品成本	207.00	302.00	126.00
目标售价（产品成本×125%）	258.75	377.50	157.50
实际售价	258.75	328.00	250.00

②产品销售方面的困境。近年，公司在产品销售方面出现了一些问题。甲产品按目标售价正常出售；市场竞争使公司将乙产品的实际售价降到328元，远远低于目标售价377.5元；将丙产品的售价定于157.5元时，公司收到的订单数量非常多，超过其生产能力，因此公司将丙产品的售价提高到250元，但即使在250元这一价格下，公司收到的订单依然很多，其他公司在市场上无力与公司竞争。甲产品的销售及盈利状况正常；丙产品是高盈利、低产量的优势产品；乙产品是公司主要产品，年销售量最高，但现在面临困境，成为关注焦点。

在分析过程中，管理人员对传统成本计算法提供的成本资料的正确性产生了怀疑，决定使用作业成本法重新计算成本。

具体计算过程如下：

①划分作业。管理人员经过分析，认定了公司发生的主要作业，并将其划分为几个同质作业成本库，然后将间接费用归集到各作业成本库中。归集的结果如表8-12所示。

表 8-12　间接费用归集表　　　　　　　　　　　　　　　　　　　　　　　　　单位：元

装配	材料采购	物料处理	启动准备	质量控制	产品包装	工程处理	管理	合计
1 212 600	200 000	600 000	3 000	421 000	250 000	700 000	507 400	3 894 000

②计算作业成本。管理人员认定各作业成本库的成本动因，并计算单位作业成本，具体如表 8-13 和表 8-14 所示。

表 8-13　成本动因统计表

制造费用	成本动因	作业量			
		甲产品	乙产品	丙产品	合计
装配	机器小时（小时）	10 000	25 000	8 000	43 000
材料采购	订单数量（张）	1 200	4 800	14 000	20 000
物料处理	材料移动次数（次）	700	3 000	6 300	10 000
启动准备	准备次数（次）	1 000	4 000	10 000	15 000
质量控制	检验小时（小时）	4 000	8 000	8 000	20 000
产品包装	包装次数（次）	400	3 000	6 600	10 000
工程处理	工程处理时间（小时）	10 000	18 000	12 000	40 000
管理	直接人工（小时）	30 000	80 000	8 000	118 000

表 8-14　单位作业成本计算表

制造费用	成本动因	年制造费用（元）	年作业量	单位作业成本
装配	机器小时（小时）	1 212 600	43 000	28.20 元/小时
材料采购	订单数量（张）	200 000	20 000	10 元/张
物料处理	材料移动次数（次）	600 000	10 000	60 元/次
启动准备	准备次数（次）	3 000	15 000	0.20 元/次
质量控制	检验小时（小时）	421 000	20 000	21.05 元/小时
产品包装	包装次数（次）	250 000	10 000	25 元/次
工程处理	工程处理时间（小时）	700 000	40 000	17.50 元/小时
管理	直接人工（小时）	507 400	118 000	4.30 元/小时

③分摊作业成本。将作业成本库的制造费用按单位作业成本分摊到各产品，如表 8-15 所示。

表 8-15 作业成本分摊表

单位：元

项目	单位作业成本	甲产品		乙产品		丙产品	
		作业量	作业成本	作业量	作业成本	作业量	作业成本
装配	28.20 元/小时	10 000	282 000	25 000	705 000	8 000	225 600
材料采购（张）	10 元/张	1 200	12 000	4 800	48 000	14 000	140 000
物料处理（次）	60 元/次	700	42 000	3 000	180 000	6 300	378 000
启动准备（次）	0.20 元/次	1 000	200	4 000	800	10 000	2 000
质量控制（小时）	21.05 元/小时	4 000	84 200	8 000	168 400	8 000	168 400
产品包装（次）	25 元/次	400	10 000	3 000	75 000	6 600	165 000
工程处理（小时）	17.50 元/小时	10 000	175 000	18 000	315 000	12 000	210 000
管理（小时）	4.30 元/小时	30 000	129 000	80 000	344 000	8 000	34 400
合计			734 400		1 836 200		1 323 400

④计算产品单位作业成本。以作业成本为基础进行重新计算，得到的产品成本资料如表 8-16 所示。

表 8-16 单位作业成本计算表

单位：元

项目	甲产品	乙产品	丙产品
直接材料	500 000	1 800 000	80 000
直接人工	580 000	1 600 000	160 000
装配	282 000	705 000	225 600
材料采购	12 000	48 000	140 000
物料处理	42 000	180 000	378 000
启动准备	200	800	2 000
质量控制	84 200	168 400	168 400
产品包装	10 000	75 000	165 000
工程处理	175 000	315 000	210 000
管理	129 000	344 000	34 400
合计	1 814 400	5 236 200	1 563 400
产量（件）	10 000	20 000	4 000
单位产品成本（元/件）	181.44	261.81	390.85

由表 8-17 可知，采用作业成本法取得的产品成本与采用传统成本法取得的产品成本差异很大。甲产品和乙产品在作业成本法下的产品成本都远低于在传统成本法下的产品成本。这为企业目前在

乙产品方面遇到的困境提供了很好的解释。作业成本法下的甲产品、乙产品和丙产品的分析如下：

①甲产品的实际售价为258.75元，高于重新确定的目标售价226.80元，是一种高盈利的产品。特立企业应该优先生产甲产品，获得更多的利润。

②乙产品的目标售价为327.26元，企业原定377.50元的目标售价显然是不合理的。企业现在的328.00元的实际售价与目标售价基本吻合。

③丙产品的产品成本在传统成本法下显然被低估了，企业制定的目标售价过低，导致实际售价250元低于作业成本法计算得到的产品成本390.85元。如果售价不能提高或产品成本不能降低，企业应考虑放弃生产丙产品。

表 8-17　两种成本计算方法下的售价比较

单位：元/件

项目	成本计算方法	产品成本	目标售价（产品成本×125%）	实际市场售价	实际售价与目标售价的差异
甲产品	传统成本计算法	207.00	258.75	258.75	0
	作业成本计算法	181.44	226.80		31.95
乙产品	传统成本计算法	302.00	377.50	328.00	-49.5
	作业成本计算法	261.81	327.26		0.74
丙产品	传统成本计算法	126.00	157.50	250.00	92.5
	作业成本计算法	390.85	488.56		-238.56

特立企业的管理人员利用作业成本法取得了较传统成本法更为准确的产品信息，应据此及时调整公司的定价策略，并进一步对公司的其他决策进行分析调整。作业成本法提供了相对准确的信息，使业绩评价更加客观、公正、详细，为公司调整产品生产结构、确定产品定价策略、加强成本控制和改善生产经营提供了更好的依据。

本章小结

作业成本法与传统成本法的主要区别在于分配基础不同。作业成本法能够提供相对准确的产品成本信息。作业、作业链及价值链是作业成本法的三个基本概念。成本动因是引起相关成本对象的总成本发生变动的因素。根据驱动因素的不同，成本动因可分为资源动因和作业动因两大类。

作业成本计算有三个步骤，包括确认主要作业和作业中心、将成本或资源分配到作业中心、将成本分配到各种产品。作业分析具体包括四个步骤：区别增值作业与非增值作业、分析重要性作业、对比企业的作业与其他企业类似的作业、分析作业之间的联系。作业中心的创建步骤主要有收集作业信息、编制标准作业成本表、绘制作业图、建立作业中心。作业管理的方法有消除作业、选择作业、减少作业和分享作业等。

复习思考题

1. 与传统成本法相比，作业成本法有哪几个主要优点？
2. 什么是作业、作业链和价值链？
3. 什么叫成本动因？如何选择成本动因？
4. 简述作业成本法的基本原理。

ITEM 9

第九章
质量成本管理

教学目标

○ 了解质量成本的构成；
○ 熟悉质量成本决策的发展过程；
○ 能够进行质量成本的核算；
○ 掌握质量成本报告的方法。

知识导航

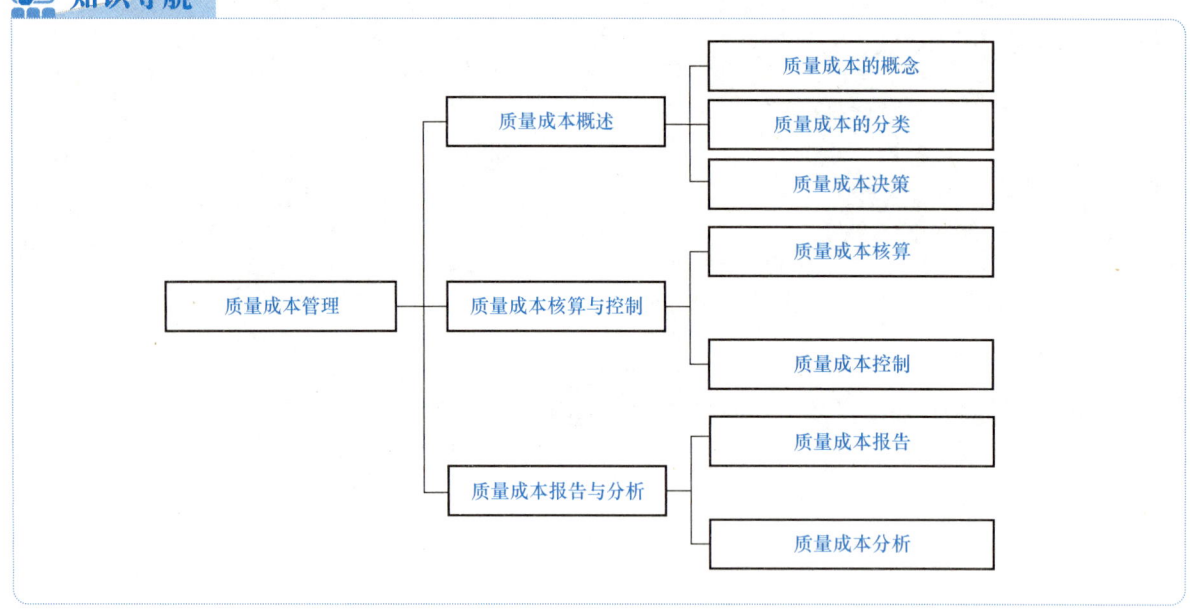

质量成本决策是成本管理的重要职能之一，是在成本预测的基础上，根据其他有关资料，在若干个与生产经营和成本有关的方案中，选择最优方案以确定目标成本。做出最优化的成本决策是编制成本计划的前提，也是提高经济效益的重要途径。

第一节　质量成本概述

一、质量成本的概念

质量是最受各行业管理当局关注的问题之一，是指产品或服务满足消费者的程度。产品的性能、可靠性、寿命、安全性和经济性是产品的质量特征，这些特征能否满足消费者需求及满足程度是衡量产品质量的基本标志。产品的实际质量应符合设计质量，而设计质量又必须以满足消费者的要求为出发点。可见，只有满足消费者要求的产品质量，才能节省费用、增加利润，进而提高企业声誉，赢得未来收入。质量影响企业的经济效益，而维持产品质量需要付出代价，需要耗费各种相关成本。如何在产品质量和维持质量所付出的成本之间寻求一种平衡，是现代质量管理者需要考虑的核心内容，而质量成本的计量确认又是其中的关键。

质量成本是企业为了维持和提高产品质量而发生的各种耗费与因未达到既定质量标准而发生的一切损失之和。质量成本概念最早见于20世纪20年代的质量检验阶段，于20世纪50年代由美国质量管理专家费根堡姆在《哈佛商业评论》中予以明确。费根堡姆第一次将企业中质量预防和鉴定活动的费用与产品质量不合要求的损失归集在一起考虑，明确提出了质量成本的概念，并向企业高层管理者提供质量成本报告，该报告成为企业高层管理者量化质量问题、了解质量问题对企业经济效益影响、进行质量决策的重要依据。此后，质量成本的概念很快便得到了企业界的广泛重视和应用，并在实践中得到完善和发展。随着质量成本概念的发展和质量成本的量化，质量管理也进入统计质量管理阶段。

早在20世纪20年代，由于质量管理的发展，人们便尝试将成本概念用于产品检验中，来计算检验成本。全面质量管理推行之后，朱兰首先提出了"矿中黄金"概念，即"质量上可减免成本的总额"类似于"矿中黄金"，企业在废次品上发生的成本好像一座金矿，人们完全可以对它进行有效的开采。也就是说控制废次品、减少甚至消灭不合格品，就好比开采一座金矿，可以大幅度减少企业的成本和损失、增加利润。美国质量管理专家伦德瓦尔则强调挖掘潜在废次品。他认为生产现场中暴露出来的废次品损失，即财务账面上反映出来的损失，好比露出水面的冰山一样，仅是废次品损失的一小部分；大部分潜在的、未暴露的废次品损失则像水底冰山一样，要比水面部分大得多，有人估计可占全部废次品损失的80%~90%。如果采取措施将管理的重点由水面向水下深入，解决因管理、技术造成的长期影响质量的问题，由生产现场转向产品设计、工艺和用户适用的质量控制，就可以预防"水底冰山"带来的潜在损失，从而获得巨大的经济效益。

20世纪60年代，质量管理进入了一个全新的阶段，即由统计质量管理阶段进入全面质量管理阶段。随着质量管理范围的扩大，质量成本的范围也在扩大。20世纪60年代后期，费根堡姆在研究全面质量管理的过程中，将质量成本管理的范围扩大到产品生命周期，形成从市场调查、产品设计、技术装备、物资供应、生产创造、产品销售到用户使用的全过程的质量成本管理。

自20世纪80年代后期以来，质量管理得到了进一步的扩展和深化，逐渐由早期的全面质量控制（TQC）演化成为全面质量管理，远远超出了一般意义上的质量管理的领域，成为一种综合的、全面的经营管理方式理念。美国质量学会前会长哈林顿提出了"不良质量成本"概念，他认为质量成本的概念会使人们误以为高质量就需要高成本，所以用不良质量成本更为确切。他还指出，不良质量成本不仅包括预防成本、检验成本、内部故障成本和外部故障成本这些直接不良质量成本，还应该包括存在于产品全生命周期的质量成本，如用户损失成本、用户不满意成本及企业信誉损失等间接不良质量成本。虽然哈林顿提出的间接不良质量成本存在难以计量的问题，但是其对企业经营发展关系重大，企业在质量管理中应予以考虑。

质量成本信息可以揭示产品质量与经济效益的关系，有利于控制和降低成本，改进和提高质量，实现经济效益和社会效益的统一。

二、质量成本的分类

质量成本按不同的标准可分为不同的类别。

（一）按质量成本的经济用途分类

按经济用途，质量成本可分为运行质量成本和外部质量保证成本。

1. 运行质量成本

运行质量成本是企业为达到和保证规定的质量水平所支付的成本。企业的运行质量成本由预防和检验成本与质量损失成本两部分组成。

（1）预防和检验成本。预防和检验成本是为了确保满意的质量而发生的费用，是企业内部质量保证成本，由预防成本和检验成本组成。预防成本是指为防止废品、次品及质量事故的发生，保证产品符合设计质量而支出的各项费用。预防成本是为了使质量损失成本和鉴定成本保持在最低限度而发生的，具体包括：质量工作费用；质量培训费用；供应商评价与选择费用；新产品设计评审费用；质量改进措施费用；质量奖励费用；专职质量管理人员工资及福利费用。检验成本也称鉴定成本，是为检验和评定产品质量和管理工作质量是否达到设计标准和规定要求而发生的费用。检验成本的发生主要是为了了解产品情况，具体包括：监测和鉴定原材料、半成品、产成品质量费用；检测设备、仪器、工具及使用维护费；检测鉴定管理费。

（2）质量损失成本。质量损失成本也称质量失败成本，是没有达到质量要求所造成的损失，是评定以及改正或更换不符合标准或顾客要求的产品或服务所需的费用依据，包括内部损失成本和外部损失成本。内部损失成本也称为内部故障成本、内部缺陷成本，是在产品完工或发货之前及提供服务之前发生的，组织内部由于某一个环节出现不合格或缺陷而发生的费用及造成的损失，具体包括：不可修复废品的净损失、可修复废品的修复费用、可修复废品修复后的复检费用、产品降级质量损失费、质量事故损失费、质量事故处理费等。外部损失成本也称为外部故障成本、外部缺陷成本，是指产品交付顾客之后，由产品质量缺陷而引起的一切损失及费用。如果没有次品，这些成本便可避免。具体包括：退换货费用；保修费用；降价损失费用；质量"三包"管理费；质量索赔费用；质量诉讼费用；消费者恶意损伤企业信誉而发生的损失，如订单减少、销售额减少、市场占有率下降等。

2. 外部质量保证成本

外部质量保证成本是指向用户提供其所要求的客观证据所发生的耗费，如为客户提供特殊的和附加的质量保证措施、程序、数据、实证试验等发生的成本。

外部质量保证成本通常不是由企业控制的，而是由用户的要求决定的。因此，一般情况下，如果企业发生的外部质量保证成本较少，或者极少情况下客户会要求提供特殊的或附加的质量保证，或者各期所发生的外部质量保证成本的金额通常是稳定的或变化不大，则质量成本中可以不考虑外部质量保证成本。但是，根据行业惯例或企业以往的经验，各期均会发生一定量的外部质量保证成本，所以企业在质量成本管理中应予以考虑。

(二）按质量成本的反映方式分类

按反映方式，质量成本可分为显性质量成本和隐性质量成本。该分类有利于区别其不同的补偿方式，努力减少隐含质量成本带来的损失。

1. 显性质量成本

显性质量成本也称显见质量成本、直接质量不良成本，是指可从企业会计记录中获取数据的成本，包括预防成本、检验成本、外部质量保证成本，以及由产品质量和生产工作质量造成的、企业实际支付的内部损失成本和外部损失成本等。

显性质量成本通常是企业实际发生的成本，是可以在会计记录中反映和记录的，可以按实际发生的数额进行记录和核算。如果企业在会计核算系统中单独设置"质量成本"账户，对质量成本进行记录和核算，则企业可以直接利用质量成本数据进行质量成本的控制、分析与报告，无须采用专门的方法对显性质量成本进行计量。

但是，在通常情况下，由于质量成本的计算与确认属于管理会计范畴，而且现行会计制度不要求单独核算质量成本，许多企业日常财务核算体系中少有专门的质量成本科目，质量成本存在于企业生产经营活动的各项耗费和损失之中，因此被掩盖于传统会计账簿中各个科目里，如原材料、工资、折旧、管理费用、制造费用等。

在根据日常财务会计的记录追溯显性质量成本时，往往需要对与显性质量成本相关的财务科目的会计科目当期发生额进行分析，找出其中可归属于显性质量成本的金额，再予以汇总，最后得出一定期间内显性质量成本的发生额及其明细。对于无法通过会计记录获得的质量成本信息，除了从现有的各种会计原始凭证和会计账户中分析获得外，还可以考虑通过其他的渠道获得，如从统计原始资料或凭证中分析获得，以及从各种质量原始凭证中分析获得等。

2. 隐性质量成本

隐性质量成本也称隐含质量成本、间接质量不良成本，是由提供的产品或服务质量低劣而导致的机会成本，包括企业未实际支付现金的内部损失成本和外部损失成本，通常无法在会计记录中反映，如失去销售机会，顾客不满意，以及市场占有率下降、质量降低等降级损失。

隐性质量成本是企业的无形损失，要由企业来承担。由于隐性质量成本不是以企业实际支付货币或承担负债的形式发生，而是以企业收益减少的方式发生，除少数情况下能够以销售折让等方式加以记录外，会计上对这些损失并没有或无法进行专门的记录，但这是一种机会成本，企业在进行质量管理和质量成本控制时，还是应予以管理和控制。

将隐性质量成本按照一定的经验或方法进行估算，有助于管理当局更准确地确定防止及鉴定所耗用的支出。但由于隐性质量成本不能从财务数据中分析取得，且其数额较大，因此，只能通过估计的方法进行计量或者通过统计核算方法得到。

计算隐性质量成本比较常用的方法有乘数法和市场研究法。乘数法假设全部质量损失成本是所能计量的显性质量成本与根据经验确定的乘数的积。市场研究法通常用于判断产品质量不良对销售和市场份额的影响，而顾客调查及与公司销售员工的面谈通常可以为分析公司隐含质量成本的放大效应提供重要参考依据。市场研究的结果可用于预计不良质量所带来的未来利润的流失数量。

(三）按质量成本的控制效果分类

按控制效果，质量成本可分为质量控制有效成本和质量控制失效成本。

1. 质量控制有效成本

质量控制有效成本也称质量保证成本、质量控制成本，是对产品质量进行控制、管理和鉴定所花费的费用，包括预防成本、检验成本和外部质量保证成本。这种费用具有投资的性质，发生的主要目的是控制质量，因此又称投资性质量成本或可控成本。

2. 质量控制失效成本

质量控制失效成本也称质量失败成本、质量控制失败成本，是指由于质量控制不力而产生不合格品造成的损失。质量控制失效成本包括内部和外部损失成本，是一种损耗性成本，既包含企业实际发生的返工、返修成本，质量"三包"成本，也包括企业没有实际支付但需要承担的机会成本，如市场份额的减少等成本。

质量控制失效成本受质量保证成本的影响，质量保证成本的合理使用和质量的有效控制是降低质量控制失效成本的有效途径。

质量成本按控制效果分类，有利于分析和确定质量成本控制的重点，加大控制力度，适度增加质量控制成本，抑制和消除控制失效成本，实现质量最佳、成本最优的目标。

（四）按质量成本与产品质量的密切程度分类

按与产品质量的密切程度，质量成本可分为直接质量成本和间接质量成本。

1. 直接质量成本

直接质量成本与产品的质量直接相关，通常是指因产品质量的直接原因而引起的各种费用和损失，如质量预防成本、鉴定成本等。美国质量管理专家哈林顿在《质量不良成本》一书中称这类成本为直接质量不良成本。

2. 间接质量成本

间接质量成本与产品质量不存在直接联系，但与产品质量间接相关，如产品信誉损失成本、用户不满损失成本和其他用户损失成本等。其中，产品信誉损失是指产品质量不良造成企业信誉下降而带来的间接经济损失；用户不满损失是指产品质量不适合用户要求，引起用户不满情绪造成的间接经济损失；其他用户损失是指产品质量不良给用户带来的额外损失，对生产企业而言则属于间接质量损失。

质量成本按照其与产品质量的密切程度分类，有利于全面分析质量损失的原因及其影响。尤其要注意对社会（含用户）造成的间接影响和损失，因为这种损失对企业具有潜在的影响力，且容易为人们所忽略。

（五）按质量成本与产品质量形成的过程分类

按与产品质量形成的过程分类，质量成本可分为设计质量成本、采购质量成本、制造质量成本和销售服务质量成本等。

1. 设计质量成本

设计质量成本是指在产品设计阶段为改进产品质量进行设计、工艺调整和试制等发生的质量成本。

2. 采购质量成本

采购质量成本是指在原材料、能源的采购供应阶段，为保证采购物资质量而发生的质量费用，如优质优价费用、检验费用、预防费用等。

3. 制造质量成本

制造质量成本是指在产品生产制造阶段所发生的质量成本，包括预防、鉴定、内部损失和外部损失等成本。

4. 销售服务质量成本

销售服务质量成本是指在产品销售及售后服务阶段因产品质量发生的质量费用和损失，如"三包"费用、索赔费用、折价损失等。

质量成本按其与产品质量的形成过程分类，有利于明确质量经济责任，便于开展质量成本责任会计，也便于组织实施质量成本目标管理。

三、质量成本决策

质量对企业、个人和社会都有重要意义，但加强质量管理必须付出一定的代价，需要权衡质量成本与收益之间的关系，这就要求进行质量成本决策。质量成本管理与决策进行分析、计量和报告所需的信息来自质量成本会计。质量成本会计是运用会计学、管理学和质量经济学的基本原理和方法，对企业产品质量形成过程和结果进行预测、控制、核算和分析的一种专业会计。

（一）质量成本决策的概念

质量成本决策是质量管理与成本会计结合的产物，是有组织、系统地对产品寿命周期所发生的质量成本进行预测、决策、计划、控制、计算、分析和考核的一系列科学管理活动。实施全面质量成本决策与管理，需要制订质量计划，对质量成本进行计量，并报告计划执行结果，以利于改进。这些活动涉及设计、生产、销售和售后服务等环节，而其信息支持主要来自会计部门。

质量成本的不同构成部分占总质量成本的比例在不同行业、不同时期和不同产品之间都可能不同，但其变化趋势与产品质量之间的关系却有一定的规律性。质量成本的不同组成部分之间存在着一定的反向变动关系，例如预防成本和鉴定成本增加，有可能使内部质量损失成本和外部质量损失成本降低。

质量成本决策就是运用系统优化的方法，通过对质量因素和质量成本构成的分析，确定在盈利水平较高条件下的质量水平和质量成本标准，以作为质量管理的指导。它以质量成本为中心，包括质量成本的预测、最佳质量成本决策和质量成本计划的编制。

最佳质量成本决策，是指利用质量成本各项目之间的相互关系及其与产品质量的关系，寻求质量成本的理想点，实现总质量成本最低和企业效益最大。

（二）传统质量成本决策方法

传统质量成本决策的目标是寻求可接受的质量水平。在传统质量观中，将质量成本分为两类：一类是控制成本（包括预防成本和鉴定成本），另一类是结果成本（包括内外部产品质量损失成本）。其中，控制成本随着产品质量的提高而增长，结果成本则随着产品质量的提高而迅速下降。质量水平与控制成本呈同方向的变化，与结果成本呈反方向的变化。

按照朱兰的观点，当控制成本为零时，产品100%为次品，要提高产品质量，就要增加质量成本和控制成本，当质量水平为100%时，这两项成本就变得无限大。而结果成本的产生源于次品的存在，当次品为100%时，结果成本无限大；随着质量的提高，结果成本逐渐下降。质量成本与质量水平的具体关系如图9-1所示。

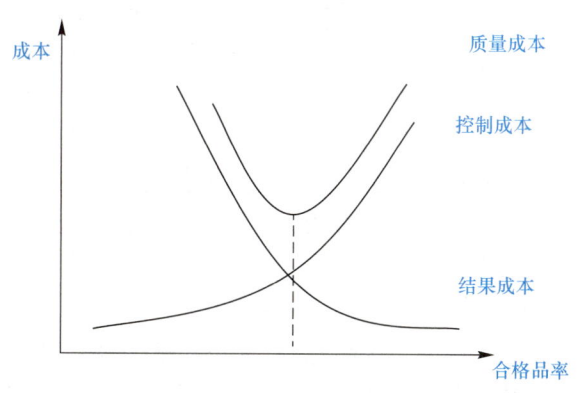

图 9-1　质量成本与质量水平的关系

从图9-1中可以看出，控制成本随着合格品率的上升而增加，并且曲线的斜率也显著增大，这表明随着质量水平的提高，边际控制成本将显著增加。结果成本则随着质量水平的提高而下降，当边际控制成本等于边际结果时，质量总成本最低，此时达到最优质量水平。最优质量水平不是产品百分之百合格，而是使质量总成本最低的质量水平（合格率低于百分之百）。也就是说，可接受质量水平（AQL）允许生产销售一定数量的缺陷性产品，不利于改善经营缺点，并且这种允许次品存在的观点与全面质量管理的观点是不相容的。

（三）现代质量成本决策方法

全面质量管理也称零缺陷模式，要求生产的产品和提供的服务必须满足目标价值，对于质量管理的认识与AQL有所不同。它认为，质量的改进必须是持续不断的，要从根本上找出质量问题产生的根源并加以去除。这就要求加大预防成本的投入，以提高产品质量水平。

在竞争日益激烈的市场环境中，质量可以带来重要的竞争优势，但如果不采取措施，质量问题的根源会继续存在，产品质量损失成本将持续不断发生，而由此造成的顾客满意度下降和市场份额丧失的损失是不可估量的。在预防成本上多投入一些，将带来质量总成本的持续下降。同时，随着新技术运用于生产，企业往往引入高精度的计量系统，以及时发现超过误差水平的缺陷产品并及时修复。对于质量的检验，不再等到产品经过全部生产过程后在最后入库阶段依赖检验员的检验，而是依靠一线生产工人的自我调控和自我修复。

采用全面质量管理，鉴定成本和预防成本随产品质量水平的变动而发生的变动不大，不会出现朱兰所描述的那样急剧上升的状况。而且，即使在质量水平为零的情况下，在鉴定和预防成本上的一些固定投入也是不可避免的，而不是表现为零。这种最佳质量水平的决策方法可以不断促进质量水平的提高，形成良性循环：通过不断增加预防成本的投入，消除产生质量问题的根源，可以达到最佳质量水平。随着质量水平的提高，生产的稳定性增加，所需要的预防成本下降，最终只剩预防性维护的开支，从而使控制成本曲线向下推移，质量总成本曲线也向下推移，出现新的最佳质量水平，从而持续地向着零缺陷的目标靠近。

第二节 质量成本核算与控制

一、质量成本核算

质量成本核算就是按产品形成的全过程，对发生的预防成本、检验成本、内部质量损失成本和外部质量损失成本等质量成本以货币形态进行核算。质量成本核算一般先由单个核算网点进行，再由企业财务部门统一核算。

成本核算可以正确反映质量成本预算的执行情况，以确定差异的存在，并加以改进，从而有助于进行全面质量成本控制。而且，质量成本核算是质量成本分析与报告的前提和基础。但是，质量成本核算尚无统一的会计制度规定，使得其具体方法没有固定模式，企业只能根据本企业内部的需要采取一些措施。目前，常见的做法有以下两种：

（一）单轨制

单轨制是将质量成本核算纳入现有的会计核算账户体系，使成本核算成为会计核算的组成部分，也称非独立核算形式。这种方法在原有的会计科目表中增设"质量成本"一级科目，然后在其下设置"预防成本""检验成本""内部质量损失成本""外部质量损失成本"四个二级科目，各二级科目下还可以按具体内容设置明细科目，从而将质量成本核算与正常的会计核算结合在一起。

单轨制最大的缺点是与现行会计制度不相容，会计期末也无法在资产负债表和利润表中对其进行反映。为了解决这一矛盾，在会计期末，应将质量成本在"生产成本""管理费用"和"销售费用"中进行分配，但分配的标准不易确定。单轨制的另一个缺点是账务处理比较繁重，优点则是能对质量成本的实际数进行准确而有效的控制。

（二）双轨制

双轨制是在会计核算体系之外，单独设计质量成本核算体系，在核算质量成本的同时核算质量收益，从而得到质量净收益，因此也称为独立核算形式。具体来说，它是将质量成本核算和正常的会计核算截然分开，单独设置质量成本的账户记录，由各种质量成本控制网点进行核算。其中，大部分核算可以利用原有的资料，并在原有的"生产成本""制造费用""管理费用"和"销售费用"账户内设置专栏，根据有关会计凭证将质量成本数据在专栏内填列；然后由各质量成本控制网点，根据结果定期编制"质量成本报告"，作为考核该网点的依据。

双轨制的优点是简便易行，缺点是不能对质量成本的实际发生数进行准确和有效的控制。

二、质量成本控制

质量成本控制是企业对质量成本进行日常控制的基本工作步骤。企业应在有效的质量成本管理组织体系下，对质量成本进行全程性、全员性和全面性的控制，以实现质量成本的目标。质量成本控制的内容主要包括以下方面：

（一）建立质量成本管理的组织体系

企业的质量控制所涉及的面比较广，包括设计、开发、生产、供应、销售、质检、财务、技术以及其他各职能部门，这些部门都有可能因为影响产品质量从而影响质量成本。因此，为实施有效控制，首先应构建完善的组织体系，建立质量成本控制中心，确定质量控制的总体目标，并层层下达给各个质量成本控制点，对质量成本进行规划、督导，达到全面控制质量成本的目的。

（二）对质量成本进行规划

对质量成本进行规划，首先应分析企业的质量成本状况，明确质量成本控制的工作重点，然后在了解企业基本状况的基础上，分析并制定出适合企业的质量措施方案，包括确定质量成本预算标准和可接受的误差范围。对于存在的质量问题，要提出不同的质量措施方案，并对各种质量措施方案进行分析和比较，选择质量成本最低的方案。

（三）对产品生命周期进行全过程控制

从产品的设计、生产到使用，根据方案对产品的质量进行全程控制。设计前要做好调查工作，注重设计的技术性与经济性的结合，生产中要控制废品的产生以及返修的比率，销售后要做好售后服务工作。如果有条件，应对使用过程的质量成本加以追踪，以改进设计或生产质量。

第三节　质量成本报告与分析

一、质量成本报告

质量成本报告是在质量成本分析的基础上形成的书面文件，是企业质量成本分析活动的总结性文件，供领导及有关部门决策使用。质量成本报告一般需要包括质量成本发生额的汇总数据、原因分析和质量改进对策等三部分，具体包括以下五个方面的内容：

（1）质量成本计划执行和完成情况与基期的对比分析。

（2）质量成本的四项构成（预防成本、鉴定成本、内部失败成本、外部失败成本）比例变化分析。

（3）质量成本与主要经济指标的效益比较分析。

（4）典型事例和重点问题的分析及处理意见。

（5）对企业质量问题的改进建议。

质量成本报告的形式多种多样，根据报告的时间和对象，其内容也繁简各异。质量成本报告可以随时编制，按时间可分为定期报告和不定期报告，按书面形式可分为报表式、图表式、陈述式、综合式等，可以按设备、车间、分厂、分部、公司、产品或产品线等多种成本对象编制。

企业应根据自身的实际情况，确定报告的表式、频次、内容和报送部门。根据管理层对成本信息的需要，质量成本报告中甚至不一定包括全部四种成本类型。基本的报表式质量成本报告如表 9-1 所示。

表 9-1 特立企业质量成本报告（报表式）

2021 年 6 月 30 日

项目	金额（元）	占销售额百分比（%）
预防成本：		
制造过程的设计	0	
质量计划	2 000	
质量培训	3 000	
对供应商的调查	0	
预防成本合计	5 000	0.25
鉴定成本：		
对销售订单进行详细复核	0	
检测设备的折旧	1 000	
实施检查和测试	8 000	
加工过程的检查和测试	0	
鉴定成本合计	9 000	0.46
内部失败成本：		
质量问题造成的停工	0	
重新检查	400	
重新测试	0	
返工过程耗费的人工和制造费用	10 000	
废料	1 600	
内部失败成本合计	12 000	0.61
外部失败成本：		
对赔偿额的评定	30 000	

续表

项目	金额（元）	占销售额百分比（%）
产品召回	60 000	
销货退回和折让	10 000	
产品保修费用	50 000	
产品退换	80 000	
产品质量责任保险费	20 000	
产品质量责任法律费用	0	
外部失败成本合计	250 000	12.68
质量成本合计	276 000	14.00

注：特立企业 2021 年 6 月的销售总额为 1 972 208 元。

在表 9-1 中，外部失败成本比其他质量成本要高得多，这说明在商品交付顾客之前，企业没有发现产品的质量问题并予以更正。在实施质量改进计划之前，企业经常会遇到这种情况。在这种情况下，增加预防支出和鉴定支出通常会大幅度地降低内部失败成本及外部失败成本。

此外，质量成本报告中还可以包含主观性的成本信息，如因为质量成本问题减少的销售额（外部失败成本）等。有些组织制定了一套独特的方法，将质量问题造成的销售额减少这种机会成本转化为现实的支出予以记录。

质量成本报告是衡量企业在特定期间的质量成本构成情况的报表。管理者可以从报表中得到有关质量成本管理的实施情况，并通过分析做出决策。因为不同企业有不同的核算方法和不同的目的，质量成本报告也有不同的样式和类型。例如，有的企业为推行责任会计，按部门编制报表；有的企业为分析各产品的发展性，则按产品编制整个组织的质量成本报告。不论企业编制何种方式的质量成本报告，其内容不外乎强调各成本要素的比例关系以及其衡量基础，如果企业制定了质量成本预算，还需要反映实际数与预算数差额。表 9-2 列示了按部门编制的质量成本报告。

表 9-2 质量成本报告（按部门编制）

2021 年 12 月 31 日　　　　　　　　　　　　　　　　　　　　　　单位：元

质量成本	部门甲			部门乙			合计			本期实际数占销售收入的比例（%）
	预算数	实际数	差额	预算数	实际数	差额	预算数	实际数	差额	
预算成本：										
质量工作费用										
产品评审费用										
质量培训费用										
质量奖励费用										
质量改进费用										
专职人员人工费用										

续表

质量成本	部门甲			部门乙			合计			本期实际数占销售收入的比例（%）
	预算数	实际数	差额	预算数	实际数	差额	预算数	实际数	差额	
占总质量成本百分比（%）										
检验成本：										
检验试验费										
工资及福利费										
检验试验办公费用										
设备与房屋折旧费										
占总质量成本百分比（%）										
内部质量损失成本：										
废品损失										
返修成本										
停工损失										
质量损失分析处理费										
产品降级损失										
占总质量成本百分比（%）										
外部质量损失成本：										
诉讼费用										
赔偿费用										
退货费用										
保修费用										
产品降价损失										
占总质量成本百分比（%）										
总质量成本										

二、质量成本分析

质量成本分析是指根据有关资料和质量成本报告，结合有关的经济信息，对质量成本执行情况进行评价，以便进一步提出改进措施，加强企业对质量成本的管理。质量成本分析的内容主要包括实际质量成本完成预算的情况分析、质量成本构成分析、质量成本相关比率分析、质量成本变化趋势分析、最低质量成本分析等。

质量成本分析的内容不同，所采用的方法也不同。对质量成本构成、相关比率和变化趋势的分析，主要有帕累托分析法和因果分析法两种方法；对最低质量成本的分析，主要有边际分析法和阶段分析法两种方法。

(一) 帕累托分析法

产生质量成本的原因,分为极其重要的少数和无关紧要的多数。帕累托分析法强调重视造成绝大部分成本的少数重要问题,而不是只能获得小部分收益的多数问题,即将不同原因造成的质量成本,按其占质量成本的比率由高到低排列,并加以累计,进行分析。

假定在特立企业 2021 年质量成本报告中,可得到各质量成本要素占总质量成本的百分比,具体如表 9-3 所示。

表 9-3　质量成本结构比

质量成本因素	占总质量成本的比例（%）	合计（%）
停工损失	20	80
废品损失	30	
赔偿费用	15	
返修成本	15	
产品评审费用	2	20
质量培训费用	3	
质量奖励费用	1	
质量工作费用	1	
诉讼费用	5	
检验试验费	2.50	
退货费用	2	
保修费用	1.50	
产品降价损失	2	

从表 9-3 中可以看出,特立企业只需对停工损失、废品损失、赔偿费用、返修成本进行重点分析,而无须将过多精力放在对总成本影响不大的其他大多数质量成本因素上。企业应对少数因素进行重点分析,并查明原因,提出改进措施,进行质量成本控制。

(二) 因果分析法

因果分析法是指找出影响质量成本的原因的方法,然后对更细化的因素进行分析。一般可以将其与帕累托分析法同时运用。例如,以帕累托分析法找出影响质量成本居高不下的主要因素是废品损失,就要分析造成废品损失的原因是什么,一般从人为因素、设计与操作因素、原材料与零部件因素、与机器有关因素等方面进行分析。企业应根据分析结果,找到最终原因,并加以改善,从而达到降低质量成本的目的。

(三) 边际分析法

边际分析法是指在一定的生产条件下,为了提高产品质量,企业将增加预算成本与检验成本;反之,在高质量的情况下,内部质量损失成本与外部质量损失成本将下降。这种方法是采用类似于质量成本决策的方法,寻求一个总质量成本最低点。

(四) 阶段分析法

阶段分析法是将边际分析法分析得到的总质量成本曲线分为三个区域,即改进区、最佳区、质量过剩区，如图 9-2 所示。

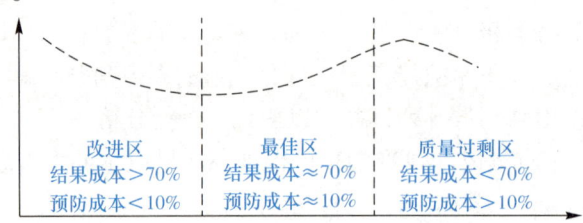

图 9-2 阶段分析法示意图

从图 9-2 中可以看出，当成本曲线位于改进区时，结果成本占总质量成本的 70% 以上，而预防成本还不足 10%。这表明企业质量水平过低，应增加预防成本的投入，以降低结果成本、提高质量水平，从而降低总质量成本。当企业处于最佳区时，增加预防成本不能再降低总质量成本，企业应维持此质量水平。若企业投入了过高的预防成本，也就是当企业处于质量过剩区时，企业的产品质量水平过剩，使得总质量成本较高。此时，企业应适当放宽检验标准，降低预防成本。

本章小结

质量成本是企业为了维持和提高产品质量而发生的各种耗费与因未达到既定质量标准而发生的一切损失之和。

根据不同的经济用途，质量成本可分为运行质量成本和外部质量保证成本；根据反映方式的不同，质量成本可分为显性质量成本和隐性质量成本；根据控制效果的不同，质量成本可分为质量控制有效成本和质量控制失效成本；根据与产品质量的密切程度，质量成本可分为直接质量成本和间接质量成本；根据与产品质量形成的过程分类，质量成本可分为设计质量成本、采购质量成本、制造质量成本和销售服务质量成本。

质量成本决策的方法包括传统质量成本决策方法和现代质量成本决策方法。质量成本核算方法有单轨制和双轨制。质量成本控制的主要内容包括建立质量成本管理的组织体系、对质量成本进行规划、对产品生命周期进行全过程控制。

质量成本报告一般需要包括质量成本发生额的汇总数据、原因分析和质量改进对策三部分。质量成本分析方法有帕累托分析法、因果分析法、边际分析法和阶段分析法。

复习思考题

1. 简述质量成本的概念以及构成。
2. 传统质量成本决策与现代质量成本决策有何异同？
3. 质量成本报告有哪些？包括哪些格式？

第十章 成本计划

ITEM 10

教学目标

○ 了解成本计划的内容和成本计划的编制模式；
○ 熟悉成本计划的编制步骤；
○ 掌握弹性预算、滚动预算、零基预算和概率预算的编制方法。

知识导航

```
                                    ┌─ 成本计划的作用
                                    ├─ 成本计划的内容
              ┌─ 成本计划概述 ──────┼─ 成本计划的编制原则
              │                     ├─ 成本计划的编制模式
              │                     └─ 成本计划的编制步骤
  成本计划 ──┤
              │                     ┌─ 弹性预算法
              │                     ├─ 滚动预算法
              └─ 成本计划编制的方法─┼─ 零基预算法
                                    ├─ 概率预算法
                                    └─ 成本计划编制举例
```

　　成本计划是根据成本决策所确定的目标成本，具体规定在计划期内为完成规定的任务所应达到的成本水平，并提出为达到规定的成本水平所应采取的各项措施。成本计划是进行成本控制、成本分析和成本考核的依据。本章重点介绍成本计划的作用、内容、编制原则、编制步骤和几种具体的编制方法。

第一节　成本计划概述

一、成本计划的作用

成本计划在企业成本分析、考核、评价等各环节都具有不可替代的作用，具体体现在以下三个方面：

1. **成本计划有助于明确成本方面的目标**

成本计划是确保企业目标成本落实和具体化的首要程序。成本计划规定了产品的耗费水平及降低成本的任务，这就明确了成本方面的具体工作目标和各自的职责，企业各个部门有必要合理使用一切人力、物力和财力，确保企业目标的实现。

2. **成本计划是加强成本控制的有力手段**

成本计划一经确定，就应将各指标分解落实到各个车间、班组和有关的职能部门，以确定各职能部门和各级生产单位在成本上所承担的责任。

3. **成本计划是评价和考核成本业绩的标准和尺度**

企业只有以成本计划作为客观依据，通过定期分析成本计划的完成情况，明确企业各部门的计划成本和实际成本差异，分清主观原因和客观原因，才能够正确评价和考核企业各部门的工作业绩，从而调动各部门及职工的工作积极性。

二、成本计划的内容

为了达到生产经营的目的，企业必须以货币形式预先规定计划期内产品生产耗费和各种产品的成本水平，制订切实可行的成本计划，以保证决策目标的实现。

（一）产品单位成本计划

产品单位成本计划是按照成本项目反映计划期内某种产品应达到的成本水平，并且规定单位耗用工时和主要用料的定额。

（二）全部产品成本计划

全部产品成本计划反映企业在计划期内生产的全部产品总成本水平，其在编制过程中又可以分为以下两种：

1. **按产品品种编制的全部产品成本计划**

按产品品种编制的全部产品成本计划，包括不同品种产品的成本计划指标，具体如下：

（1）全部产品成本计划总成本。
（2）全部可比产品计划总成本及其计划降低率指标。
（3）全部不可比产品计划总成本。
（4）各主要可比产品计划单位成本、总成本及其成本降低计划指标。
（5）各主要不可比产品单位成本及总成本。

2. **按成本项目编制的全部产品成本计划**

按成本项目编制的全部产品成本计划，包括按不同成本项目反映的成本计划指标，具体如下：

（1）全部可比产品直接材料、直接人工、制造费用等项目的计划成本及计划降低额、降低率指标。

（2）全部不可比产品直接材料、直接人工、制造费用等计划成本指标。

（3）全部产品按不同成本项目表示的各项目成本计划指标及总成本计划指标。

这两种方法反映的计划总成本，都是以计划单位成本和计划产量来计算确定的，因此，两者反映的总成本、可比产品成本降低额和降低率是一致的。

（三）制造费用预算

制造费用预算是反映各车间（分厂）为了组织生产和管理生产所发生的各种费用的预算。制造费用要按一定标准分配到产品单位成本。

（四）期间费用预算

期间费用是指直接计入当期损益的管理费用、财务费用和销售费用等，这些费用不计入产品成本。整个成本费用计划的完成离不开期间费用的预算，并且对于不同的期间费用应分别编制预算。

1. 管理费用预算

管理费用预算按管理费用的详细项目反映计划期管理费用不同项目的控制水平。

2. 财务费用预算

财务费用预算按费用项目反映计划期各项费用的控制水平。

3. 销售费用预算

销售费用预算按销售费用的构成项目反映其计划期控制水平。

（五）降低成本的主要方案

降低成本的方案是在各部门提出的措施基础上，经过综合平衡加以汇总而制定的。该方案应详细说明各项目的可行性、计划支出额和资金来源、预计经济效果以及计划实现的节约额。

企业为了编制以上成本计划，需要编制一些具体的计算底稿性质的计划表，如各车间直接费用计划表、辅助生产车间成本及其分配计划表和制造费用分配计划表。

成本计划除了以上部分外，通常还有文字说明部分，其主要内容是：上年成本计划预计完成情况的分析、计划中存在的问题和解决问题的意见、两年的价格差异和其他重大因素变动对成本计划的影响，以及计划年度改善成本会计工作的规划等。

三、成本计划的编制原则

成本计划的编制是一项综合性工作，涉及企业生产经营的许多方面，且需要较强的技术条件。成本计划在编制过程中应遵循以下原则：

1. 先进合理原则

在成本计划的编制过程中，要以先进合理的技术经济定额为基础，充分考虑管理需要与现实可能性。

2. 可比性原则

成本计划应与实际成本、前期成本保持可比性，这就要求在成本计算的对象、费用归集和分配方法上，编制计划和核算保持一致的方法与口径。

3. 系统性原则

成本计划既是产量计划、工资计划、材料供应计划等一系列计划综合的结果，又是利润计划、财务收支计划等的基础。成本计划的编制必须与其他有关计划密切衔接，相互促进。

4. 效益原则

在确定成本计划的编制程序与方法时，应充分考虑编制过程本身的消耗，在满足管理需要的前提下，应尽可能节约编制过程的开支。

5. 弹性原则

弹性原则要求成本计划建立在科学的成本预测的基础上。不过，无论怎样科学预测，总会有较大的不确定性。

计划执行者要亲自参加成本计划的编制，企业要发动计划执行者讨论、修改各项消耗定额，制定增加短线产品产量、提高产品质量、降低材料消耗、提高劳动生产率的措施，挖掘内部潜力，采取上下结合的方式，逐级综合平衡，从而形成正式的成本计划。

四、成本计划的编制模式

由于各企业规模、生产特点和管理要求等不同，成本计划的编制模式一般分为统一编制和分级编制两种。

（一）统一编制

统一编制是指厂部直接编制全厂（部分车间）的成本计划，即以企业财会部门为主，在其他有关部门配合下，根据企业综合经营计划的要求编制产品成本计划。统一编制适合中小型且产品品种较少的企业。

（二）分级编制

分级编制是指先由厂部对各车间下达控制数字，各车间根据厂部下达的成本控制指标，发动群众讨论，提措施、挖潜力、算细账，编制车间成本计划；再由厂部财务部门根据各车间的成本计划进行汇总平衡，编制整个企业的产品成本计划；最后经过批准，将成本计划指标分解，层层下达，并与实施内部经济责任结合起来。

不论是统一编制还是分级编制，只要依据的资料相同、费用分配的标准和方法相同，编制的结果就是相同的。企业采用统一编制还是分级编制，通常取决于成本核算的方法和程序。

成本计划在分级编制的方式下，分为以下七个步骤：

1. 辅助生产成本计划的编制

辅助生产车间的服务对象主要是各基本生产车间和企业管理部门，还包括福利事业单位、专项工程和对外承担修理业务的部门等。辅助生产的费用应该采用一定方法分配到各受益单位的成品成本或费用计划中去。编制产品成本计划，首先要编制辅助生产成本计划，它是按照每一辅助生产车间来编制的。

确定各项成本项目的计划数额时，直接材料、燃料和直接工资等项目，可以根据车间计划生产量（或劳务量）、单位产品（或劳务）消耗定额和计划单价进行计算。现以直接材料项目为例说明其计算方法。相关计算公式为：

直接材料＝产品的生产量或劳务量 × 单位产品或劳务消耗定额 × 计划单价

制造费用项目的内容比较复杂，要分别按明细项目确定。其计算方法有：

（1）凡是规定费用开支标准的，应按有关材料开支标准计算。例如，劳务保护费可以根据车间享受人数和规定标准计算。

（2）凡是没有消耗定额和开支标准的费用项目，如低值易耗品、维修费等，可以根据上期的预计实际数，结合本期车间产量或劳务供应量的增减情况以及计划期节约费用的要求来确定。其计算公式为：

本期计划数＝上期预计实际数 ×（本期计划产量或劳务供应量 ÷ 上期预计实际产量或劳务供应量）×（1－节约率）

（3）凡是相对固定的费用项目，如办公费，可以根据上期预计实际数和计划期节约费用的要求来确定。

（4）凡是其他计划中已有现成资料的费用项目，如生产单位管理人员工资、折旧费等，可以根据其他计划有关资料计算确定。

为了正确地反映辅助生产的成本水平，耗用其他辅助生产车间的产品或劳务，应列入制造费用的有关明细科目，其数据根据计划耗用量和计划价格计算确定。

2. 辅助生产成本分配计划的编制

辅助生产成本计划编制完成后，应编制辅助生产车间所提供的产品或劳务的计划单位成本。在供应单一产品或劳务的车间，通常采用以计划生产产量或劳务数量分配车间生产费用总额的方法求得计划单位成本；在提供多种产品或劳务的辅助生产车间，为了正确计算费用，应尽可能地分别针对不同对象计算其计划单位成本。在这种情况下，需要将车间发生的制造费用等间接费用在各种产品或劳务之间进行分配，以确定各产品或劳务的计划单位成本。根据计划单位成本和各受益对象提供的产品或劳务数量，可以进行辅助生产费用的分配。

3. 基本生产车间成本计划的编制

基本生产车间成本计划要分别按各基本生产车间来编制。首先，应编制车间直接费用计划，按产品计算直接费用；然后，编制制造费用预算，在各产品之间进行分配；最后，编制车间的产品成本计划。

（1）车间直接费用计划的编制。直接费用计划应按成本项目反映产品的单位成本、本期的生产费用总额和本期完工的产品成本。

产品单位成本中的"直接材料""燃料和动力"项目应根据各项消耗定额及厂内计划价格计算。如果材料消耗定额的废料具有回收价值，则应在直接材料项下扣除。在实际工作中，有些材料物资由于数量零星、品种繁多，可以参照上年度实际发生额并考虑计划期节约消耗的要求来确定材料消耗量。但是，主要的原材料、燃料和动力一定要有先进合理的消耗定额作为计算依据。

对于"直接工资"项目，如果工资直接计入产品成本，则用该产品计划产量去除其计划工资即可求得单位产品工资，但在大多数企业里，工资按计划期该产品的工时定额及每小时的生产工人工资进行计算。每小时的生产工人工资是以计划期各产品所需生产工人总工时去除生产工人计划工资总额而求得的。基本生产车间对于前一车间转来的半成品的成本，可以采取两种不同的处理方法。

1）逐步结转法。各车间要等待上一车间半成品计划成本转来后，才能确定车间半成品的计划成本。同时，在编制全厂产品成本计划时，要进行成本还原。这一工作是比较复杂的。

2）平行结转法。这种方法比较简单，各车间同时编制成本计划，但所编制的车间成本计划只反映各种产品的单位加工成本，内容不完整，不能据此核定车间在产品资金定额。

逐步结转法和平行结转法各有优缺点，每个企业应根据自身的具体条件，结合成本管理需要做出选择。

在以上各项目的单位成本基础上，还要计算本期发生的生产费用。在计算时，原材料应按投料产量计算，用工、用电和燃料应按约当产量计算。

在期初、期末在产品数量很少的车间，本期完工产品直接成本可以根据以上产品单位成本、结转计划期完工产量来确定。但是，在期初、期末在产品数量较多的车间，则要预计期初、期末在产品数量及其加工程度，并计算期初、期末在产品成本，然后确定本期完工产品的成本。其计算公式为：

$$本期完工产品成本＝期初产品成本＋本期生产费用－期末产品成本$$

（2）制造费用预算的编制。基本生产车间制造费用预算与辅助生产车间制造费用预算的编制方法基本相同，即按规定明细项目和前述各种方法来确定制造费用发生额。

确定制造费用发生额以后，应按一定标准将其分配给各种产品。分配标准有生产工人工资、生产工人工时、机器小时等,企业可根据实际情况规定适当的分配标准。在有些企业里,各班组生产的产品品种单一,因此有些制造费用项目,如修理费、折旧费、劳保费等,可以直接计入产品成本,其余费用采取分配计入的方法。

4. 车间产品成本计划的编制

车间的直接费用计划和制造费用分配计划的编制应结合计划期完工产量进行。

5. 制造费用总预算的编制

制造费用总预算是在各车间制造费用预算基础上编制的,并根据辅助生产车间、基本生产车间的制造费用预算资料明细项目汇总列示。制造费用总预算可作为控制和监督制造费用未来业务发生的标准,将实际制造费用与预算目标进行比较,可以评价制造费用实际支出情况,查明超支节约的原因。

6. 全厂成本计划的编制

财务部门对各车间上报的成本计划进行审查后,可汇编以下计划:

(1)主要产品单位成本计划。主要产品单位成本计划是根据各车间产品成本计划编制的。在采用逐步结转法时,可直接在最后一个车间的计划单位成本基础上编制。如果要求按原始成本项目反映产品成本结构,则要将最后一个车间的计划单位成本中的"自制半成品"项目逐步分解后编制。采用平行结转法时,将各车间同一产品单位成本的相同项目相加,就得到各种产品计划单位成本。

(2)产品成本计划。产品成本计划是根据各种产品单位成本计划,结合计划产量而编制的。用各种产品计划产量乘以上年平均单位成本,汇总起来就得到按上年平均单位成本计算的总成本;用各种产品计划产量乘以上年计划单位成本,汇总起来就得到本期计划总成本,在此基础上可以确定可比产品成本降低任务。相关计算公式为:

计划降低额 = 按上年平均单位成本计算的总成本 - 本期计划总成本

计划降低率 = 降低额 ÷ 按上年平均单位成本计算的总成本

7. 期间费用预算的编制

期间费用包括企业行政管理部门为管理和组织经营活动而发生的管理费用、为筹集资金而发生的财务费用,以及企业在销售产品和提供劳务等过程中发生的销售费用。这三项费用应分别按规定的明细项目编制预算。以管理费用预算为例,有的可以根据费用开支标准计算,如公司经费中的办公费、差旅费;有的可以根据其他计划列入,如公司经营中的管理人员工资、职工福利费、折旧费;有的可以根据一定的标准计提,如工会经费、职工教育经费和税金;有的则以基期实际数为基础,结合计划期降低费用的要求编制。其他两项费用预算的编制方法与管理费用预算基本相同,此处不再赘述。

五、成本计划的编制步骤

编制企业计划应根据企业长期规划、经营方针和市场预测,通过生产能力、资产规模、资金能力和成本等的初步测算,经管理层讨论后,确定计划年度的经营目标,包括利润目标、销售目标和资金目标等。在以销定产的经营思想结构指导下,首先应编制销售计划,预测销售量和销售收入;然后编制生产计划,保证产品生产满足销售需要。而成本计划是在销售计划和生产计划的基础上编制的,它要保证目标销售成本与目标销售利润的实现。企业各种计划经经营管理层协调、平衡和修订后,批准下达给各有关部门执行。

成本计划的编制,一般应遵循下列程序:

1. 收集和整理相关资料

收集和整理资料是编制成本计划的基础工作。企业应从各方面收集和整理编制成本计划所需要的资料，包括有关成本计划编制的各项规定，如计划期企业的销售、生产、物资供应、劳务工资和技术组织措施等方案，新产品的设计资料和目标成本，计划期原材料、辅助材料、燃料、动力定额及费用定额，计划期厂内计划价格，上年实际成本的核算资料，同类型企业或同类产品的实际成本资料，等等。此外，企业还必须深入细致地进行调整研究工作，掌握生产中的具体情况，将其作为编制成本计划的参考。

2. 预计和分析上期成本计划的执行情况

必须正确分析上年成本计划完成的情况以及节约或超支的原因，找出成本升降的规律。只有充分挖掘和利用降低成本的潜力，才能保证成本计划建立在先进而又切实可靠的基础上。

3. 测算成本降低指标

财务部门对上年成本计划完成情况进行预计和分析后，要结合预定的成本降低指标，根据反复算细账所提出的各项降低成本的措施，测算计划期产品成本降低的幅度，以使企业掌握计划年度能否达到和超过预定的降低成本任务的可能性。如果在编制成本计划之前没有进行测算，编制完成后却发现未能达到预期目标，则必须重新编制。

4. 正式编制企业成本计划

企业在计算成本降低指标的基础上，可在计划委员会或厂长的直接领导下，以财务部门为主，上下结合，根据有关资料编制成本计划，并制定保证计划实现的措施。

第二节　成本计划编制的方法

一、弹性预算法

弹性预算是在固定预算模式的基础上发展起来的一种预算模式，是指企业在不能准确预测业务量的情况下，根据本量利之间有规律的数量关系，按一系列业务量水平编制的有伸缩弹性的预算，主要用于各种间接费用预算，也可用于利润预算。只要这些数量关系不变，弹性预算就可以持续使用较长时期，不必每月重复编制。

弹性预算法的编制原理是以成本习性为基础，将成本分为固定成本和变动成本两部分。它具有两方面的特性：一是弹性预算以某个相关范围为编制基础，而不是以某个单一业务水准为基础；二是弹性预算的性质是动态的。弹性预算的编制可适应任何业务要求，甚至在期间结束后也可使用。企业可按该期间所达到的业务要求编制弹性预算，以确定在该业务要求下应有的成本是多少。

某项目成本的预算数额计算公式为：

$$弹性预算 = 单位变动成本 \times 业务量水平 + 固定成本预算$$

（一）弹性预算法的主要步骤

1. 选择业务量

选择和确定与预算内容相关的业务量标准和范围，如产销量、材料消耗量、直接人工小时、机器工时和价格等。

2. 确定使用的业务量范围

弹性预算的业务量范围应视企业或部门的业务量变化情况而定，务必使实际业务量不至于超出确定的范围，通常以正常生产能力的70%～110%为宜（其中，间隔一般以5%或10%为宜），或以历史上最高业务量和最低业务量为其上下限，然后计算、确定各经济变量之间的数量关系。例如，预测随业务量增减变化的变动成本，应计算每单位业务量所负担的某种成本费用，具体公式如下：

单位业务量应负担的某种成本费用＝这种成本费用数额 ÷ 某种业务量

某种业务量应负担的某种成本费用＝该种业务量 × 单位业务量应负担的某种成本费用

3．逐项研究并确定各项成本和业务量之间的数量关系

弹性预算的质量高低在很大程度上取决于成本形态分析的水平。根据成本和产量之间的依存关系，分别确定变动成本、固定成本和混合成本及其具体费用项目在不同经营活动水平范围内的控制数额，计算各种业务量的财务预算数额，并以列表、图示或公式等方式表示。

（二）弹性预算法的分类

弹性预算法主要分为多水平法和公式法两种。

1．多水平法（列表法）

采用多水平法，首先要在确定的业务量范围内划分出若干个不同水平，然后分别计算各项预算成本并汇总列入一个预算表格。表 10-1 就是一个采用多水平法的弹性预算。间隔较大时，水平级别就少一些，可简化编制工作，但间隔太大了就会失去弹性预算的优点；较小的间隔用以控制成本较为准确，但又会增加编制的工作量。

表 10-1　多水平法弹性预算　　　　　　　　单位：元

项目	业务量水平及成本金额				
业务量（直接人工工时）	420	480	540	600	660
业务量占正常生产能力百分比（%）	70	80	90	100	110
变动成本：					
运输（$b=0.2$）	84	96	108	120	132
电力（$b=1.0$）	420	480	540	600	660
消耗材料（$b=0.1$）	42	48	54	60	66
合计	546	624	702	780	858
混合成本：					
修理费	440	490	544	600	746
油料	180	220	220	220	240
合计	620	710	764	820	986
固定成本：					
折旧费	300	300	300	300	300
管理人员工资	100	100	100	100	100
合计	400	400	400	400	400
总计	1 566	1 734	1 866	2 000	2 244

多水平法的优点是不管实际业务量是多少，不必经过计算即可找到与业务量相近的预算成本，

能够方便地控制成本；混合成本中的阶梯成本和曲线成本，可按其性态计算填列，不必用数学方法将其修正为近似的直线成本。但是，企业在运用多水平法评价和考核实际成本时，往往需要使用插补法来计算实际业务量的预算成本，因而比较麻烦。

2. 公式法

因为任何成本都可以用公式 $y = a + bx$ 来近似表示，所以只要在预算中列示 a（固定成本）和 b（单位变动成本），便可随时利用公式计算任意业务量 x 的预算成本 y。表 10-2 是一个采用公式法的制造费用弹性预算。

表 10-2 制造费用弹性预算（公式法）　　　　　　　　　　　　　单位：元

项目	固定成本（每月）	单位变动成本（每人工工时）
运输费		0.20
电费		1.00
消耗材料		0.10
修理费	85（备注）	0.85
油料费	108	0.20
折旧费	300	
管理人员工资	100	
合计	593	2.35
备注	当业务量超过 600 小时后，修理费用的固定部分上升为 185 元	

注：业务量范围为 420～660 小时。

公式法的优点是便于计算任何业务量的预算成本。但是，阶梯成本和曲线成本只能用数学方法修正为直线，以便用 $y = a + bx$ 来表示。必要时，企业还需要在"备注"中说明在不同业务量范围内，应该采用不同的固定成本和单位变动成本。

（三）弹性预算法的运用

1. 控制支出

由于成本一旦支出就不可挽回，所以只有事先提出成本的限额，使有关人员在限额内支出，才能有效地控制成本。根据弹性预算和每月的生产计划，企业可以确定各月的成本控制限额。企业对这个事先确定的限额并没有十分精确的要求，所以在采用多水平法时可选用与计划业务量水平最接近的一套成本数据，并将其作为控制成本的限额。企业在采用公式法时可根据计划业务量逐项计算成本数额，编制成本限额表，并将其作为当月控制成本的依据。

2. 评价和考核成本控制业绩

每个计划期结束后，企业都需要编制成本控制情况报告，对各部门成本预算的执行情况进行评价和考核。表 10-3 是部门成本控制报告的一种格式。

这个格式中的实际成本是根据实际产品成本核算资料填制的，预算成本是根据实际业务量和弹性预算逐项计算填列的，差异额是实际成本与预算成本的差额，负数表示节约额，正数表示超支额。这样计算出来的差异额和差异率已将业务量变动的因素排除在外，所以用其评价实际成本比较有说服力。

表 10-3　部门成本控制报告

实际业务量：580 小时　　　　　　　　　2021 年 12 月　　　　　　　　　　单位：元

项目	实际成本	预算成本	差异额	差异率（%）
变动成本：				
运输	108	116	-8	-7
电力	616	580	36	6
消耗材料	68	58	10	17
合计	792	754	38	5
混合成本：				
修理费	560	578	-18	-3
油料	230	220	10	5
合计	790	798	-8	-1
固定成本：				
折旧费	300	300	0	0
管理人员工资	110	100	10	10
合计	410	400	10	3
总计	1 992	1 952	40	2

二、滚动预算法

根据传统方法编制的预算，预算期是固定的，因此预算的有效期将随时间的推移而不断缩短。例如，年度预算的平均有效期实际上只有半年，三年预算的有效期实际上仅有两年半。预算执行越到最后，其规划和控制的作用越小。

（一）滚动预算的滚动方式

滚动预算又称永续预算，其特点是始终保持一定的有效期（如一年、一季）。以年度滚动预算为例，它是在原预算实际执行一个月或是一个季度后，在原预算基础上延伸一个月或一个季度的预算，并根据企业出现的新情况，对原预算剩余部分进行必要调整，以适应企业经营的需要，这样，年度预算期的长度始终保持 12 个月。

滚动预算按预算编制和滚动的时间单位不同，可分为逐月滚动、逐季滚动和混合滚动三种方式。

1. 逐月滚动方式

逐月滚动方式是指在预算编制过程中，以月份为预算的编制和滚动单位，每个月调整一次预算。例如，在 2020 年 1 月至 12 月的预算执行过程中，需要在 1 月末根据当月预算的执行情况修订 2 月至 12 月的预算，同时补充 2021 年 1 月的预算；到 2 月末可根据当月预算的执行情况，修订 2020 年 3 月至 2021 年 1 月的预算，同时补充 2021 年 2 月的预算；以此类推。

2. 逐季滚动方式

逐季滚动方式是指在预算编制过程中，以季度为预算的编制和滚动单位，每个季度调整一次预算。逐季滚动编制的预算比逐月滚动的工作量小，但预算精确度较差。

3. 混合滚动方式

混合滚动方式是指在预算编制过程中，同时使用月份和季度作为预算的编制和单位的滚动方法。它是滚动预算的一种变通方式，在预算编制过程中，对近期预算提出较高的精度要求，使预算的内容相对详细；对远期预算提出较低的精度要求，使预算的内容相对简单，以减少预算工作量。例如，对某年1—3月逐月编制详细预算，对4—12月分别按月编制粗略预算；在3月末根据第一季度预算的执行情况，编制4—6月的详细预算，并修订第三、第四季度的预算，同时补充下一年第一季度的预算；以此类推。

（二）滚动预算的编制要求

滚动预算的编制要求主要体现在以下方面：

（1）近期的实施预算要具体，远期的展望预算可以粗略。例如，滚动期为五年的预算，第一年要具体，中间两年较详细，后两年可较粗略。这种方法的应用实际是将连续不断的成本计划与分期假设前提下的会计核算相配合。

（2）做好当期预算执行情况的检查与分析。例如，检查本年预算或本月预算的执行情况并分析完成情况的原因，为修订预算提供依据。

（3）预计预算期各种条件的发展变化，如有关新的方针、政策和制度的制定，市场的供求变化，企业人力、物力和财力的变化，以及经营方针的调整等。

（4）由财会部门会同有关部门的人员，根据掌握的资料，制定和修订下一个滚动期的预算。

（5）滚动预算的滚动期，一般可由企业依据实际经营情况而定。

（三）滚动预算法的优缺点

滚动预算法的优点是可以保持预算的连续性和完整性，使管理人员始终明确企业的近期目标和总体规则，保证企业工作的正确、顺利进行。采用滚动预算法编制成本计划能使成本计划保持修订的灵活性，从而使成本计划更加切合实际。

滚动预算法的不足之处在于预算编制工作的频率较高、工作量较大。为此，预算的滚动期限应视实际需要而定，可适当延长，如采用按季度滚动来编制预算，应在执行预算的每个季度里按月份具体编制月份预算，这样可以适当减少预算编制次数。

三、零基预算法

零基预算是指以零点为基础而制定的预算，也就是排除过去和现实存在而又可以避免的种种消极因素的影响，将各项生产经营业务视为从头开始的新工作加以安排，客观考虑其获取收入、发生开支和实现利润的可能性，依据成本—效益分析确定每项费用数额的大小，并据以制定预算。

（一）零基预算的编制程序

1. 拟定方案

根据企业的预算总目标和总方针，拟定本部门每一项独立的生产经营业务活动实施方案，确定活动目标，计算需要开支的费用。

2. 评定方案

对每一项业务活动所需要的费用进行成本—效益分析，计算每一项费用开支可能取得的效益，根据费用项目的性质来权衡轻重、排列顺序、区别等级。

3. 落实方案

根据可动用的资金或企业分给本部门使用的资金，结合对每项费用的评价，按照排列顺序分配资金、落实方案。

在实践中，零基预算并没有得到有效的应用。虽然人们普遍认为零基预算比传统的增量预算要好，但在运用零基预算时，又经常不得不回到增量预算。造成这种现象的原因在于：编制零基预算时，其目的仍与上一年相同，并在此基础上对增量进行调整。因此，企业管理人员只会关注其中与上一年不同的地方，这等于又回到增量预算上。

实际执行中，在企业的中层管理人员经常变动或者项目发生变动的情况下，在存在大量战略变动和高度不确定性的条件下，零基预算都是非常有效的。零基预算法打破了传统的编制预算观念，不再以历史资料为基础进行调整，而是一切以零为基础。编制预算时，首先要确定各个费用项目是否应该存在；其次按项目的轻重缓急，安排企业的费用预算。

零基预算的优点是不受已有费用项目和开支水平的限制，能够调动各方面降低费用的积极性，有助于企业的发展。其缺点是工作量大，重点不突出，编制时间较长。此法特别适用于产出较难辨认的服务性部门费用预算的编制。

（二）零基预算的编制实例

【例 10-1】 特立企业为降低费用开支水平，拟对历年来超支严重的业务招待费、劳动保护费、办公费、广告费、保险费等间接费用项目按照零基预算方法编制预算。

经多次讨论研究，预算编制人员确定的上述费用在预算年度的开支水平如表 10-4 所示。

表 10-4 特立企业预计费用及开支金额 　　　　　　　　　　　　　单位：元

费用项目	业务招待费	劳动保护费	办公费	广告费	保险费	合计
开支金额	180 000	150 000	100 000	300 000	120 000	850 000

上述费用中除业务招待费和广告费以外都不能再压缩了，必须全额保证。根据历史资料对业务招待费和广告费进行成本—效益分析，得到数据如表 10-5 所示。

表 10-5 特立企业成本—效益分析表 　　　　　　　　　　　　　单位：元

成本项目	成本金额	收益金额
业务招待费	1	4
广告费	1	6

然后，权衡上述各项费用开支的轻重缓急，排出层次和顺序。劳动保护费、办公费和保险费在预算期必不可少，需要全额得到保证，属于不可避免的约束性固定成本，故应列为第一层次。业务招待费和广告费可根据预算期间企业财力情况酌情增减，属于可避免项目。其中，广告费的成本效益较大，应列为第二层次。业务招待费的成本效益相对较小，应列为第三层次。

假定该公司预算年度对上述各项费用可动用的财力资源只有 700 000 元，根据以上排列的层次和顺序分配资源，最终落实的预算金额如下：

$$\text{确定不可避免项目的预算金额} = 150\,000 + 100\,000 + 120\,000 = 370\,000（元）$$
$$\text{确定可分配的资金数额} = 700\,000 - 370\,000 = 330\,000（元）$$
$$\text{业务招待费可分配资金} = 330\,000 \times 4 \div (4+6) = 132\,000（元）$$
$$\text{广告费可分配资金} = 330\,000 \times 6 \div (4+6) = 198\,000（元）$$

在实际工作中，某些成本项目的成本与效益的关系不容易确定，按零基预算方法编制预算时，不能机械地平均分配资金，而应根据企业的实际情况，有重点、有选择地确定预算项目，保证重点项目的资金需要。

四、概率预算法

企业编制成本计划过程中会涉及许多经济变量,如材料单价、消耗定额、小时工资率、产销量等,这些变量由于企业内、外部经济条件的不断变化,常常表现出若干种变化趋势,而不是一成不变的。在现实经济生活中,各个变量的数值难以确定,在大多情况下,只能预测其数值及其发生的可能性,即概率。在因素不确定的情况下编制成本计划,就需要采用概率预算法。

概率预算法是概率论原理与预算的结合运用,其实质是一种修正的弹性预算,即将每一项可能发生的概率结合应用到弹性预算的编制中。其具体编制步骤如下:

(1) 估计因素的可能值及其概率,即对每种产品的产销量、单位消耗定额、材料单价、小时工资率等的可能取值及其概率进行判断。

(2) 分别计算各种可能组合的产品成本及联合概率。

(3) 以联合概率为权数,分别计算各种可能的期望值。

(4) 计算产品成本的综合期望值,综合期望值等于各种可能的期望值之和。

由于概率预算法考虑到所有因素变动的各种可能组合,因此运用该方法编制的成本计划更加符合实际,但其计算比较复杂,概率测算也比较困难。

五、成本计划编制举例

下面举例说明成本计划的编制。

【例10-2】特立企业设有第一、第二两个基本生产车间和一个辅助生产(修理)车间,计划生产甲、乙两种可比产品和新产品丙。其中,甲产品必须经过第一、第二两个基本生产车间连续加工才能完成;乙、丙两种产品经过一个车间加工即可完成。该企业采用分级编制成本计划的方法,基本生产车间的半成品成本不转移,由财会部门平行结转产品成本。计划年度编制成本计划的基础资料如下:

①各产品产量计划如表10-6所示。表10-6中的本期计划出产量是在计划销售量的基础上,考虑计划期内期初、期末预计产品库存量编制的,计算公式如下:

本期计划出产量=计划销售量+计划期末预计库存量-计划期初预计库存量

②可比产品预计上半年平均单位成本甲产品为800元、乙产品为400元。

③单位消耗定额和计划价格明细如表10-7所示。

④期初在产品成本资料如表10-8所示。

表 10-6 各产品产量计划   单位:件

车间	产品名称	期初在产品		本期总产量		期末在产品		本期出产量
		投料产量	约当产量	投料产量	约当产量	投料产量	约当产量	
第一车间	甲	20	10	120	110	40	20	100
	乙			200	200			200
第二车间	甲			100	100			100
	丙			160	160			160

表 10-7　单位消耗定额和计划价格明细

项目	计量单位	单位消耗定额					计划单价（元）
		甲产品			乙产品	丙产品	
		第一车间	第二车间	小计	第一车间	第二车间	
一、直接材料							
A	千克	10		10			10
B	千克		5	5			20
C	千克				20		8
D	千克					40	6
二、燃料和动力							
焦炭	千克	60	50	110	50		0.6
电	度	90	100	190	100	50	0.5
三、直接工资	工时	60	40	100	40	30	第一车间 1.2
							第二车间 1.3

表 10-8　期初在产品成本资料

项目			计量单位	消耗量	余额（元）
第一基本生产车间	甲产品	直接材料			
		A 材料	千克	220	2 200
		燃料和动力			
		焦炭	千克	600	360
		电	度	1 100	550
		直接工资	工时	600	720
		制造费用			1 524
	合计				5 354

⑤假设该企业修理车间的主要任务是为企业内各部门进行设备、仪器修理。本年度修理车间生产费用计划数为 11 200 元，计划规定为第一车间服务 1 200 工时，为第二车间服务 1 000 工时，为管理部门服务 400 工时，为生产福利部门服务 200 工时。辅助生产成本计划如表 10-9 所示。

表 10-9　辅助生产成本计划

辅助车间：修理车间　　　　　　　　　　　　2021 年度

辅助生产费用计划		辅助生产费用分配计划			
成本项目	年度计划数（元）	受益单位	修理工时	分配率	分配费用（元）
直接材料	3 600				
燃料和动力	1 600	第一车间	1 200	4	4 800
直接工资	3 000	第二车间	1 000	4	4 000

续表

辅助生产费用计划		辅助生产费用分配计划			
成本项目	年度计划数（元）	受益单位	修理工时	分配率	分配费用（元）
制造费用		企业管理部门	400	4	1 600
工资	1 000	生产福利部门	200	4	800
办公费	200	合 计	2 800		11 200
折旧费	800				
低值易耗品	400	分配率＝费用计划数÷修理工时			
劳动保护费	600	分配费用总额＝修理工时×分配率			
合计	11 200				

相关成本计划编制如下：

①基本生产车间成本计划的编制。

a. 第一基本生产车间成本计划的编制。根据表10-6至表10-9的资料编制第一车间产品成本计划，如表10-10所示。

表10-10　第一基本生产车间产品成本计划

2021年度　　　　　　　　　　　　　　　　　　　　　　　　　　　　单位：元

项目	甲产品（计划产量100）		乙产品（计划产量200）		计划总成本
	单位成本	总成本	单位成本	总成本	
直接材料	100	10 000	160	32 000	42 000
燃料和动力	81	8 100	80	16 000	24 100
直接工资	72	7 200	48	9 600	16 800
制造费用	122	12 200	80	16 000	28 200
合计	375	37 500	368	73 600	111 100

b. 第二基本生产车间成本计划的编制。

第一，直接费用计划的编制。该车间继续加工甲产品，同时还生产丙产品，这两种产品期初、期末都没有在产品，它们直接费用计划的格式和编制方法与第一基本生产车间乙产品相同。下面列示甲、丙产品直接费用计划，如表10-11、表10-12所示。

表10-11　第二基本生产车间直接费用计划

产品：甲产品　　　　　　　　　　　　　2021年度　　　　　　　　　　　　　　单位：元

项目	计量单位	单价①	单位成本		产量④	总成本	
			消耗数量②	金额③＝②×①		消耗数量⑤＝④×②	金额⑥＝⑤×①
直接材料							
B材料	千克	20	5	100	100	500	10 000
燃料和动力							
焦炭	千克	0.6	50	30	100	5 000	3 000

续表

项目	计量单位	单价①	单位成本		产量④	总成本	
			消耗数量②	金额③=②×①		消耗数量⑤=④×②	金额⑥=⑤×①
电	度	0.5	100	50	100	10 000	5 000
直接工资	工时	1.3	40	52	100	4 000	5 200
合计				232			23 200

表 10-12　第二基本生产车间直接费用计划

产品：丙产品　　　　　　　　　　　　　2021 年度　　　　　　　　　　　　　单位：元

项目	计量单位	单价①	单位成本		产量④	总成本	
			消耗数量②	金额③=②×①		消耗数量⑤=④×②	金额⑥=⑤×①
直接材料							
D 材料	千克	6	40	240	160	6 400	38 400
燃料和动力							
电	度	0.5	60	25	160	8 000	4 800
直接工资	工时	1.3	30	39	160	4 800	6 240
合计							49 440

第二，制造费用预算与分配率的编制。制造费用预算与分配率（见表 10-13）编制的程序和方法与第一基本生产车间相同，但由于该车间所生产两种产品的期初、期末都没有在产品，制造费用分配可以采取简化形式。

表 10-13　第二基本生产车间的制造费用预算与分配率

2021 年度　　　　　　　　　　　　　单位：元

明细科目	金额	费用分配率					
		产品	生产工时	分配率	单位产品分配率		总分配额
					工时	金额	
工资	3 380						
办公费	520						
折旧费	5 000	甲	4 000	3	40	120	12 000
消耗材料	4 200	丙	4 800	3	30	90	14 400
低值易耗品	3 000	合计	8 800				26 400
修理费	4 000						
试验检验费	3 000	分配率 = 26 400 ÷ 8 800 = 3					
劳动保护费	2 000	甲产品分配额 = 4 000 × 3 = 12 000					
其他费用	1 300	丙产品分配额 = 4 800 × 3 = 14 400					
合计	26 400						

第三，第二基本车间产品成本计划的编制。第二基本车间产品成本计划编制程序和方法与第一基本生产车间相同，如表10-14所示。

表10-14 第二基本生产车间产品成本计划

2021年度　　　　　　　　　　　　　　　　　　　　　　　　　　　单位：元

项目	甲产品（计划产量100）		丙产品（计划产量160）		车间计划总成本
	单位成本	总成本	单位成本	总成本	
直接材料	100	10 000	240	38 400	48 400
燃料和动力	80	8 000	30	4 800	12 800
直接工资	52	5 200	39	6 240	11 440
制造费用	120	12 000	90	14 400	26 400
合计	352	35 200	399	63 840	99 040

②编制制造费用总预算。

制造费用总预算的编制是根据辅助生产车间生产费用预算和各个基本生产车间制造费用预算中按明细账目反映的数额，分项加总，求得制造费用总预算各项目的金额，汇总编制时应注意扣除内部转账部分，即扣除各车间相互分配重复计算的部分。例如，基本生产车间制造费用预算中辅助车间分配来的费用，汇总时就不应重复计算。扣除内部转账有两种方法：一种是在各车间制造费用预算中增设"分配费用"一栏，用来登记其他车间分配来的费用，汇总时不包括该栏费用；另一种是在制造费用总预算表中设置"减内部转账"栏，根据有关费用分配表的数字分析填列。制造费用总预算如表10-15所示。

表10-15 制造费用总预算

2021年度　　　　　　　　　　　　　　　　　　　　　　　　　　　单位：元

明细科目	辅助生产车间	第一生产车间	第二生产车间	减内部转账	合计
工资	1 000	6 860	3 380		11 240
办公费	200	1 200	520		1 920
折旧费	800	12 236	5 000		18 036
消耗材料		600	4 200		4 800
低值易耗品	400	400	3 000		3 800
修理费		4 800	4 000	8 800	0
试验检验费		890	3 000		3 890
劳动保护费	600	1 300	2 000		3 900
其他费用		790	1 300		2 090
合计	3 000	29 076	26 400	8 800	49 676

③全厂成本计划的编制。

a．主要产品单位成本计划的编制。主要产品单位成本计划是根据生产该种产品的各车间成本计划，按平行结转法汇总的。下面列示甲产品单位成本计划，如表10-16所示。

表 10-16 主要产品单位成本计划

产品名称：甲
计划产量：100 件　　　　　　　　2021 年度　　　　　　　　单位：元

成本项目	行次	单位成本		降低额	降低率（%）
		上年预计平均	本年计划		
直接材料	1	230	202	28	12.17
燃料和动力	2	180	162	18	10.00
直接工资	3	140	124	16	11.43
制造费用	4	250	242	8	3.20
制造成本	5	800	730	70	8.75
明细项目	单位	耗用数量	耗用数量	降低额	降低率（%）
原材料					
A 材料	千克	12.00	10.20	1.80	15.00
B 材料	千克	6.00	5.00	1.00	16.67
燃料和动力					
焦炭	千克	120	111.20	8.60	7.17
电	度	200	192.00	8.00	4.00
生产工人工时	工时	125	100.00	24	19.2

乙、丙两种产品的单位产品成本计划的计算方法与甲产品相同，本例乙、丙两种产品单位成本的计划数分别为 368 元、399 元。

b. 产品成本计划的编制。

在产品单位成本计划基础上，结合计划产量，可编制产品成本计划，如表 10-17 所示。

表 10-17 产品成本计划

2021 年度　　　　　　　　单位：元

产品名称	计划产量 ①	单位成本		总成本		降低额 ⑥=④-⑤	降低率（%）⑦=⑥/④
		上年预计平均 ②	本年计划 ③	按上年预计平均单位成本计算 ④=②×①	按本年计划单位成本计算 ⑤=③×①		
可比产品				160 000	146 600	13 400	8.38
甲产品	100	800	730	80 000	73 000	7 000	8.75
乙产品	200	400	368	80 000	73 600	6 400	8.00
不可比产品							
丙产品	160		399		63 840		
全部产品的产品成本					210 440		

本章小结

　　成本计划是根据成本决策所确定的目标成本，具体规定出在计划期内为完成规定的任务所应达到的成本水平，并提出为达到规定的成本水平所应采取的各项措施。成本计划有助于明确成本方面的目标，是加强成本控制的有力手段，是评价和考核成本业绩的标准和尺度。

　　成本计划的内容有产品单位成本计划、全部产品成本计划、制造费用预算、期间费用预算、降低成本的主要方案。成本计划的编制要遵循先进合理、可比性、系统性、效益和弹性原则。成本计划的编制方法有弹性预算法、滚动预算法、零基预算法和概率预算法。

复习思考题

1. 简述成本计划的编制模式和编制步骤。
2. 弹性预算法有哪几种？
3. 滚动预算按其预算编制和滚动的时间单位不同可分为哪几种方式？
4. 零基预算的零基有什么经济含义？

第十一章 成本控制

ITEM 11

教学目标

○ 了解成本控制的要素；
○ 熟悉成本控制的程序；
○ 掌握标准成本差异的计算；
○ 掌握目标成本的制定与分解。

知识导航

成本控制
- 成本控制的基本原理
  - 成本控制的要素
  - 成本控制的原则
  - 成本控制的程序
- 标准成本控制
  - 标准成本概述
  - 标准成本的制定
  - 标准成本差异的分析
- 责任成本控制
  - 责任成本的构成
  - 成本费用支出的责任归属
  - 责任成本计算与其他成本计算方法的区别
  - 内部转移价格的种类
  - 责任成本的核算
- 目标成本控制
  - 目标成本控制的原理
  - 目标成本的制定与分解
  - 目标成本法的实施程序

成本控制是企业根据一定时期预先建立的成本管理目标，由成本控制主体在其职权范围内，在生产耗费发生以前和成本控制过程中，对各种影响成本的因素和条件采取一系列预防和调节措施，以保证成本管理目标实现的管理行为。成本控制的过程是运用系统工程的原理对企业在生产经营过程中发生的各种耗费进行计算、调节和监督的过程，也是一个发现薄弱环节、挖掘内部潜力、寻找一切可能降低成本途径的过程。科学地组织实施成本控制，可以促进企业改善经营管理，转变经营机制，全面提高企业素质，使企业在市场竞争的环境下生存、发展和壮大。

第一节　成本控制的基本原理

成本控制是指运用以成本会计为主的各种方法，事先制定成本限额，按限额开支成本和费用，同时将实际成本和成本限额对比以衡量经营活动的成绩和效果，并以例外管理原则纠正不利差异，以提高工作效率，实现以至超过预期的成本限额。

一、成本控制的要素

一个企业的成本控制系统包括组织系统、信息系统、考核制度和奖励制度等内容。

1. 组织系统

组织是指人们为了一个共同目标而从事活动的一种方式。在企业组织中，通常将目标划分为几个子目标，并分别指定一个下级单位负责完成。每个子目标可再划分为更小的目标，并指定更下一级的部门去完成。一个企业的组织机构可以用管理等级和平均控制跨度来描述。管理等级是指最高级单位和最低级单位之间的等级，控制跨度是指一个单位所属下级的数目。一个企业的组织机构还可以用各管理等级之间权力集中和分散的程度来描述。

在一个高度集中的机构中，权力集中于较高级别的管理层次，低级管理人员只拥有很少的决策权。在一个企业里，权力很可能在一个职能领域中高度集中，而在其他职能领域中则高度分散。一般来说，生产、财务和人事管理都属于高度集中的职能领域。

成本控制系统必须与企业的组织机构相适应，即企业预算由若干分级的小预算组成，每个小预算代表一个分部、车间、科室或其他单位的财务计划。与此有关的成本控制，如记录实际数据、提出控制报告等，也都是由小单位进行的。这些小单位作为责任中心，必须有十分明确的、由其控制的行为范围。按所负责任和控制范围不同，这些小单位可分为成本中心、利润中心和投资中心。其中，成本中心是以达到最低成本为经营目标的组织单位；利润中心是以获取最大净利润为目标的组织单位；投资中心是以获得最大投资收益率为经营目标的组织单位。按企业的组织结构合理划分责任中心，是进行成本控制的必要前提。

2. 信息系统

成本控制系统的重要部分是信息系统，也就是责任会计系统。责任会计系统是企业会计系统的一部分，主要负责计量、传送和报告成本控制使用的信息。责任会计系统主要包括编制责任预算、核算预算的执行情况、分析评价和报告业绩三个部分。

通常企业分别编制销售、生产、成本和财务等预算，这些预算主要按生产经营的领域来落实企业的总体计划。为了进行控制，必须分别考察各个执行人的业绩，这就要求按责任中心来重编预算，并按责任中心来落实企业的总体计划。这项工作被称为责任预算，其目的是使各责任中心的管理人员明确其应负的责任和应控制的事项。

在实际业务开始之前，要将责任预算和其他控制标准要求下达给有关人员，使他们以此来控制自己的活动。对实际发生的成本、取得的收入和利润，以及占用的资金等，要按责任中心来汇集和分类。因此，要在设置各明细账时考虑责任中心分类的需要，并与预算的口径一致。具体核算时，为减少责任的转嫁，分配共同费用时应按责任归属选择合理的分配方法。各单位之间相互提供产品或劳务，要拟定适当的内部转移价格，以利于单独考核各自的业绩，报告预算的执行情况。在预算期末要编制业绩报告用来比较预算和实际的差异，分析差异的产生原因和责任归属。

3. 考核制度

考核制度是控制系统发挥作用的重要因素，其主要内容包括以下几点：

（1）规定代表责任中心目标的一般尺度。该尺度因责任中心的类别而异，可能是销售额、可控成本、净利润或投资收益率，必要时还应确定若干次级目标的尺度，如市场份额、次品率、占用资金的限额等。

（2）规定责任中心目标尺度的唯一解释方法。对于考核标准，必须事先规定正式的解释。例如，确定销售额是总销售额还是扣除折让和折扣后的销售净额。

（3）规定业绩考核标准的计量方法。例如，对于成本如何分摊、相互提供劳务和产品适用的内部转移价格如何、使用历史成本还是重置成本计量等，都应做出明确的规定。

（4）规定采用的预算标准。例如，使用固定预算还是弹性预算、是宽松的预算还是严格的预算、编制预算时使用的各种常数是多少，等等。

（5）规定业绩报告的内容、时间和详细程度等。

4. 奖励制度

奖励制度是维持控制系统长期有效运行的重要因素。人的工作努力程度受业绩评价和奖励办法的影响。经理人员往往将注意力集中到与业绩评价有关的工作上，尤其是业绩中能够影响奖励的部分。因此，奖励可以激励人努力工作。

奖励包括货币奖励和非货币奖励两种形式，如升迁、加薪、表扬、给予奖金等。惩罚也会影响工作努力程度，它是一种负奖励。

规定明确的奖励方法，让被考核人明确业绩与奖励之间的关系，知道什么样的业绩会带来什么样的奖励。恰当的奖励制度将引导人们去约束自己的行为，尽可能争取好的业绩。奖励制度是调动人们努力工作，以求实现企业总目标的有力手段。

二、成本控制的原则

各个企业的成本控制系统是不一样的，但是有效的控制系统一般遵循共同的原则。这些原则是任何企业实施成本控制都应遵循的，也是有效控制的必要条件。

1. 经济原则

经济原则是指因推行成本控制而发生的成本，不应超过因缺少控制而丧失的收益。通常，增加控制环节发生的成本容易计量，而控制的收益难以确定，但不能因此就否定这条原则。在一般情况下，控制的收益会明显大于其成本。

2. 因地制宜原则

因地制宜原则是指成本控制系统必须个别设计，适合特定企业、部门、岗位和成本项目的实际情况，不可照搬别人的做法。同一企业在不同发展阶段的管理重点、组织结构、管理风格、成本控制方法和奖金形式都应当有所区别。例如，新建企业的管理重点是销售和制造，而不是成本；正常营业后的管理重点是经营效率，要开始控制费用并建立成本标准；扩大规模后管理重点转为扩充市场，要建立收入中心和正式的业绩报告系统；规模庞大的老企业，管理的重点是巩固组织，需要制订周密的计划和建立投资中心。因此，不存在适用所有企业的成本控制模式。

3. 全员参加原则

企业的任何活动都会发生成本，都应在成本控制的范围之内。任何成本都是人的某种作业的结果，只能由参与或者有权干预这些活动的人来控制，不能依靠其他人来控制。任何成本控制方法，其实质都是设法影响执行作业或有权干预作业的人，使他们能自我控制。所以，每个职工都负有成本责任。成本控制是全体职工的共同任务，只有通过全体职工协调一致的努力才能完成。有效控制成本的关键是调动全体员工的积极性。

4. 领导推动原则

由于成本控制涉及全体员工，并且不是一件受人欢迎的事情，因此必须由领导层来推动。成本控制对企业领导层的要求是重视并全力支持成本控制。各级人员对于成本控制是否认真执行，往往视领导层是否全力支持成本控制而定。管理当局应当认定，成本控制的目标或限额必须而且可以完成。

三、成本控制的程序

成本控制的程序可分为成本事前控制、成本事中控制和成本事后控制三个环节。

1. 成本事前控制

成本事前控制是在产品投产前对影响成本的经济活动进行事前的规划、审核，确定目标成本，它是成本的前馈控制。其内容具体包括：对成本进行预测，为确定目标成本提供依据；在预测的基础上，通过对多种方案的成本进行对比分析，确定目标成本；将目标成本分别按各成本项目或费用项目层层分解，落实到各部门、车间、班级和个人，实行归口分级管理，以便管理控制。

2. 成本事中控制

成本事中控制是在成本形成过程中，随时将实际发生的成本与目标成本对比，及时发现差异并采取相应措施予以纠正，以保证成本目标的实现，它是成本的过程控制。成本事中控制应以成本目标的归口分级管理为基础，严格按照成本目标对所有生产耗费进行随时随地的检查审核，将可能产生损失浪费的苗头消灭在萌芽状态，将成本偏差的信息及时反馈给有关的责任单位，以便及时采取纠正措施。

3. 成本事后控制

成本事后控制是在产品成本形成之后，对实际成本进行的核算、分析和考核，它是成本的后馈控制。成本事后控制通过将实际成本与一定的标准比较，确定成本是节约还是浪费，并进行相应的考核和奖惩。通过成本分析，为日后的成本控制提出积极的改进意见和措施，进一步修订成本控制标准，改进各项成本控制制度，达到降低成本的目的。成本的事后控制，主要是针对具体各个成本费用项目进行实地实时的分散控制。

而成本的综合性分析控制，一般只有在事后才能进行。成本事后控制的意义并非消极的，大量的成本控制工作依赖于成本事后控制来实现。从某种意义上讲，控制的事前与事后是相对而言的，本期的事后控制也就是下期的事前控制。

第二节　标准成本控制

标准成本系统是可以克服实际成本计算系统缺陷的一种会计信息系统和成本控制系统。实施标准成本控制的一般步骤为：制定单位产品标准成本（成本标准）；根据实际产量和成本标准计算产品的标准成本；汇总计算实际成本；计算标准成本与实际成本的差异；分析成本差异的发生原因，对于标准成本纳入账簿体系的，还要进行标准成本及其成本差异的账务处理；向成本负责人提供成本控制报告。

一、标准成本概述

（一）标准成本的概念

标准成本是通过实地调查、工序分析与技术测定而制定的，用以评价实际成本、衡量工作效率的一种预计成本。在标准成本中，基本上排除了不应该发生的浪费，被认为是一种应该成本。标准成本和估计成本同属于预计成本，但两者并不相同，后者不具有衡量工作效率的尺度性，主要体现可能性，以供确定产品销售价格使用。标准成本应体现企业的目标和要求，主要用于衡量产品制造过程的工作效率和控制成本，也可用于存货和销货成本计价。

标准成本在实际工作中有以下两种含义：

（1）单位产品的标准成本。单位产品的标准成本是根据单位产品的标准消耗量和标准单价计算出来的，准确地说应称为成本标准，其计算公式为：

$$成本标准 = 单位产品标准成本 = 单位产品标准消耗量 \times 标准单价$$

（2）实际产量的标准成本。实际产量的标准成本是根据实际产品产量和单位产品标准成本计算出来的。其计算公式为：

$$实际产量标准成本 = 实际产品产量 \times 单位产品标准成本$$

（二）标准成本的种类

标准成本按不同的标准可以分成不同的类别。

1. 按其制定所根据的生产技术和经营管理水平划分

标准成本按其制定所根据的生产技术和经营管理水平，可分为理想标准成本和正常标准成本。

（1）理想标准成本。理想标准成本是指在最优的生产条件下，利用现有的规模和设备能够达到的最低成本。制定理想标准成本的依据包括理论业绩标准、可能实现的最高生产经营能力利用水平，以及生产要素的理想价格。

其中，理论业绩标准是指在生产过程中毫无技术浪费时的生产要素的消耗量，是熟练工人全力以赴工作、不存在废品损失和停工时间等条件下可能实现的最优业绩。可能实现的最高生产经营能力利用水平是指理论上可能达到的设备利用程度，只扣除不可避免的机器修理、改换品种、调整设备等时间，而不考虑产品销路不佳、生产技术故障等造成的影响。生产要素的理想价格是指原材料、劳动力等生产要素在计划期间最低的价格水平。这种标准很难成为现实，即使暂时出现也不可能持久。它的主要用途是提供一个完美无缺的目标，揭示实际成本下降潜力。因其提出的要求太高，所以它不能作为考核的依据。

（2）正常标准成本。正常标准成本是指在效率良好的条件下，根据下期一般应该发生的生产要素消耗量、预计价格和预计生产经营能力利用程度制定出来的标准成本。在制定这种标准成本时，要将生产经营活动中一般难以避免的损耗和低效率等情况也计算在内，使之切合下期的实际情况，成为切实可行的控制标准。要达到这种标准不是没有难度，但它是可能达到的。从具体数量上看，它应大于理想标准成本，但又小于历史平均水平，实施以后实际成本更大的可能是逆差而不是顺差。正常标准成本是需要经过努力才能达到的一种标准，因而可以调动职工的积极性。

标准成本系统广泛使用正常标准成本，具有以下特点：它是用科学方法根据客观实验和过去实践经充分研究后制定出来的，具有客观性和科学性；它排除了各种偶然性和意外情况，又保留了目前条件下难以避免的损失,代表正常情况下的消耗水平,具有现实性;它是应该发生的成本,可以作为评价业绩的尺度,成为督促职工努力争取实现的目标,具有激励性;它可以在工艺技术水平和管理有效性水平变化不大时持续使用,不需要经常修订,具有稳定性。

2. 按适用期划分

标准成本按其适用期,可分为现行标准成本和基本标准成本。

(1)现行标准成本。现行标准成本是根据其适用期间应该发生的价格、效率和生产经营能力利用程度等预计的标准成本。在这些决定因素变化时,需要按照改变了的情况加以修订。这种标准成本可以成为评价实际成本的依据,也可以用来对存货和销货成本计价。

(2)基本标准成本。基本标准成本是一经制定,只要生产的基本条件无重大变化,就不予变动的一种标准成本。生产基本条件的重大变化是指产品的物理结构变化、原材料和劳动价格的重要变化、生产技术和工艺的根本变化等。只有这些条件发生变化,基本标准成本才需要修订。市场供求变化导致的售价变化和生产能力利用程度的变化,以及工作方法改变引起的效率变化等,不属于生产的基本条件变化,不需要修订基本标准成本。

将基本标准成本与各期实际成本对比,可反映成本变动的趋势。由于基本标准成本不按各期实际修订,不宜用来直接评价工作效率和成本控制的有效性。

二、标准成本的制定

制定标准成本通常要先确定直接材料和直接人工的标准成本,再确定制造费用的标准成本,最后确定单位产品的标准成本。在制定过程中,无论是哪一个成本项目,都需要分别确定其用量标准和价格标准,两者相乘得出成本标准。

用量标准包括单位产品材料消耗量、单位产品直接人工工时等,主要由生产技术部门主持制定,执行标准的部门和职工参加。

价格标准包括单位产品原材料单价、小时工资率、小时制造费用分配率等,由会计部门和其他有关部门共同研究确定。采购部门是材料价格的责任部门,劳资部门和生产部门对小时工资率负有责任,各生产车间对小时制造费用分配率承担责任,在制定有关价格标准时要与上述部门协商。

无论是价格标准还是用量标准,都可以是理想状态的或正常状态的,据以得出理想的标准成本或正常的标准成本。下面介绍正常标准成本的制定。

(一)直接材料标准成本

直接材料的标准消耗量,是用统计方法、工业工程或其他技术分析方法确定的。它是现有技术条件下生产单位产品所需的材料数量,其中包括必不可少的消耗以及各种难以避免的损失。

直接材料的价格标准,是预计下一年度实际需要支付的原材料单位成本,包括发票价格、运费、检验和正常损耗等成本,是取得材料的完全成本。

直接材料标准成本实例如表11-1所示。

表11-1 直接材料标准成本

产品:A产品

标准	材料甲	材料乙
价格标准:		
发票单价(元)	1.00	4.00
装卸检验费(元)	0.07	0.28
每千克标准价格(元)	1.07	4.28

续表

标准	材料甲	材料乙
用量标准：		
图纸用量（千克）	3.0	2.0
允许损耗量（千克）	0.3	
单产标准用量（千克）	3.3	2.0
成本标准：		
材料甲（3.3×1.07）（元）	3.53	
材料乙（2.0×4.28）（元）		8.56
单位产品标准成本（元）	12.09	

（二）直接人工标准成本

直接人工的用量标准是单位产品的标准工时。确定单位产品所需的直接生产工人工时，需要按产品的加工工序分别进行，然后加以汇总。标准工时是指在现有生产技术条件下生产单位产品所需要的时间，包括直接加工操作必不可少的时间，以及必要的间歇和停工，如工间休息、调整设备时间、不可避免的废品耗用工时等。标准工时应以作业研究和工时研究为基础，参考有关统计资料来确定。

直接人工的价格标准是指标准工资率。它可能是预定的工资率，也可能是正常的工资率。如果采用计件工资制，标准工资率是预定的每件产品支付的工资除以标准工时或者预定的小时工资；如果采用月工资制，需要根据月工资总额和可用工时总量来计算标准工资率。

直接人工标准成本实例如表11-2所示。

表11-2 直接人工标准成本

	第一车间	第二车间
基本生产工人人数（人）	20	50
每人每月工时（小时）（25.5天×8小时）	204	204
出勤率（%）	98	98
每人平均可用工时（小时）	200	200
每月总工时（小时）	4 000	10 000
每月工资总额（元）	3 600	12 600
每小时工资（元）	0.90	1.26
单位产品工时：		
理想作业时间（小时）	1.5	0.8
调整设备时间（小时）	0.3	
工间休息（小时）	0.1	0.1
其他（小时）	0.1	0.1

续表

	第一车间	第二车间
单位产品工时合计（小时）	2	1
直接人工标准成本（元）	1.80	1.26
合计（元）	3.06	

（三）制造费用标准成本

制造费用标准成本通常按部门分别编制，然后将同一产品涉及的各部门单位制造费用标准加以汇总，得出整个产品制造费用标准成本。各部门的制造费用标准成本分为变动制造费用标准成本和固定制造费用标准成本两部分。

1. 变动制造费用标准成本

变动制造费用的数量标准通常采用单位产品直接人工工时标准，在直接人工标准成本制定时已经确定。有的企业采用机器工时或其他用量标准。数量标准的计量单位应尽可能与变动制造费用保持较好的线性关系。

变动制造费用的价格标准是每一工时变动制造费用的标准分配率，它根据变动制造费用预算和直接人工总工时计算求得。

变动制造费用标准成本实例如表 11-3 所示。

表 11-3 变动制造费用标准成本

	第一车间	第二车间
变动制造费用预算：		
运输（元）	800	2 100
电力（元）	400	2 400
消耗材料（元）	1 400	1 800
间接人工（元）	2 000	3 900
燃料（元）	400	1 400
其他（元）	200	400
生产量标准（人工工时）（小时）	4 000	10 000
变动制造费用标准分配率	1.30	1.20
直接人工用量标准（人工工时）（小时）	2	1
变动制造费用标准成本（元）	2.60	1.20
单位产品变动制造费用标准成本（元）	3.80	

相关计算公式为：

变动制造费用标准分配率＝变动制造费用预算总数／直接人工标准总工时

确定数量标准和价格标准之后，两者相乘即可得出变动制造费用标准成本。相关公式如下：

变动制造费用标准成本＝单位产品直接人工标准工时 × 每小时变动制造费用标准分配率

各车间变动制造费用标准成本确定之后，可汇总得到单位产品变动制造费用标准成本。

2. 固定制造费用标准成本

如果企业采用变动成本进行计算，则固定制造费用不计入产品成本，此时，单位产品的标准成本中不包括固定制造费用标准成本。在这种情况下，不需要确定固定制造费用标准成本，固定制造费用的控制通过预算管理来进行。如果采用完全成本计算，固定制造费用要计入产品成本，就需要确定其标准成本。

固定制造费用的用量标准与变动制造费用的用量标准相同，包括直接人工工时、机器工时、其他用量标准等，并且两者要保持一致，以便进行差异分析。这个标准的数量在制定直接人工用量标准时已经确定。

固定制造费用的价格标准是其每小时的标准分配率，它根据固定制造费用预算和直接人工标准总工时来计算求得。

固定制造费用标准成本实例如表 11-4 所示。

表 11-4 固定制造费用标准成本

	第一车间	第二车间
固定制造费用预算：		
折旧费（元）	200	2 350
管理人员工资（元）	700	1 800
间接人工（元）	500	1 200
保险费（元）	300	400
其他（元）	300	250
合计（元）	2 000	6 000
生产量标准（人工工时）（小时）	4 000	10 000
固定制造费用标准分配率	0.50	0.60
直接人工用量标准（人工工时）（小时）	2	1
固定制造费用标准成本（元）	1.00	0.60
单位产品固定制造费用标准成本（元）	1.60	

相关计算公式为：

固定制造费用标准分配率＝固定制造费用预算总数 / 直接人工标准总工时

确定了用量标准和价格标准之后，两者相乘即可得出固定制造费用标准成本。相关计算公式如下：

固定制造费用标准成本＝单位产品直接人工标准工时 × 每小时固定制造费用标准分配率

各车间固定制造费用标准成本确定之后，可汇总得到单位产品固定制造费用标准成本。

将以上确定的直接材料、直接人工和制造费用的标准成本按产品加以汇总，就可确定有关产品完整的标准成本。通常，企业编制单位产品标准成本卡（见表 11-5），反映产成品标准成本的具体结构。在每种产品生产之前，它的标准成本卡要送达有关人员，包括各级生产部门负责人、会计部门、仓库等，作为领料、派工和支出其他费用的依据。

表 11-5　单位产品标准成本卡

产品：A 产品

成本项目	用量标准	价格标准	标准成本
直接材料：			
甲材料	3.3 千克	1.07 元 / 千克	3.53 元
乙材料	2.0 千克	4.28 元 / 千克	8.56 元
合计			12.09 元
直接人工：			
第一车间	2 小时	0.90 元 / 小时	1.80 元
第二车间	1 小时	1.26 元 / 小时	1.26 元
合计			3.06 元
制造费用：			
变动费用（第一车间）	2 小时	1.30 元 / 小时	2.60 元
变动费用（第二车间）	1 小时	1.20 元 / 小时	1.20 元
合计			3.80 元
固定费用：			
第一车间	2 小时	0.50 元 / 小时	1.00 元
第二车间	1 小时	0.60 元 / 小时	0.60 元
合计			1.60 元
单位产品标准成本总计			20.55 元

三、标准成本差异的分析

标准成本是一种目标成本，出于种种原因，产品的实际成本会与目标成本不符。实际成本与标准成本之间的差额，称为标准成本差异或成本差异。成本差异是反映实际成本脱离预定目标程度的信息。为了消除这种偏差，要对产生的成本差异进行分析，找出原因和对策，以便采取措施加以纠正。

（一）变动成本差异的分析

直接材料、直接人工和变动制造费用都属于变动成本，其成本差异分析的基本方法相同。由于它们的实际成本高低取决于实际用量和实际价格，标准成本的高低取决于标准用量和标准价格，所以其成本差异可以归结为价格脱离标准造成的价格差异与用量脱离标准造成的数量差异两类。相关计算公式如下：

成本差异＝实际成本－标准成本

　　　　＝实际数量×实际价格－标准数量×标准价格

　　　　＝实际数量×实际价格－实际数量×标准价格＋实际数量×标准价格－标准数量×标准价格

　　　　＝实际数量×（实际价格－标准价格）＋（实际数量－标准数量）×标准价格

　　　　＝价格差异＋数量差异

有关数据之间的关系如图 11-1 所示。

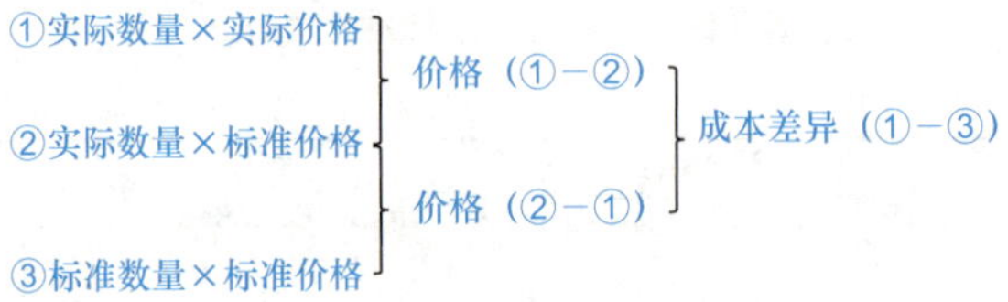

```
①实际数量×实际价格 ┐
                  ├ 价格（①-②）┐
②实际数量×标准价格 ┤            ├ 成本差异（①-③）
                  ├ 价格（②-①）┘
③标准数量×标准价格 ┘
```

图 11-1 相关成本差异关联图

1. 直接材料成本差异分析

直接材料实际成本与标准成本之间的差额是直接材料成本差异。该项差异形成的基本原因有两个：一是价格脱离标准；二是用量脱离标准。前者按实际用量计算，称为价格差异；后者按标准价格计算，称为数量差异。相关计算公式如下：

直接材料价格差异＝实际数量×（实际价格－标准价格）

直接材料数量差异＝（实际数量－标准数量）×标准价格

【例 11-1】 特立企业 2021 年 3 月生产产品 400 件，使用材料 2 500 千克，材料单价为 0.55 元/千克。直接材料的单位产品标准成本为 3 元，即每件产品耗用 6 千克直接材料，每千克材料的标准价格为 0.5 元。根据上述公式计算：

直接材料价格差异＝2 500×（0.55－0.5）＝125（元）

直接材料数量差异＝（2 500－400×6）×0.5＝50（元）

直接材料价格差异与数量差异之和应当等于直接材料成本的总差异，并可据此验证差异分析计算的正确性：

直接材料成本差异＝实际成本－标准成本
　　　　　　　　＝2 500×0.55－400×6×0.5
　　　　　　　　＝175（元）

直接材料成本差异＝价格差异＋数量差异
　　　　　　　　＝125＋50
　　　　　　　　＝175（元）

材料价格差异是在采购过程中形成的，不应由耗用材料的生产部门负责，而应由采购部门对其做出说明。采购部门未能按标准价格进货的原因有许多，如供应厂家价格变动、未按经济采购批量进货、未能及时订货造成紧急订货、采购时舍近求远使运费和途中损耗增加、采用不必要的快速运输方式、违反合同被罚款、承接紧急订货造成额外采购等，需要进行具体分析和调查，才能明确最终原因和责任归属。

材料数量差异是在材料耗用过程中形成的，反映生产部门的成本控制业绩。材料数量差异形成的原因有很多，如操作疏忽造成废品和废料增加、工人用料不精心、操作技术改进后节省材料、新工人上岗造成多用料、机器或工具不适应造成用料增加等。有时多用料并非生产部门的责任，如购入材料质量低劣、规格不符也会使实际用料数量超过标准用料数量，又如工艺变更、检验过严也会使数量差异加大。因此，要进行具体调查研究才能明确责任归属。

2. 直接人工成本差异分析

直接人工成本差异是指直接人工实际成本与标准成本之间的差额。它也被区分为价差和量差两部分。价差是指实际工资率脱离标准工资率，其差额按实际工时计算确定的金额，又称为工资率差异。量差是指实际工时脱离标准工时，其差额按标准工资率计算确定的金额，又称人工效率差异。相关计算公式如下：

工资率差异＝实际工时×（实际工资率－标准工资率）

人工效率差异＝（实际工时－标准工时）×标准工资率

【例 11-2】特立企业 2021 年 3 月生产产品 400 件，实际使用工时 890 小时，支付工资 4 539 元。直接人工的标准成本是 10 元/件，即每件产品标准成本工时为 2 小时，标准工资率为 5 元/小时。按上述公式计算：

$$工资率差异 = 890 \times (4\,539 \div 890 - 5) = 890 \times (5.1 - 5) = 89\,(元)$$
$$人工效率差异 = (890 - 400 \times 2) \times 5 = (890 - 800) \times 5 = 450\,(元)$$

工资率差异与人工效率差异之和，应当等于人工成本总差异，并可据此验证差异分析计算的正确性：

$$人工成本差异 = 实际人工成本 - 标准人工成本 = 4\,539 - 400 \times 10 = 539\,(元)$$
$$人工成本差异 = 工资率差异 + 人工效率差异 = 89 + 450 = 539\,(元)$$

工资率差异形成的原因，包括直接生产工人升级或降级使用、制定的奖励制度产生实效、工资率调整、加班或使用临时工、出勤率变化等，原因复杂而且难以控制。一般说来，它应归属于人事劳动部门管理，差异的具体原因会涉及生产部门或其他部门。

人工效率差异形成的原因，包括工作环境不良、工人经验不足、劳动情绪不佳、新工人上岗太多、机器或工具选用不当、设备故障较多、作业计划安排不当、产量太少无法发挥批量节约优势等。它主要是生产部门的责任，但也并不是绝对的。例如，材料质量不好也会影响生产效率。

3. 变动制造费用的差异分析

变动制造费用差异是指实际变动制造费用与标准变动制造费用之间的差额。它也可以分解为价差和量差两部分。价差是指变动制造费用的实际小时分配率脱离标准，按实际工时计算的金额，反映耗费水平的高低，故称为耗费差异。量差是指实际工时脱离标准工时，按变动制造费用标准分配率计算确定的金额，反映工作效率变化引起的费用节约或超支，故称为变动制造费用效率差异。相关计算公式为：

$$变动制造费用耗费差异 = 实际工时 \times (变动制造费用实际分配率 - 变动制造费用标准分配率)$$
$$变动制造费用效率差异 = (实际工时 - 标准工时) \times 变动制造费用标准分配率$$

【例 11-3】特立企业 2021 年 3 月实际产量 400 件，使用工时 890 小时，实际发生变动制造费用 1 958 元；变动制造费用标准成本为 4 元/件，即每件产品标准工时为 2 小时，标准的变动制造费用分配率为 2 元/小时。按上述工时计算：

$$变动制造费用耗费差异 = 890 \times (1\,958 \div 890 - 2) = 890 \times (2.2 - 2) = 178\,(元)$$
$$变动制造费用效率差异 = (890 - 400 \times 2) \times 2 = (890 - 800) \times 2 = 180\,(元)$$

变动制造费用耗费差异与效率差异之和，应当等于变动制造费用成本的总差异，并可据此验证差异分析计算的正确性：

$$\begin{aligned}变动制造费用成本差异 &= 实际变动制造费用 - 标准变动制造费用 \\ &= 1\,958 - 400 \times 4 \\ &= 358\,(元)\end{aligned}$$

$$\begin{aligned}变动制造费用成本差异 &= 变动制造费用耗费差异 + 变动制造费用效率差异 \\ &= 178 + 180 \\ &= 358\,(元)\end{aligned}$$

变动制造费用耗费差异，是实际支出与按实际工时和标准费率计算的预算支出之间的差额。由于后者承认实际工时是在必要前提下计算出来的弹性预算数，因此该项差异反映耗费水平即每小时业务量支出的变动制造费用脱离了标准。耗费差异是部门经理的责任，他们有责任将变动制造费用控制在弹性预算限额之内。

变动制造费用效率差异是由于实际工时脱离了标准，多用工时导致的费用增加，因此其形成原因与人工效率差异相同。

(二)固定制造费用的差异分析

固定制造费用的差异分析与各项变动成本差异分析不同,其分析方法有二因素分析法和三因素分析法两种。

1. 二因素分析法

二因素分析法是将固定制造费用成本差异分为耗费差异和能量差异。

(1)耗费差异。耗费差异是指固定制造费用的实际金额与固定制造费用的预算金额之间的差额。固定费用与变动费用不同,不因业务量而变,故其差异分析有别于变动费用。在考核时不考虑业务量的变动,以原来的预算数作为标准,实际数超过预算数会被视为耗费过多。其计算公式为:

固定制造费用耗费差异=固定制造费用实际数-固定制造费用预算数

(2)能量差异。能量差异是指固定制造费用预算与固定制造费用标准成本的差异,也可说是实际业务量的标准工时与生产能量的差额用标准分配率计算的金额。它反映实际产量标准工时未能达到生产能量而造成的损失,计算公式如下:

固定制造费用能量差异=固定制造费用预算数-固定制造费用标准成本
=固定制造费用标准分配率×生产能量-固定制造费用标准分配率×实际产量标准工时
=(生产能量-实际产量标准工时)×固定制造费用标准分配率

【例11-4】特立企业2021年3月实际产量400件,发生固定制造成本1 424元,实际工时为890小时;企业生产能力为500件,即生产能量为1 000小时;每件产品固定制造费用标准成本为3元,即每件产品标准工时为2小时,标准分配率为1.5元/小时。

固定制造费用耗费差异=1 424-1 000×1.5=-76(元)

固定制造费用能量差异=1 000×1.5-400×2×1.5=1 500-1 200=300(元)

固定制造费用耗费差异与能量差异之和应当等于固定制造费用成本总差异,并可据此验证差异分析计算的正确性:

固定制造费用成本差异=实际固定制造费用-标准固定制造费用
=1 424-400×3
=224(元)

固定制造费用成本差异=耗费差异+能量差异
=-76+300
=224(元)

2. 三因素分析法

三因素分析法是将固定制造费用成本差异分为耗费差异、效率差异和闲置能量差异三部分。耗费差异的计算与二因素分析法相同,不同的是将二因素分析法中的能量差异进一步分为两部分:一部分是实际工时未达到生产能量而形成的闲置能量差异;另一部分是实际工时脱离标准工时而形成的效率差异。其计算公式如下:

固定制造费用闲置能量差异=固定制造费用预算-实际工时×固定制造费用标准分配率
=(生产能量-实际工时)×固定制造费用标准分配率

固定制造费用效率差异=实际工时×固定制造费用标准分配率-实际产量标准工时×固定制造费用标准分配率
=(实际工时-实际产量标准工时)×固定制造费用标准分配率

【例11-5】承【例11-4】资料,三因素分析法下的相关计算如下:

固定制造费用闲置能量差异=（1 000－890）×1.5＝110×1.5＝165（元）
固定制造费用效率差异=（890－400×2）×1.5＝90×1.5＝135（元）

三因素分析法的闲置能量差异（165元）与效率差异（135元）之和为300元，与二因素分析法中的能量差异数额相同。

第三节 责任成本控制

一、责任成本的构成

责任成本是以具体的责任单位（部门、单位和个人）为对象，以其承担实物责任为范围所归集的成本，即特定责任中心的全部可控成本。

（一）可控成本和不可控成本

可控成本是指在特定时期内，特定责任中心能够直接控制其发生的成本。它的对称概念是不可控成本。

可控成本总是针对特定责任中心来说的。一项成本对某个责任中心来说是可控的，对另外的责任中心来说则是不可控的。例如，耗用材料的进货成本，采购部门可以控制，使用材料的生产单位则不能控制。有些成本对于下级单位来说是不可控的，而对于上级单位来说则是可控的。例如，车间主任不能控制自己的工资（尽管它通常要计入车间成本），而他的上级则可以控制他的工资。

区分可控成本和不可控成本，还要考虑成本发生的时间范围。一般来说，在消耗或支付的当期成本是可控的，一旦消耗或支付就不再可控。有些成本是以前决策的结果，如折旧费、租赁费等，在添加设备和签订租约时是可控的，而使用设备或执行契约时已无法控制。

从整个企业的空间范围和很长的时间范围来观察，所有成本都是人的决策或行为的结果，都是可控的。但是，对于特定的人或时间来说，则有些是可控的，有些是不可控的。

（二）可控成本与直接成本、变动成本

可控成本与直接成本、变动成本是不同的概念。

直接成本和间接成本的划分依据是成本的可追溯性。可追溯到个别产品或部门的成本是直接成本，由几个产品或部门共同引起的成本是间接成本。对生产的基层单位来说，大多数直接材料和直接人工是可控的，但也有部分是不可控的。例如，长工的工资可能是直接成本，但长工无法改变自己的工资，对他来说该项成本是不可控的。对最基层的单位来说，大多数的间接成本都无法控制，但有一部分是可控的。例如，机物料的消耗可能是间接计入产品的，但机器操作工却可以控制它。

变动成本和固定成本的划分依据是成本依产量的变动性。随产量正比例变动的成本称为变动成本，在一定幅度内不随产量变动而基本上保持不变的成本称为固定成本。对生产单位来说，大多数变动成本是可控的，但也有部分是不可控的。例如，按产量和实际成本分摊的工艺装备是变动成本，但使用工艺装备的生产车间未必能控制其成本的多少，因为产量是上级的指令，其实际成本是由制造工艺装备的辅助车间控制的。固定成本和不可控成本不能等同，与产量无关的广告费、研究开发费、教育培训费等量性固定成本都是可控的。

二、成本费用支出的责任归属

计算责任成本的关键是判别每一项成本费用支出的责任归属。

1. 判别成本费用支出责任归属的原则

通常可以按以下原则确定责任中心的可控成本：

（1）假如某个责任中心通过自己的行动能有效地影响一项成本的数额，该中心就要对这项成本负责。

（2）假如某个责任中心有权决定是否使用某种资产或劳务，该中心就应对这些资产或劳务的成本负责。

（3）某管理人员虽然不直接决定某项成本，但是上级要求他参与有关事项，从而对该项成本的支出施加了重要影响，则他对该项成本也要承担责任。

2. 判别制造费用的归属和分摊方法

将发生的直接材料和人工费用归属于不同的责任中心通常比较容易，而归属制造费用则比较困难，需要仔细研究各项消费和责任中心的因果关系，采用不同的分配方法。一般依次按以下五个步骤来处理：

（1）直接计入责任中心。将可以直接判别责任归属的费用项目，直接列入应负责的成本中心。例如，机物料消耗、低值易耗品的领用等，在发生时可判别耗用的成本，不需要采用其他标准进行分配。

（2）按责任基础分配。对不能直接归属于特定责任中心的费用，优先按责任基础分配。有些费用虽然不能直接归属于特定成本中心，但其数额受成本中心的控制，能找到合理依据来分配，如动力费、维修费等。如果成本中心能自己控制使用量，可以根据其用量来分配，分配时要使用固定的内部结算价格，防止供应部门将责任向使用部门转嫁。

（3）按受益基础分配。有些费用不专属于某个责任中心，也不宜按责任基础分配。但其若与各中心的收益多少有关，可按受益基础分配，如按装机功率分配电费等。

（4）归入某一个特定的责任中心。有些费用既不能按责任基础分配，也不能按受益基础分配，则考虑有无可能将其归属于一个特定的责任中心。例如，车间的运输费用和试验检验费用难以分配到生产班组，不如建立专门的成本中心，由其控制此项成本，不向各班组分配。

（5）不能归属于任何责任中心的固定成本，不进行分摊。例如，车间厂房的折旧是以前决策的结果，短期内无法改变。

三、责任成本计算与其他成本计算方法的区别

责任成本计算、变动（边际）成本计算和制造成本计算，是三种不同的成本计算方法。其主要区别如下：

1. 成本计算目的不同

计算产品的完全成本是为了按会计准则确定存货成本和期间损益，计算产品的变动成本是为了经营决策，计算责任成本是为了评价成本控制业绩。

2. 成本计算对象不同

变动成本计算和制造成本计算以产品为成本计算的对象，责任成本以责任中心为成本计算的对象。

3. 成本计算范围不同

制造成本计算的范围是全部制造成本，包括直接材料、直接人工和全部制造费用；变动成本计算的范围是变动成本，包括直接材料、直接人工和变动制造费用，有时还包括变动的管理费用；责任成本计算的范围是各责任中心的可控成本。

4. 共同费用在成本对象间分摊的原则不同

制造成本计算按受益原则归集和分摊费用，谁受益谁承担，要分摊全部的间接制造费用；变动

成本计算只分摊变动成本，不分摊固定成本；责任成本计算按原则将成本归属于不同的责任中心，谁控制谁负责，不仅可控的变动间接费用要分配给责任中心，可控的和固定间接费用也要分配给责任中心。

责任成本法是介于制造成本法和变动成本法之间的一种成本方法，有人称之为局部吸收成本法或变动成本法和吸收成本法结合的成本方法。

责任成本与标准成本、目标成本既有区别又有密切关系。标准成本和目标成本主要强调事先的成本计算，而责任成本的重点是事后的计算、评价和考核，它是责任会计的重要内容之一。标准成本在制定时是分产品的，事后对差异进行分析时才判别责任归属。目标成本管理要求在事先制定目标时就考虑责任归属，并按责任归属收集和处理实际数据。

不管使用目标成本还是标准成本作为控制依据，事后评价与考核都要求核算责任成本。

四、内部转移价格的种类

分散经营的组织单位之间相互提供产品或劳务时，需要制定一个内部转移价格。转移价格对于提供产品或劳务的生产部门来说表示收入，对于使用这些产品或劳务的购买部门来说则表示成本。转移价格会影响这两个部门的获利水平，因此部门经理非常关心转移价格的制定，并经常为此争论。

制定转移价格的目的有两个：一是防止成本转移带来的部门间责任转嫁，使每个利润中心都能作为单独的组织进行业绩评价；二是作为一种价格引导下级部门采取明智的决策，生产部门可据此确定提供产品的数量，购买部门可据此确定所需要的产品数量。但是，这两个目的往往存在矛盾。能够满足评价部门的转移价格，可能引导部门经理采取并非对企业最理想的决策；而能够正确引导部门经理的转移价格，可能使某个部门获利水平很高而另一个部门亏损。因此，很难找到理想的转移价格来兼顾业绩评价和决策制定，只能依据企业的具体情况选择基本满意的解决办法。

可以考虑的转移价格有以下几种：

1. 市场价格

在中间产品存在完全竞争市场的情况下，市场价格减去对外销售费用是理想的转移价格。

产品内在经济价值计量的最好方法是将它们投入市场，在市场竞争中判断社会所承认的产品价格。由于企业为了将中间产品销售出去，还需追加各种销售费用，如包装、发运、广告、结算费用等，因此市场价格减去某些调整项目才是目前未销售的中间产品的价格。从机会成本的观点来看，中间产品用于内部而失去的外销收益，是它们被内部购买部门使用的应计成本。这里失去的外销收益并非市场价格，市场价格扣除必要的销售费用后才是失去的净收益。

完全竞争市场这一假设条件，意味着企业外部存在中间产品的公共市场，生产部门被允许向外界顾客销售任意数量的产品，购买部门也可以从外界供应商那里获得任意数量的产品。由于以市场价格为基础的转移价格，通常会低于市场价格，这个折扣反映与外销有关的销售费用，以及交货、保修等成本，因此应当鼓励中间产品的内部转移。如果不考虑其他更复杂的因素，购买部门的经理应当选择从内部取得产品，而不是从外部采购。

如果生产部门在采用这种转移价格的情况下不能长期获利，企业最好停止生产此产品而到外部去采购。同样，如果购买部门以此价格进货而不能长期获利，则应停止购买并进一步加工此产品，同时应尽量向外部市场销售这种产品。

值得注意的是，外部供应商为了能达成交易可能先报一个较低的价格，同时期望日后抬高价格。因此，在确认外部价格时要采用可以长期保持的价格。另外，企业内部转移的中间产品比外购产品的质量可能更有保证，并且更容易根据企业需要加以改进。

在经济分析无明显差别时，企业一般不应该依靠外部供应商，而应该鼓励利用自己内部的供应能力。

2．以市场为基础的协商价格

如果中间产品存在非完全竞争的外部市场，可以采用协商的办法确定转移价格，即双方部门经理就转移中间产品的数量、质量、时间和价格进行协商并设法取得一致意见。

成功的协商价格依赖于下列条件：

（1）拥有一个某种形式的外部市场，使得双方部门经理可以自由地选择接受或者拒绝某一价格。如果根本没有可能从外部取得或销售中间产品，就会使一方或双方处于垄断状态，这样谈判结果不是协商价格而是垄断价格。在垄断的情况下，最终价格的确定受谈判人员实力和技巧的影响。

（2）在谈判者之间分享所有的信息资源。这个条件能使协商价格接近一方的机会成本，如接近双方的机会成本则更为理想。

（3）最高管理阶层的必要干预。虽然应尽可能让谈判双方自己来解决大多数问题，以发挥分散经营的优点，但是对于双方谈判时可能导致的企业非最优决策，最高管理阶层要进行干预。当然，这种干预必须是有限的、得体的，不能使整个谈判变成由上级领导裁决一切问题。

协商价格具有一定的缺陷，往往会浪费时间和精力，还可能导致部门之间的矛盾，且部门获利能力大小受谈判人员的谈判技巧影响。尽管有上述不足之处，协商价格仍被广泛采用，它的好处是有一定弹性，可以照顾双方利益并得到双方认可。少量的外购或外卖是有益的，它可以保证得到合理的外部价格信息，为协商双方提供一个可供参考的基准。

3．变动成本加固定费用转移价格

这种方法要求中间产品的转移用单位变动成本来定价，与此同时，还应向购买部门收取固定费用，作为长期以低价获得中间产品的一种补偿。这样做，生产部门有机会通过每期收取固定费用来补偿其固定成本并获得利润；购买部门每期支付特定数额的固定费用之后，对于购入的产品只需支付变动成本，通过边际成本等于边际收入的原则来确定产量水平，可以使其利润达到最优水平。

按照这种方法，供应部门收取的固定费用总额为期间固定成本预算额与必要的报酬之和，应按照各购买部门的实际购入量计算变动成本总额。如果总需求量超过了供应部门的生产能力，变动成本不再表示需要追加的边际成本，则这种转移价格将失去其积极作用。

反之，如果最终产品的市场需求很少时，购买部门需要的中间产品也变得很少，但它仍然需要支付固定费用。在这种情况下，市场风险全部由购买部门承担了，而供应部门仍能维持一定利润水平，显得很不公平。实际上，供应部门和购买部门都受到最终产品市场的影响，应当共同承担市场变化引起的市场波动。

4．全部成本转移价格

以全部成本或者全部成本加上一定利润作为内部转移价格，可能是最差的选择。它既不是业绩评价的良好尺度，也不能引导部门经理做出有利于企业发展的明智决策，唯一的优点是简单。

全部成本转移价格以目前各部门的成本为基础，再加上一定百分比作为利润，在理论上缺乏说服力。以目前成本为基础，会鼓励部门经理维持比较高的成本水平，并以此取得更多的利润。越是节约成本的单位，越有可能在下一期被降低转移价格，使利润减少。成本加成率的确定也是一个困难的问题，很难说清楚它为什么是5%、10%或20%。

如果在连续生产企业中，成本随产品在部门间流转且不断积累，则使用相同的成本加成率会使后序部门利润明显大于前序部门。如果扣除半成品成本转移，则会因各部门投入原材料出入很大而使利润分布失衡。只有在无法采用其他形式转移价格时，才考虑使用全部成本加成办法来制定转移价格。

五、责任成本的核算

业绩的考核涉及成本控制报告、差异调查和奖惩等问题。考核的目的是纠正偏差，改进工作。

（一）成本控制报告

成本控制报告是责任会计的重要内容之一，也称为业绩报告。其目的是将责任中心的实际成本与限额比较，以判别成本控制业绩。

1. 控制报告的目的

（1）形成一个正式的报告制度，使人们知道企业的业绩将被衡量、报告和考核，会使企业的行为与没有考核时不同。当人们明确知道考核标准，并肯定知道面临考核时，会尽力为达到标准而努力。

（2）显示过去工作的状况，提供改进工作的线索，指明方向。

（3）向各级主管部门报告下属的业绩，为他们采取措施纠正偏差和实施奖惩提供依据。

2. 控制报告的内容

（1）实际成本的资料。它回答"完成了多少"。实际资料可以通过账簿系统提供，也可以在责任中心设置兼职核算员，在账簿系统之外收集加工。

（2）控制目标的资料。它回答"应该完成多少"。控制目标可以是目标成本，也可以是标准成本，一般都要按实际业务量进行调整。

（3）两者之间的差异和原因。它回答"完成得好不好"，以及"是谁的责任"。

3. 良好的控制报告应满足的要求

良好的控制报告的内容应与其责任范围一致。报告的信息要适合使用人的需要，报告的时间要符合控制的要求，报告的列示要简明、清晰、实用。

（二）差异调查

成本控制报告将使人们注意到偏离目标的表现，但它只是指出问题的线索。只有通过调查研究，找到原因，分清责任，才能采取纠正行动，收到降低成本的实效。

发生偏差的原因很多，具体可以分为以下三类：

（1）执行人的原因，包括过错、没经验、技术水平低、责任心差、不协作等。

（2）目标不合理，包括原来制定的目标过高或过低，以及情况变化使目标不再适用等。

（3）实际成本核算有问题，包括数据的记录、加工和汇总有误，故意造假等。

（三）奖励与惩罚

奖励是对超额完成目标行为的回报，是表示赞许的一种方式。目前奖励的方式主要是奖金，也会涉及加薪和升迁等。奖励的原则是：奖励的对象必须是符合企业目标、值得提倡的行为；要让职工事先知道成本达到何种水平将会得到何种奖励；避免奖励华而不实的行为和侥幸取得好成绩的人；奖励要尽可能前后一致。

惩罚是对不符合期望的行为的回报。惩罚的作用在于维持企业运转所要求的最低标准，包括产量、质量、成本、安全、出勤、接受上级领导等。如果达不到最低要求，企业将无法正常运转。达不到成本要求的惩罚手段主要是批评和扣发奖金、降级、停止升迁和免职。惩罚的目的是避免类似的行为重复出现，包括被惩罚人的行为和企业里其他人的行为。

惩罚的原则有三点：一是在调查研究的基础上，尽快采取行动，拖延会减弱惩罚的效力；二是预先进行警告，只有重犯者和违反尽人皆知准则的人才受惩罚；三是要一视同仁，前后一致。

（四）纠正偏差

纠正偏差是成本控制的目的，也是各责任中心主管人员的主要职责。如果成本控制的标准是健全的并且是适当的，评价和考核也是按这些标准进行的，且产生偏差的操作环节和责任人已经明确，具有责任心和管理才能的称职的主管人员就能通过调查研究找出具体原因，并有针对性地采取纠正措施。

纠正偏差的措施通常包括：重新制订计划或修改目标；采取组织手段重新委派任务或明确职责；采取人事管理手段增加人员，选拔和培训主管人员或者撤换主管人员；改进指导和领导工作，给下属以更具体的指导和实施有效的领导。

成本指标具有很强的综合性，无论哪一项生产作业或管理作业出了问题都会引起成本失控。纠正偏差的措施必须与其他管理措施结合在一起才能发挥作用，包括计划、组织、人事及指导与领导。

纠正偏差最重要的原则是采取行动。一个简单的道理是不采取行动就不可能纠正偏差。由于管理过程的复杂性和人们认识上的局限性，纠正行动不一定会产生预期的效果，从而会出现新的偏差。这种现象不是拒绝采取行动的理由，反而表明需要不断地采取行动。

第四节 目标成本控制

目标成本控制就是根据企业的经营目标，在成本预测、成本决策和测定目标成本的基础上，进行目标成本的分解、控制分析、考核、评价的一系列成本管理工作。它以管理为核心、核算为手段、效益为目的，对成本进行事前测定、日常控制和事后考核，从而形成一个全企业、全过程、全员的多层次、全方位的成本体系，以达到少投入多产出获得最佳经济效益的目的。

一、目标成本控制的原理

目标成本控制最早产生于美国，后来传入日本、西欧等地，并得到了广泛应用。日本将目标成本管理方法与本国独特经营机制相结合，形成了以丰田生产方式为代表的成本企划。在20世纪80年代，目标成本管理传入我国，机械工业企业最先扩展了目标成本管理的内涵与外延，实行全过程的目标成本管理；到了20世纪90年代，我国形成了以邯钢经验为代表的具有中国特色的目标成本管理。

1. 目标成本法的定义

目标成本法起源于日本，日文原名为成本企划，美国人将其译作 target costing，中国人又转译为中文，便成为目标成本法。目标成本是指在新产品开发设计过程中为了实现目标利润而必须达成的成本目标值，即生命周期成本下的最大成本容许值。一旦确定了产品的目标，包括价格、功能、质量等，设计人员将以目标价格扣除目标利润得出目标成本。目标利润是指产品所提供的，用于补偿企业经营成本的边际贡献。

目标成本的表达式如下：

$$目标成本 = 目标售价 - 目标利润$$

2. 目标成本管理的思想

目标成本法是一种以市场为主，以顾客需求为导向，在产品规划、设计阶段就着手努力，运用价值工程进行功能成本分析，达到不断降低成本目的的成本管理方法。目标成本管理要求企业必须事先做好科学的成本预测，制定正确的成本目标，并依据成本目标进行成本决策和成本策划，制定最优的成本方案和实施措施，预先考虑成本变动的趋势和可能发生的情况，采取妥善的预防措施，将成本的超支和浪费控制在成本发生之前。

目标成本从过去的重过程转变为重前期，使成本管理成为事前控制的超前型和预防型管理。它以具有竞争性的市场价格和目标利润倒推出产品的目标成本，体现了市场导向。

目标成本法成本控制的目的在于确保制造工程各环节实际消耗的成本乃至顾客的使用成本，都不超过事先预定的目标范围。这种方法将成本思考的立足点从传统的生产阶段转移到产品开发设计阶段，从业务下游转移到源头，有助于避免后续制造过程的大量无效作业耗费，使大幅度削减成本成为可能。

二、目标成本的制定与分解

（一）目标成本的制定

制定目标成本时，既要考虑本单位的设备条件、原材料的供应情况、原设计的生产能力和职工的素质及技术水平等，又要重视企业的外部条件，如市场对本企业产品的需求情况等。

目标成本的设定主要是针对标的产品的特性，确定一个在目标价格下达到目标利润的目标成本额。企业首先要进行市场研究，根据市场目前和将来的需要确定标的产品的主要功能、需求量、消费者愿意支付的价格，了解竞争对手的情况；然后根据企业中长期的目标利润计划，并考虑期望的投资报酬率与先进流量等因素确定最终的目标利润，从而得出标的产品最终的目标成本。

在具体计算目标成本时，从理论上讲，计算方法应采用以市场为导向、基于市场要求的扣除法，但在实务上也采用加算法，还可以采用将前面两种方法进行综合而得出的综合法。

1. 扣除法

扣除法是参照竞争对手或行业类似产品的销售价格来预测研发中标的产品可能的价格，从中扣除企业要求的利润水平得到标的产品目标成本的一种计算方法。确定标的产品目标价格时，一般与同行业同类产品进行比较，同时综合考虑产品可能占领的市场份额大小、可能的销售量区域的配套设施等各方面的情况。

标的产品的目标价格减去目标利润得到的差额成为容许成本及可能的最高成本限额。扣除法以市场为基础进行考虑，优点是考虑到市场对标的产品的需求和产品进入的可行性，缺点是与企业现实的生产经营能力相脱节，没有考虑到技术上的可行性。

2. 加算法

加算法是基于一定历史或现实基准设定目标成本的一种方法。这种基准是指企业过去或是现有的技术水平、生产能力，在目前的经营管理水平、材料和人工价格水平下可能的成本。加算法以基准成本为基础，加上标的产品为追加新功能而要增加的各种成本，减去减少功能而可能消除的各方面的相关成本，得到标的产品可能的成本。

应用加算法要考虑可能导致标的产品成本变化的所有因素，并对这些因素逐个进行分析，找出可以控制的因素，控制可能导致成本上升的因素，并对成本可能的变化数额进行合理的估计。加算法的特征就是沿着标的产品的设计思路，对产品各个功能领域的成本及其可能性进行分析、累加，从而得出标的产品可能的成本。

3. 综合法

综合法是综合扣除法与加算法，使标的产品的成本同时具备生产技术上的可行性和市场的可行性的一种计算方法。

（二）目标成本的分解

标的产品的目标成本设定后，就成为研发小组的成本降低目标。研发小组对目标成本这个总数按技术要素展开，从各个方面分别达到要求的成本目标。分解目标成本主要有以下方法：

1. 按功能分解

按功能分解是指将标的产品的生产成本分解为该产品各功能的目标成本。一般从大到小，首先分解为大功能区域的成本，再分解为中功能区域的成本，最后向更小功能区域分解。通常，在标的产品的设计初期只能做到大功能区域的分解；随着对产品的进一步研究直到最后的详细设计阶段，逐渐向小功能区域分解，主要借助价值工程的功能系统图来划分功能区域。

功能分解法主要针对处于导入期的复杂产品，在标的产品设计的起点进行功能分析，此外，其对成长期需要进行功能改进或变更的产品也适用。

2. 按构造分解

按构造分解是指基于产品结构分割，以标的产品各构件的重要性或历史上类似产品的成本构成为分解基础，结合企业的发展战略将其进行合理调整并将目标成本分解。构造分解法包括结构群法、构建分解法、中间半成品法等。

按构造分解适用于标的产品的基本结构及生产方式大体已经确定，而相关技术的发展速度不快，或企业想在短时间内迅速抢占市场，研发时间短而难以研发出有特色产品的情况。此方法特别适用于市场上没有同类产品的情形。

在实际应用中，通常将功能分解法与构造分解法结合起来使用，即先按大功能区域分解标的产品目标成本；再向次一级分解，使得目标成本沿着研发的构想逐渐落实；等产品的构造大体清晰时，再将次一级功能的目标成本进行构造分解。

3. 按成本要素分解

按成本要素分解一般是在按功能分解或按构造分解标的产品目标成本后，对成本进行进一步分解时采用的。首先，要确定作为分解基准的成本要素项目，按研发的程度和企业对成本管理与控制的要求确定划分成本项目的详细程度。将成本划分为直接材料和加工费用的两分法，是最简单也是最基本的按成本要素分解法。在两分法的基础上可引申出多种方法。

按成本要素分解有助于研发人员对标的产品各项成本的控制，同时有助于确定产品实际生产所需的各种投入，并为生产过程中标准成本的制定提供指导。

4. 按研究人员分解

前面三种方法都是以物作为标的产品目标成本的分解基准，而针对具有主观能动性的人来分解目标成本的方法则有利于将责任目标划分到人，通过人的主观意识带动行为，从而更有效地管理和控制成本。按研发人员分解采用作业分割结构的方式，分为按团队分解、按小组分解和按个人分解三种方法。

通过按人员分解目标成本，对标的产品各项功能、各项构造的研发责任进行分配，使完成标的产品所需的作业明确化，其中，将最终的作业称为第一层作业，将为完成第一层作业所需完成的作业称为第二层作业，将为完成第二层作业所需的作业称为第三层作业，以此类推，将所有的作业系统化。按研发人员分解目标成本，有利于增强研发人员的成本意识，有助于目标成本的达成，并促使目标成本成为现实。

三、目标成本法的实施程序

（一）目标成本法实施的步骤

实行目标成本法通常按以下四个步骤进行：

（1）根据顾客与竞争对手的情况确定具有竞争性的市场价格；

（2）确定目标利润；

（3）根据具有竞争性的市场价格和目标利润，确定目标成本，即目标成本＝目标售价－目标利润；

（4）推行价值工程，实现目标成本。

价值工程的创始人麦尔斯（L.D.Miles）对其的定义是："价值分析或价值工程是一个完整的系统，是用来鉴别和处理在产品、工序服务工作中那些不起作用却增加成本或工作量的因素。这个系统运用各种享有的技术、知识和技能，有效地鉴别对用户的需要和需求并无贡献的成本，来帮助改进产品、工序或服务工作。"可见，价值工程是以功能为核心，以最低的成本实现产品必要的功能，从而使产品价值最优化的一种有组织、有领导的活动。

（二）价值工程与目标成本控制的混合应用

价值工程的基本思想是：在产品或部件中，零件的成本应该与该零件的功能重要性相对称。如果某零件成本很高，而其功能在产品中却很低，说明这个零件的成本分配偏高，成本构成有不合理的地方或者质量有过剩的地方，应该加以改进。通过功能分析，企业可以发现哪些功能是必要的，哪些功能是不必要的；哪些功能过剩，哪些功能不足。企业可以去掉不必要的功能，削减过剩的功能，补充不足的功能，使产品的功能更加合理，在满足产品必要功能的前提下，降低产品成本，实现技术与经济的一体化，提高产品的竞争力。这对于企业新产品的开发而言，具有重大意义。

价值工程的核心问题是对产品进行功能分析。企业在产品研究开发、产品设计和生产过程中，应将重点从传统的对产品结构的分析研究，转移到对产品功能的分析研究上，确定实现必要功能的最合理方案。

1. 价值工程的基本原理

在价值工程中，价值被定义为功能与生命周期成本的比值，通常用 V 表示。其中，功能是指用户得到的商品效用，通常用 F 表示；生命周期成本是指该产品在社会平均意义下的个别产品生命周期中，为构成、保持与获取功能所花费的全部费用，通常用 C 表示。价值工程的基本原理可以表示为：

$$V（价值）= F（功能）/C（成本）$$

（1）价值。价值工程中的价值是指商品功能与为完成此功能而消耗的成本之间的比值，是一个特定的概念，亦是一个综合性的技术经济指标，从属于技术经济科学的范畴。它是评价事物（产品、作业或劳务）有益程度的尺度，也是从顾客的角度评价产品或作业的尺度，比较接近于人们日常生活中所说的实用价值或比较价值。

价值工程的目标是以最低的生命周期成本，使产品具备它所必须具备的功能。

（2）功能。价值工程中的功能是指对象（产品、作业或劳务）能满足某种需求的一种属性，常指产品的用途或效用。功能附属于产品，但不等于产品。某一产品功能的大小，取决于消费者对其所需必要功能的认可程度，并非设计者、生产者的主观意愿。因而，企业生产产品的目的就是满足消费者所需要的功能，产品只不过是功能的载体而已，功能与质量的关系是主从关系。质量控制是以保证产品必要功能为前提，企业的生命在于产品，产品的生命在于功能，而功能又取决于用户。价值工程就是围绕用户所要求的必要功能进行的，所以功能分析成为价值工程的核心。

（3）成本。价值工程中的成本是指产品生命周期成本，是产品从构思、设计、制造、流通、使用直至报废全过程中的一切费用之和。它包括生产费用与使用费用，用公式表示为：生命周期成本＝生产费用＋使用费用。其中，生产费用是指用户在取得产品的过程中所支付的各项费用，如开发设计费、试制费、制造费等；使用费用是指用户在产品使用过程中所支付的各项费用，如能耗费、维修费、产品管理费、人工费、扣除残值后的报废拆除费等。用户购买产品，不仅关心一次性购买，更关心长期使用的开支。

2. 产品价值的提升途径

价值工程的核心是对产品进行功能分析。用户购买任何产品（或服务）都不是购买产品（或服务）的形态，而是购买其功能。具有相同功能而成分或结构不同的产品，其成本一般是不同的。价值工程是以实现提高功能、降低成本、提高效益为目的的。

企业应当研究产品功能与成本的最佳匹配，将功能定量化，即将功能转化为能够与成本直接相比的量化值。价值工程的基本原理不仅深刻地反映出产品价值与功能之间的关系，也为如何提高价值提供了有效途径。

提高产品价值的途径有以下五种：功能提高，成本降低；功能不变，成本降低；成本不变，功能提高；功能较大幅度提高，成本较少增加；功能略有下降，成本大幅度降低。

3. 价值工程的实施步骤

（1）选择对象。对企业而言，不是所有产品都要进行价值分析，就一个产品而言，也不是所有零件都需要进行价值分析，而是应该有所选择。对产品的零部件进行功能分析，要突出重点，而不是面面俱到。选择对象要从四个方面入手：一是设计方面，应选择那些结构复杂、比较笨重、体积较大、使用材料昂贵、性能较差、技术水平低的零部件作为价值工程对象；二是生产方面，应选择那些工艺复杂、原材料消耗大、能源消耗高、成品率低或废品率较高的零部件作为价值工程对象；三是销售方面，应选择那些用户意见多、竞争能力差、长期没有改进的零部件作为价值工程对象；四是成本方面，应选择那些成本高于同类产品，或成本高于功能相同的产品，以及成本结构中比重较高的项目作为价值工程对象。

（2）收集信息。应根据选定对象的有关性质、范围及改进要求，收集以下信息：本企业的基本情况，如经营方针、生产规模、设备能力、各项定额、产品的品种、产量、质量等；技术资料，如产品的结构、性能、设计方案、加工工艺、材料品种等；经济资料，主要指本企业和国内同类产品的成本结构；用户意见，包括国内外用户的需求、使用的目的、适用的条件、使用中的问题等。

（3）功能分析。这是价值工程分析的核心内容，一般按照功能了解、功能整理、功能评价三个步骤展开。

第一步，功能了解。功能了解又称功能定义，是指对价值工程对象具有的各种功能细致地加以研究，了解它们所起的作用。具体而言，就是将分析对象在生产过程中所采用的每一种工艺、每一道工序、每一种材料、每一个零件，甚至每一颗螺栓都逐一地、有条不紊地加以剖析研究，了解它们对构成最终产品起什么作用、担负什么职能，省去它们是否影响产品的使用价值，有无更便宜的东西可以替代它们，等等。所有这些，就是对它们下一个确切的、表明功能的定义。功能了解的过程，实际上是对产品进行分析解剖的过程，也就是发现问题的过程。

第二步，功能整理。写出产品的全部功能定义后，还需要进行分类和整理，其目的就是弄清楚哪些是基本功能，哪些是辅助功能；哪些是用户需要的，哪些是用户不需要的；哪些是过剩功能，哪些是不足功能。此外，还要弄清楚各个功能之间的关系，哪些是从属关系，哪些是并列关系，等等。

第三步，功能评价。功能评价的基本步骤包括：以功能评价系数为基准，将功能评价系数与按目前成本计算的成本系数相比，确定价值系数；将目标成本按照价值系数进行分配，并确定目标成本分配额与目前成本的差异值；选择价值系数低、降低成本潜力大的功能零件作为重点分析对象。功能评价的方法很多，其中评分法和强制确定法是常用的两种方法。

1）评分法。评分法是指按产品或零部件的功能重要程度打分，通过确定不同方案的价值系数来选择最优方案。

【例11-6】改进手机有4种方案可供选择，现从通话效果、信号强弱、性能稳定性、防震、外观等五个方面进行 5 分制评分，评分结果如表 11-6 所示。

表 11-6 各方案功能比较

方案	通话效果	信号强弱	性能稳定性	防震	外观	总分	选择
方案 1	2	3	4	2	5	16	×
方案 2	5	4	5	3	4	21	√
方案 3	5	5	4	4	3	21	√
方案 4	5	5	5	4	4	23	√

要求：从 4 种方案中选择最优方案。

上述 4 种方案中，方案 1 的总分最低，初选淘汰。对于方案 2、方案 3 和方案 4，应结合成本资料进行第二轮比较，各方案成本资料如表 11-7 所示。

表 11-7 各方案成本资料

方案	预计销售量（件）	直接材料、直接人工、变动制造费用（元）	固定制造费用（元）	单位制造成本（元）
方案 2	8 000	350	80 000	360
方案 3	8 000	320	100 000	332.5
方案 4	8 000	360	120 000	375

对 3 种方案进行价值分析：如果方案 2 的成本系数为 100，则：

方案 3 的成本系数 =（332.5÷360）×100 = 92.36

方案 4 的成本系数 =（375÷360）×100 = 104.17

则方案 2、方案 3、方案 4 的价值系数分别为：

$$V2 = 21 \div 100 = 0.21$$
$$V3 = 21 \div 92.36 = 0.23$$
$$V4 = 23 \div 104.17 = 0.22$$

通过对比可知，方案 3 不仅成本系数最低，而且价值系数最高，因此应选择方案 3。

2）强制确定法。强制确定法是指在 ABC 分析法的基础上，先找出占成本比重大的部分零件，再将这些零件排列起来，按其功能的重要程度进行一对一的比较，重要零件得 1 分，次要零件得 0 分；然后将各零件的得分加以累计，再除以全部零件总分数，以求得该零件的功能评价系数。

【例 11-7】假设中南公司生产的 N897 型手机，由 A、B、C、D、E 五个零部件组成，按强制确定法计算其功能价值系数，如表 11-8 所示。

表 11-8 各零部件功能评价系数

零部件名称	A	B	C	D	E	得分累计	功能评价系数
A	×	1	0	0	0	1	1÷10 = 0.1
B	0	×	1	1	1	3	3÷10 = 0.3
C	1	0	×	1	1	3	3÷10 = 0.3

续表

零部件名称	A	B	C	D	E	得分累计	功能评价系数
D	1	0	0	×	0	1	1÷10＝0.1
E	1	0	0	1	×	2	2÷10＝0.2
合计						10	

在表 11-8 中，B、C 两个零部件的功能评价系数较大，说明其功能较为重要；而 A、D、E 三个零部件的功能评价系数较小，说明其功能较为不重要。在功能评价系数确定后，应计算各零部件的成本系数和价值系数，具体如表 11-9 所示。

表 11-9　各零部件成本系数和价值系数

零部件名称	功能评价系数①	目前成本（元）②	成本系数③＝②/800	价值系数④＝①/③
A	0.1	250	0.3125	0.32
B	0.3	150	0.1875	1.60
C	0.3	80	0.1000	3.00
D	0.1	80	0.1000	1.00
E	0.2	240	0.3000	0.67
合计		800		

从价值工程的观点看，零部件成本系数应该与其相应的功能评价系数大体一致，即价值系数等于或趋近于 1（如零部件 D）。如果价值系数小于 1，说明零部件功能可能不太大或成本过高，应当成为价值工程的重要分析目标（如零部件 A 和零部件 E）；如果价值系数大于 1，则意味着该零部件功能较大或成本较低，一般是比较理想的（如零部件 C）。

由于价值与功能成正比，与成本成反比，因此，要想提高产品价值，只能从提高功能和降低成本两个方向去努力。提高功能是指通过改进设计来提高产品的可靠性、可维修性、安全性和交易操作等性能，增加顾客所需要的功能，避免在使用阶段出现功能不全的现象；降低成本是指将产品使用寿命内的各项成本压缩到最经济的限度内。

那么 A、E 零部件的成本降低到什么程度，才能把与功能相匹配的系数分配给零部件，然后与各零部件的目前成本相比较，进而确定各零部件成本降低的数额呢？假定 N897 型手机目前的成本为 700 元，可用下述公式确定零部件的目标成本和成本降低额度。

第一，功能评价系数公式：

功能价值＝实现某一功能的最低成本 / 实现该功能的目前成本

这个公式表明，产品价值不单纯取决于某一个方面，功能并不是越高越好，成本也不是越低越好。

第二，成本降低幅度（或预期节约额）公式：

成本降低幅度＝实现某一功能的目前成本－实现该功能的最低成本

成本和成本降低幅度如表 11-10 所示。

表11-10　各零部件成本降低幅度　　　　　　　　　　　　　　　　单位：元

零部件名称	功能评价系数①	目前成本②	按功能评价系数分配的目标成本 ③＝①×700	成本降低额 ④＝②－③
A	0.1	250	70	180
B	0.3	150	210	－60
C	0.3	80	210	－130
D	0.1	80	70	10
E	0.2	240	140	100
合计		800	700	100

（4）制定方案。这是价值工程中的一个关键环节，应根据具体情况，按照表11-11进行。

表11-11　方案的制定

步骤	存在问题
提出改进方案	还有其他方法能实现这项功能吗？
评价改进方案	新方案的成本是多少？
选定最优方案	新方案能满足功能的要求吗？

（三）目标成本控制的实例

【例11-8】特立企业拟生产三台不同型号的机器，有关资料如表11-12所示。

表11-12　特立企业生产数据　　　　　　　　　　　　　　　　　　　单位：元

项目	机器Ⅰ型	机器Ⅱ型	机器Ⅲ型
预计生产量（件）	212 500	550 000	375 000
预计售价	1 875	1 125	1 500
目标利润	275	200	250
目标单位成本	1 600	925	1 250
现行条件下的设计成本：			
材料成本	625	450	575
外购零部件成本	550	350	300
间接成本	829.25	412.25	674.75
合计	2 004.25	1 212.25	1 549.75

要求：改进现有成本以达到目标成本。

分析如下：

①设计成本超过目标成本是目标成本控制的动因，但为了进一步降低设计成本，必须对表11-13的间接成本作较具体的分析，如表11-14至表11-16所示。

表 11-13 每台机床的间接成本

成本项目	成本动因	单位动因成本（元）	动因需要量		
			机器Ⅰ型	机器Ⅱ型	机器Ⅲ型
装配成本	装配工时	8.75	7	3	5
质量保证成本	检查工时	10.5	2	1	2
再加工成本	人工工时	8.75	3	1	3
材料搬运成本	搬运工时	7	5	2	4

表 11-14 每批机床的间接成本

成本项目	成本动因	单位动因成本（元）	动因需要量		
			机器Ⅰ型	机器Ⅱ型	机器Ⅲ型
运送成本	运送数	12.5	7	5	4
装备成本	装备工时	62.5	8	4	7

表 11-15 产品的间接成本 单位：元

成本项目	机器Ⅰ型		机器Ⅱ型		机器Ⅲ型	
	全部成本	单位成本	全部成本	单位成本	全部成本	单位成本
设计费用	4 993 750	23.5	2 750 000	5	3 468 750	9.25
管理费用	478 125	2.25	550 000	1	468 750	1.25

表 11-16 维持生产能力的间接成本

成本项目	成本动因	单位动因成本（元）	动因需要量		
			机器Ⅰ型	机器Ⅱ型	机器Ⅲ型
综合管理成本	劳动力工时	4.5	17	7	14
综合间接成本	材料成本	0.005	2 500	1 800	2 300

单位产品成本等于全部产品成本与设计生产量的比值，设备维持导致的单位动因成本等于全部与生产能力相关的成本与实际的生产能力的比值。

②根据上述数据，可以得出单位产品的预算，如表 11-17 所示。

表 11-17 单位产品的预算 单位：元

项目	机器Ⅰ型	机器Ⅱ型	机器Ⅲ型
全部产量（件）	212 500	550 000	375 000
价格	1 875	1 125	1 500
材料成本：			

续表

项目	机器Ⅰ型	机器Ⅱ型	机器Ⅲ型
原材料	625	450	575
零部件	550	350	300
每台相关成本：			
装配	61.25	26.25	43.75
质量保证	21	10.5	21
再加工	26.25	8.75	26.25
材料搬运	35	14	28
每批相关成本：			
运送	87.5	62.5	50
装备	500	250	437.5
产品相关成本：			
设计	23.5	5	9.25
管理	2.25	1	1.25
设备维持成本：			
综合管理成本	76.5	31.5	63
综合间接成本	12.5	9	11.5
全部预计成本	2 020.75	1 218.5	1 566.5
预计利润	−145.75	−93.5	−66.5
目标利润	275	200	250
预计利润超过目标利润	−420.75	−293.5	−316.5

③从表11-17来看，三种类型机器的设计成本高于目标成本，导致预定的目标利润无法实现，因而需要进一步采取措施，寻求降低现有设计成本的途径。可采取的主要措施有：设计小组进行价值工程分析，从竞争对手处买入此类机器，拆除机器进而开发出多种设计方案；设计小组与设计工程师协同工作，确定新的设计方案；新方案在保证功能的前提下，降低成本，去掉无用的功能。价值工程的分析结果见表11-18。表11-19显示了价值工程分析后机器的目标成本。

表11-18　价值工程分析后机器的成本构成

变更项目	机器Ⅰ型	机器Ⅱ型	机器Ⅲ型
原材料成本（元）	600	400	550
外购零部件成本（元）	525	325	250
装配工时（小时）	6	2	4
再加工工时（小时）	2	1	2

表 11-19　价值工程分析后机器的目标成本　　　　　　　　　单位：元

项目	机器Ⅰ型	机器Ⅱ型	机器Ⅲ型
全部产量（件）	212 500	550 000	375 000
价格	1 875	1 125	1 500
材料成本：			
原材料	600	400	550
零部件	525	325	250
每台相关成本：			
装配	52.5	17.5	35
质量保证	21	10.5	21
再加工	17.5	8.75	17.5
材料搬运	35	14	28
每批相关成本：			
运送	87.5	62.5	50
装备	500	250	437.5
产品相关成本：			
设计	23.5	5	9.25
管理	2.25	1	1.25
设备维持成本：			
综合管理成本	67.5	27	54
综合间接成本	12	8	11
全部预计成本	1 943.75	1 129.25	1 464.5
预计利润	-68.75	-4.25	35.5
目标利润	275	200	250
预计利润超过目标利润	-343.75	-204.25	-214.5

④上述途径不能达到要求的目标成本，因此需要进一步降低现有设计成本，途径之一是进行功能分析。

此机器的功能主要体现在能力、消耗、静电三个方面。假定三个型号的机器三个特征经过分析后发生的变化如表 11-20 所示。

表 11-20　功能分析后机器的成本构成

变更项目	机器Ⅰ型	机器Ⅱ型	机器Ⅲ型
产品价格（元）	1 800	1 200	1 575
原材料成本（元）	550	425	600

续表

变更项目	机器Ⅰ型	机器Ⅱ型	机器Ⅲ型
装配工时（小时）	4	3	5
材料搬运工时（小时）	5	3	4
设计成本（元）	4 356 250	3 162 500	3 937 500

根据以上功能分析导致的相关数据的改变，对该公司各产品的设计成本重新进行计算，并使之与目标成本相对，如表11-21所示。

表 11-21　功能分析后机器的目标成本　　　　　　　　　　　　　单位：元

项目	机器Ⅰ型	机器Ⅱ型	机器Ⅲ型
全部产量（件）	212 500	550 000	375 000
价格	1 800	1 200	1 575
材料成本：			
原材料	550	425	600
零部件	525	325	250
每台相关成本：			
装配	35	26.25	43.75
质量保证	21	10.5	21
再加工	17.5	8.75	17.5
材料搬运	35	21	28
每批相关成本：			
运送	87.5	62.5	50
装备	500	250	437.5
产品相关成本：			
设计	20.5	5.75	10.25
管理	2.25	1	1.25
设备维持成本：			
综合管理成本	67.5	27	54
综合间接成本	12	8	11
全部预计成本	1 873.25	1 170.75	1 524.25
预计利润	−73.25	29.25	50.75
目标利润	275	200	250
预计利润超过目标利润	−348.25	−170.75	−199.25

⑤有了上述思路，设计小组继续进行工序的设计，对现有产品制造过程进行调整，这个过程

是新产品成本设计的基础。设计小组主要关注生产过程和新的设计方法。通过联系供应商，设计小组推迟了准时生产系统，并对生产线进行了重组，如将原来的批量调整系统改为连续流动系统，将原来在不同工作地之间移动零部件的做法改为使用生产车间。上述变化导致的调整结果如表 11-22 所示。

表 11-22　工序调整后机器的目标成本

变更项目	机器Ⅰ型	机器Ⅱ型	机器Ⅲ型
装配工时（小时）	3	2	4
检查工时（小时）	1	1	2
再加工工时（小时）	1	1	1
材料搬运工时（小时）	3	2	2
运送次数（次）	4	2	2
装备工时（小时）	4	2	4

上述变化得到的成本预计如表 11-23 所示。此时，预计成本低于目标成本，设计完成。

表 11-23　成本分析后的目标成本　　　　单位：元

项目	机器Ⅰ型	机器Ⅱ型	机器Ⅲ型
全部产量（件）	212 500	550 000	375 000
价格	1 800	1 200	1 575
材料成本：			
原材料	550	425	600
零部件	525	325	250
每台相关成本：			
装配	26.25	17.5	35
质量保证	10.5	10.5	21
再加工	8.75	8.75	8.75
材料搬运	21	14	14
每批相关成本：			
运送	50	25	25
装备	250	125	250
产品相关成本：			
设计	33.75	9	15.75
管理	2.25	1	1.25
设备维持成本：			
综合管理成本	36	27	40.5

续表

项目	机器Ⅰ型	机器Ⅱ型	机器Ⅲ型
综合间接成本	11	8.5	12
全部预计成本	1 524.5	996.25	1 273.25
预计利润	275.5	203.75	301.75
目标利润	275	200	250
预计利润超过目标利润	0.5	3.75	51.75

本章小结

　　成本控制是指运用以成本会计为主的各种方法，事先制定成本限额，按限额开支成本和费用，同时将实际成本和成本限额对比以衡量经营活动的成绩和效果，并以例外管理原则纠正不利差异，以提高工作效率，实现以至超过预期的成本限额。成本控制系统包括组织系统、信息系统、考核制度和奖励制度等内容。成本控制的原则有经济原则、因地制宜原则、全员参加原则和领导推动原则。成本控制的程序可分为成本事前控制、成本事中控制和成本事后控制三个环节。成本控制的方法主要有标准成本控制、责任成本控制和目标成本控制等。

复习思考题

1. 简述成本控制的要素和程序。
2. 标准成本的差异有哪几种？
3. 转移价格有哪几种？各自有什么特点？
4. 目标成本的分解有哪几种方法？
5. 简述目标成本法应用价值工程的程序。

ITEM 12

第十二章 战略成本管理

教学目标

○ 了解战略成本管理的特点；
○ 熟悉战略成本管理的基本思想；
○ 掌握战略成本管理的分析方法；
○ 掌握战略成本管理的具体措施。

知识导航

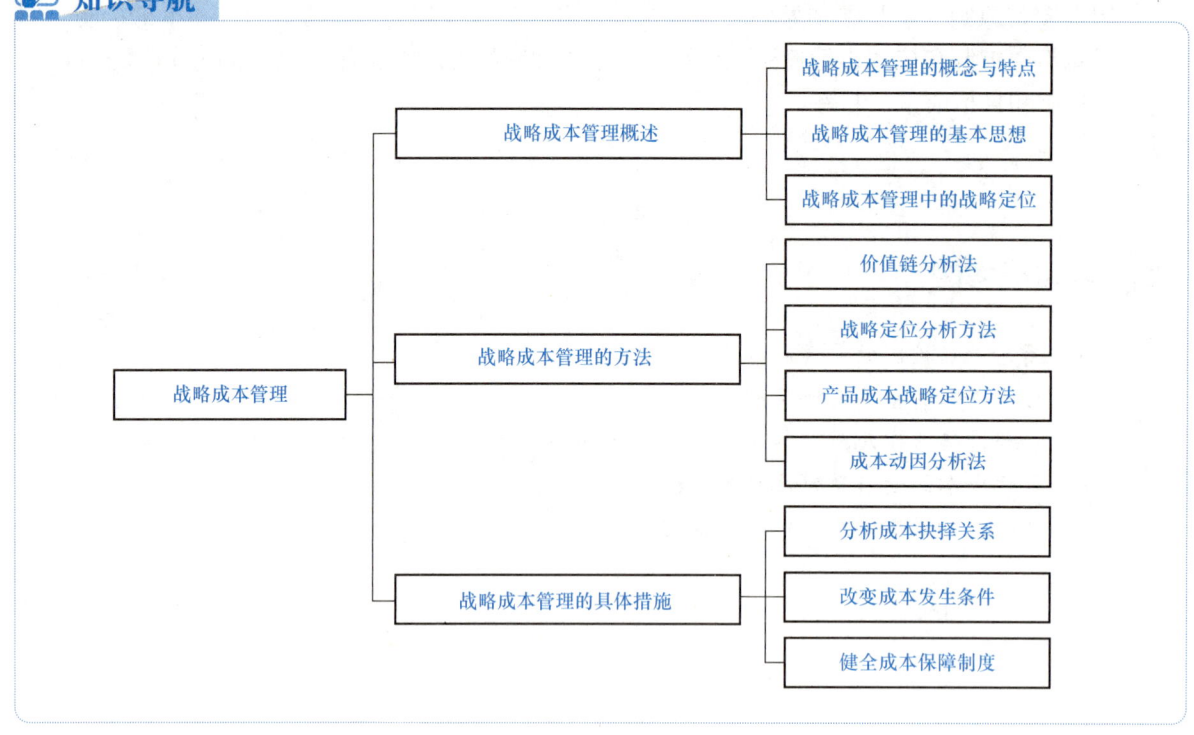

企业成本控制的最高层次是从战略层面以及企业商业模式选择角度来控制成本，即选择合适的商业运作模式，同时建立成本优势和竞争优势。战略成本管理是成本管理与战略管理有机结合的产物，是传统成本管理对竞争环境变化做出的一种适应性变革。所谓战略成本管理，就是以战略的眼光从成本的源头识别成本驱动因素，对价值链进行成本管理，即运用成本数据和信息，为战略管理的每一个关键步骤提供战略性成本信息，以利于企业竞争优势的形成和核心竞争力的创造。企业战略管理是运用战略对整个企业进行管理，是将企业日常业务决策同长期计划决策相结合而形成的一系列经营管理业务。企业必须强化战略意识，具备战略思维，实施战略管理。

第一节 战略成本管理概述

一、战略成本管理的概念与特点

（一）战略成本管理的概念

"战略"（strategy）一词原属于军事术语。在西方，"strategy"一词源于希腊语"strategos"，意为军事将领、地方行政长官；后来演变成军事术语，指军事将领指挥军队作战的谋略。在中国，"战略"一词历史久远，"战"指战争，"略"指谋略。春秋时期孙武的《孙子兵法》被认为是中国最早对战略进行全局筹划的著作。《辞海》（1979年版）对"战略"的解释是"对战争全局的筹划和指导"，泛指重大的、带全局性或决定全局的谋划。在现代，"战略"一词被引申至政治和经济领域，其含义演变为泛指统领性的、全局性的、左右胜败的谋略、方案和对策。

从企业未来发展的角度来看，战略表现为一种计划（Plan）；从企业过去发展历程的角度来看，战略表现为一种模式（Pattern）；从产业层次来看，战略表现为一种定位（Position）；从企业层次来看，战略则表现为一种观念（Perspective）；此外，战略还表现为企业在竞争中采用的一种计谋（Ploy）。上述种种是对企业战略较全面的看法，即著名的5P模型。

将战略观念运用于企业管理就形成了企业战略管理（strategic management）。战略管理一词最初由美籍学者安索夫在其1976年所著的《从战略计划走向战略管理》一书中提出。他认为，战略管理是企业高层领导为了保证企业持续经营和不断发展，根据企业内部条件和外部条件的分析结果，对企业全部生产经营活动所进行的根本性和长远性的谋划和指导。

将战略管理思想导入成本管理，实现战略意义上的功能扩展，便形成了战略成本管理。战略成本管理是成本管理与战略管理有机结合的产物，是传统成本管理对竞争环境变化做出的一种适应性变革。战略成本管理最早于20世纪80年代由英国学者肯尼斯·西蒙兹提出，他从企业在市场中的竞争地位这一视角拓展战略管理理论，认为战略成本管理就是"通过对企业自身以及竞争对手的有关成本资料进行分析，为管理者提供战略决策所需的信息"。后来美国的迈克尔·波特教授在《竞争优势》和《竞争战略》中提出了运用价值链分析战略成本的一般方法。美国管理会计学者杰克·桑克（Jack Shank）和戈文德瑞亚（V.Govindarajan）等于1993年出版了《战略成本管理》一书，通过对成本信息在战略管理的四个阶段（战略的简单表述、战略的交流、战略的推行、战略的控制）所起的作用进行研究，将战略成本管理定义为"在战略管理的一个或多个阶段对成本信息的管理性运用"。

1998年，罗宾·库珀（Robin Cooper）提出了以作业成本制度为核心的战略成本管理模式，在传统的成本管理体系中全面引入作业成本法，关注企业竞争地位和竞争对手动向的变化，从而构成了一种崭新的会计岗位——战略管理会计（Strategic Management Accounting，SMA）。

20世纪90年代以后，日本成本管理的理论界和企业界也开始加强对战略成本管理及其竞争情报的应用等研究，提出了具有代表意义的战略成本管理模式——成本企划。这种战略成本管理模式是从事物的最初点开始，通过实施充分透彻的成本信息分析来减少或者消除非增值作业，应用反求工程方法，在设计产品的同时，与竞争对手的产品比较，并设计产品的成本，从而使成本达到最低。其本质是一种对企业未来的利润进行战略性管理的情报研究过程。

战略成本管理是企业运用一系列成本管理方法同时达到降低成本和提升战略地位的目的的一种管理行为。具体而言，战略成本管理是指管理人员运用专门方法提供企业本身及其竞争对手的分析资料，帮助管理者形成和评价企业战略，创造竞争优势，达到企业有效适应外部持续变化的环境的目的。战略成本管理关注成本管理的战略环境、战略规划、战略实施和战略成绩，其首要任务是关注"不同战略选择下如何组织成本管理"，即将成本信息贯穿于战略管理整个循环过程之中，通过从战略高度全面了解、控制与改善企业成本结构和成本行为，寻求长久的竞争优势。

（二）战略成本管理的特点

战略成本管理主要具有以下特点：

1. 成本管理目的的长期性

战略成本管理的目的不仅在于降低成本，更重要的是建立和保持企业的长期竞争优势，企业必须探求提高（或不损坏）其竞争地位的成本降低途径。战略成本管理更重视企业的长久发展，不再局限于单一的会计期间，而是充分考虑不同发展阶段的特点，使各个发展阶段都服从于企业的长远目标，甚至不惜牺牲短期利益来追求持久的竞争优势，以不断扩大企业的市场份额。竞争地位的提高虽不一定伴随短期利润的增加，却会引起企业长期利润的增加。例如，某细分市场上的顾客需要某项特殊的产品售后服务，虽然提供该服务会增加企业成本，但它吸引了顾客，保持了企业的竞争优势，从长远来看，利大于弊。

战略成本管理是一种从长远角度持续降低成本的策略，属于动态管理，这与传统成本管理立足于短期成本管理的战术性成本管理有天壤之别。例如，在战略成本管理方式下，企业应从长远出发雇用相对年轻、文化程度高的员工，利用学习曲线获得较长时期的成本优势；在传统的成本管理方式下，企业应雇用年龄相对较大、技术熟练程度高的员工，以便降低人工成本，其成本优势只能是短暂的。

2. 成本管理领域的开放性

战略成本管理的着眼点是外部环境，重视企业与市场的关系。它具有开放系统的特征，是全方位、多角度、突破企业边界的成本管理。

首先，由于企业成本结构中，生产前与生产后的成本比重逐步增加，其成本管理不应停留在产品生产过程的耗费控制方面，更应着眼于生产前的产品设计和材料采购成本与生产后的产品营销和顾客使用成本控制等方面。因而，战略成本管理深入企业的研发、供应、生产、营销及售后服务部门，以全面、细致地分析和控制各部门内部及各部门之间相互联系的成本。其次，战略成本管理范围并不局限于企业内部，还超越企业边界进行跨组织的成本管理。例如，与企业价值链的上游（供应商）与下游（分销商）企业建立电子资料信息交换系统，相互协调地进行成本改进。战略成本管理将成本管理外延，向前延伸到采购环节乃至研究开发与设计环节，向后拓展至售后服务环节。换言之，既重视与供应商的联系，也重视与客户和经销商的联结。最后，战略成本管理还应对企业外部竞争对手成本信息进行推测与分析，在相互比较中找出本企业的成本差距，重塑企业的成本与竞争优势。

3. 成本管理的重点转移

传统成本管理重在节省成本，即力求在生产过程中不耗费无谓的成本和改进工作方式以节约本将发生的成本支出，表现为成本维持和成本改善两种执行方式。减少废品损失、节约能耗、零库作业分析与改进等皆属此列。而战略成本管理的目标在于建立成本优势，重在避免成本发生，立足于预防。

企业推行战略成本管理就是为了实现成本领先，取得竞争优势，战胜对手，保证自己的生存和发展。因此，企业应全面综合考虑企业的地理位置、市场定位、经营规模等一系列具有源流特质的成本动因，以从源头上控制成本的发生。另外，在产品的设计与开发阶段，为避免成本的发生，企业应该尽力设计满足目标成本要求且具有竞争力的产品。

4. 成本管理的方法更新

战略成本管理可以从两个层面实现企业长期竞争优势：一是在战略成本规划层面，旨在帮助企业通过事先的成本规划与控制，从根本上改进其长期的盈利能力。其主要方法有源自战略管理的价值链分析法，以及用于制定成本目标的产品生命周期成本法、目标成本规划法等。二是在经营改进层面，旨在提升企业日常经营活动效率，落实成本规划，继续提高企业竞争实力。其主要方法有竞争对手成本分析法等。事实上，在获取企业成本优势的过程中，这两个层面是相辅相成、集成与整合在一起的。

战略成本管理不仅注重利用外部价值链提高企业战略地位，还注重按照战略成本管理原则对内部市场进行管理。其措施主要是在生产部门与服务部门之间建立有效的合作系统。这种方法大大提高了成本计算的透明度和准确度，不仅生产部门可以通过与外部市场比较来监督服务部门的工作效率，服务部门也可以通过这种比较检验自己的工作是否有竞争力，从而决定是否向外部市场提供服务。

二、战略成本管理的基本思想

（一）成本与竞争的关系

战略成本管理就是要将成本因素与企业的竞争地位联系起来，寻求提高企业竞争力与成本持续降低的最佳路径，成本与竞争的关系（见图12-1）构成了战略成本管理的基本思想。为了保证战略实施的有效性，不同的优势要与不同的管理控制系统相互映射，这也正是作为管理控制系统之一的战略成本管理系统必须与具体的竞争优势战略相结合的逻辑所在。

不同的优势战略选择需要不同的成本分析观和成本管理方法，这就形成了特定竞争战略下的战略成本管理。

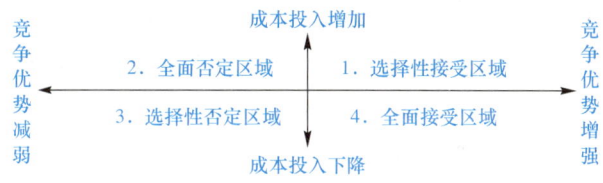

图 12-1 企业竞争优势与成本投入关系

在图 12-1 中，第一象限是选择性接受区域。该区域表明，伴随特定战略方案的实施，企业的竞争优势增强，同时成本也升高。也就是说，战略成本管理方案的实施能够使企业获取竞争优势，但要付出成本升高的代价，企业是否选择实施该策略主要看其是否符合成本效益原则。如果企业竞争优势增强带来的收益大于实施该战略增加的成本，该战略是可取的。例如，企业在员工培训方面加大资金投入，会导致企业短期成本的上升，但从长远发展来看，这有助于企业形成自身的人才竞争优势，是能够接受的。但如果企业竞争力提高带来的收益不足以抵销成本的增加，则应考虑拒绝此种战略措施。

在图 12-1 中，第二象限是全面否定区域。该区域表明，伴随战略方案的实施，企业成本升高，竞争优势反而下降。实施这类战略方案，必然会导致企业生产经营能力下降并丧失已有的市场份额，因此企业应该全面否定。例如企业盲目引进国外早已淘汰的生产设备，既消耗了大量的资金，所产出产品又没有科技含量，不具有市场竞争优势，最后出现了不生产要亏损、生产越多亏损越多的局面，重创企业生产经营能力，甚至导致企业破产倒闭。

在图 12-1 中，第三象限是选择性否定区域。该区域表明，伴随战略方案的实施，企业成本下降，同时竞争优势减弱。尽管企业战略方案的实施要求的成本很低，但缺乏竞争优势，不利于企业的长期发展，企业不能以牺牲竞争优势为代价换取成本的降低。例如，企业为了追求成本的降低，放弃产品的质量要求，在生产过程中不按规定的投料标准和操作规程进行生产，最终引起顾客的不满，影响了市场的进一步扩大，使得企业竞争优势下降。但如果企业竞争环境本身已经恶化，主动采取此策略可能是不得已而为之的防守策略。

在图12-1中，第四象限是全面接受区域。该区域表明，伴随战略成本管理方案的实施，企业成本下降，且竞争优势得以提高。企业能够在提高竞争优势的同时实现成本的降低，这是最为理想的状态。例如，企业通过技术创新，采用新设备新工艺，降低了产品成本，提高了产品质量，实现了价格与成本的双赢，增强了企业竞争优势。因此，企业应该积极采用这种战略。

（二）成本的源流管理思想

管理成本要从成本发生的源流着手。构造战略成本管理方法与措施体系的重点要放在成本发生的源流上，要针对成本发生的源流进行设计。

成本发生的源流包括时间源流、空间源流和业务源流。成本发生的基础条件是成本发生的三大源流的交汇点，即企业可以利用的经济资源的性质及其相互之间的联系方式，包括劳动资料的技术性能、劳动对象的质量标准、劳动者的素质和技能、产品的技术标准、企业的组织结构、职能分工、管理制度以及企业文化、外部协作关系等。

改变成本发生的基础条件是成本不断降低的源泉，代表了成本管理的源流管理思想，也是现代管理不断改进思想在成本领域的综合体现。改变成本发生的基础条件可以从根本上改变公司成本结构，改变企业参与竞争的基础条件。

可以通过两种方式降低成本。一是在既定的经济规模、技术条件、质量标准条件下，通过降低消耗、提高劳动生产率等措施降低成本。这种方式的成本降低以现有条件为前提，是日常成本管理的重点内容。二是改变成本发生的基础条件。在既定条件下，成本改善会存在一个极限幅度，在这个幅度内，改进的逐步增加最后可能会达到收益递减点，使得降低成本变得异常艰难。在这种情况下，进一步的成本改进有赖于新技术和新观念。改变成本发生的基础条件为进一步的成本降低提供了新的基础，这是成本持续降低的潜力所在，是战略成本管理中的重点。不过，大多数情况下，企业为削减成本所做的努力是在现有的条件下争取更多的成本改善，而不是改变成本发生的基础条件。

（三）战略成本管理的内容

战略成本管理是服务于企业战略管理的决策支持系统，要以企业战略管理为基础而展开。战略成本管理的内容包括以下两个方面：

（1）利用战略性成本信息进行战略选择。企业战略通常是相互作用的总体战略、一般竞争战略和具体竞争战略的三维结合。在明确了总体战略的前提下，企业往往通过成本领先战略、产品差异化战略和目标集聚战略等竞争战略来开发竞争优势。

在一般竞争战略的指导下，企业会按照业务活动的范围确定一些具体的战略，如产品开发战略、生产流程战略、营销战略、规模扩张战略等。利用战略性成本信息对企业的战略选择过程提供决策支持，保证企业战略决策的正确性，是战略成本管理针对战略管理进行的功能展开与创新运用，是战略成本管理对传统成本管理的超越。

（2）在不同的竞争战略下，要利用成本信息实施与竞争战略相适应的成本战略决策，正确组织成本管理，确保竞争战略成功实施，从而提高企业竞争优势。企业战略成本管理就是将成本管理置于战略管理的广泛空间，从战略高度对企业及其关联企业的成本行为和成本结构进行分析，为战略管理服务。战略成本管理的提出基于战略管理的需要，它的理论与方法体系是和战略管理的理论与方法体系相匹配的。

不同的战略选择需要不同的成本分析观和成本管理方法，这就形成了特定竞争战略下的成本管理战略，如针对产品开发战略的价值工程成本管理战略、针对产品流程战略的作业成本管理战略以及针对企业扩张战略的成本管理战略等。

三、战略成本管理中的战略定位

战略成本管理的关键是做好企业的战略定位。按照波特的理论，企业获取竞争优势的基本战略有成本领先战略、差异化战略、目标聚集战略三种。战略成本管理中的战略定位分析，就是要根据企业所处的行业特点和自身的情况，在三种战略中进行选择。此外，以企业在价值链上的现有节点为基础，实行纵向或横向一体化发展也将从整体上影响企业成本。

（一）企业战略的类型

1. 成本领先战略

成本领先战略是指向最明确的一种企业战略，企业实施该战略的目标是要成为产业中的低成本生产（服务）厂商，也就是在提供的产品（或服务）的功能、质量差别不大的条件下努力降低成本以取得竞争优势。如果能够创造和维持全面的成本领先地位，企业只需要将价格控制在产业平均或接近平均的水平，就能获取优于平均水平的经营业绩。在与对手相当或相对较低的价位上，成本领先者的低成本优势将转化为高收益。成本领先战略的逻辑要求企业就是成本领先者，而不是成为竞争这一地位的几个企业之一。成本领先战略是强调先发制人的一种战略。

在产品同质性强、替代性强的行业里，成本领先战略是企业的基本竞争战略。成本领先战略可通过大规模生产、学习曲线效应以及严格的成本控制来实现，企业必须发现和开发所有成本优势资源。实施成本领先战略的企业，必须在经营规模上具有比较优势，在现代化设备以及高效率设备上具有领先投资的能力，而且企业内部必须建立一套以成本控制为中心的生产运行管理系统。

2. 差异化战略

当一个企业能够为买方提供一些独特价值，同时提供独特价值的成本水平能够为该企业所接受时，这个企业就具有了区别于其他竞争对手的经营差异性。差异化战略要求企业就客户广泛重视的方面在产业内独树一帜；或在成本差距难以进一步扩大的情况下，生产比竞争对手功能更强、质量更优、服务更好的产品以显示经营差异，当然这种差异应是买方所希望的或乐意接受的。如果企业能够为用户提供差异化带来的独特价值，就可以得到价值溢价的回报，或在一定的价格下出售更多的产品，或在周期性、季节性市场萎缩期间获得买方忠诚等相应利益。

一般来说，差异化战略适用于产品异质性强、替代性差的行业。实施差异化战略的企业应当具有很强的研究开发及市场推广能力，具有很强的企业内部资源整合能力，能够不断地创造新的产品、市场和服务。虽然经营差异化本身包括了产品和服务品质的卓越性，但其含义远远比品质因素要广泛得多，差异化战略是通过价值链全方位为买方创造价值。差异化的代价一般较高，它不能直接降低成本，但可以通过价格溢价或增加销售量相对降低总成本。只要企业获得的总收益超过为实现差异化而追加的成本，差异化战略就会使企业获得竞争优势。

不可否认，在成本管理中，节约的有效性是不容置疑的，但事实上，在企业采用不同的竞争战略的情况下，当以保证企业产品（如售后服务）的差异化为重点时，可以适当提高成本，以达到获得竞争优势的目的。

例如，当电信运营商为一个大客户提供电路出租服务时，为了保证电路安全，运营商往往要为其提供相同带宽的备份电路（有时是客户未付费的)，企业可能为之付出了相应的质量成本和维护成本，但应看到为客户提供服务的电路安全得到了保障，也就相应提高了客户的满意程度，从而留住了客户。相反，如果企业为了节约成本，只提供小带宽备份电路或不提供备份电路，那么一旦出现电路故障，客户很可能就会流失。

3. 目标聚集战略

目标聚集战略是指企业主要服务于某个特定的顾客群或特定的产品、产品组合、产品线的一个细分区段或某一个细分市场，以取得在某个目标市场上的竞争优势。如果企业能同时取得成本领先和差异领先的竞争优势，回报将是巨大的，因为收益是累加的。差异化会带来价格溢价，与此同时成本领先意味着成本的降低。但由于各种条件的限制，全面、长期并同时取得成本领先和差异化的地位是不现实的。这种战略的前提是：企业能够集中有限的资源，以更高的效率、更好的效果为某一狭窄的战略对象服务，从而超过更广阔范围的竞争对手。目标聚集战略事实上不是一种独立形态的竞争战略，它可以以成本领先为途径来实现，也可以以差异化为形式来实现。

（二）战略成本管理在企业战略中的定位

战略成本控制以成本管理过程为轴心展开，强调的是成本控制措施的构造与选择。不论企业采取何种战略，成本问题始终是企业战略制定、选择和实施过程中需要考虑的重点问题。如何利用成本战略为企业赢得成本优势和竞争优势，是企业战略管理的重要内容，也是成本管理的重要内容，从而构成了战略成本管理的重要内容。

1. 战略成本管理要与企业战略相匹配

战略成本管理的属性决定了在成本管理领域所采取的战略措施、所采用的管理方法要与企业的基本战略相匹配，要与企业的发展阶段相适应，要与产品的生命周期阶段相匹配，同时所采取的各种战略措施之间要协调配合。战略成本管理要以企业基本战略为核心，不同的战略对成本和成本管理有不同的要求。采用成本领先战略的企业，其战略的重心是成本，企业战略主要体现为战略成本管理，两者趋于一致。采用差异化战略和目标聚集战略的企业，如何实现差异化和目标聚集是核心，战略成本管理要有助于差异化的实施和目标聚集。

企业的发展阶段不同，其目标和战略重点不同，所要求的管理战略也不同。成本管理措施的构造与选择要与企业的发展阶段相适应。成本是多种成本动因共同作用的结果，不同的战略措施对成本动因的影响各不相同，有可能引起不同的成本发生反向变动。所以，为了避免战略措施之间的冲突，所采取的各种管理战略措施之间要协调配合。越来越多的管理者将目光聚集到成本管理的战略影响上，即将成本管理与战略管理理论有机结合起来，形成战略成本管理理论。

战略成本管理包括两个层面的内容：一是从成本角度分析、选择和优化企业战略；二是对成本实施控制的战略。前者涉及企业战略中的成本，后者是在前者的基础上为了提高成本管理的有效性而对成本管理制度、方法和措施等所进行的谋划。而战略成本管理的最终目的是要提高企业竞争力。

2. 战略成本管理与企业战略的匹配关系

成本领先战略的核心是企业通过一切可能的方式和手段，降低企业的成本，成为市场竞争参与者中成本最低者，并以低成本为竞争手段获取竞争优势。成本领先战略实质上是以成本战略作为企业的基本竞争战略。

目标聚集战略分为成本聚集战略和差异聚集战略。成本聚集战略是在细分市场的成本行为中挖掘差异，寻求其目标市场上的成本优势。成本聚集战略实质上是一种低成本战略，是针对所设目标的竞争对手在细分市场上为满足某一特定需求所支付的成本高于所必需的成本而采取的竞争措施。如果一个企业能够在其目标市场上获得持久的成本领先（成本聚集）优势或者处于差异聚集地位，它便有可能获取高于平均收益水平的利润。

而差异聚集战略则是开发细分市场上客户的特殊需要，追求其目标市场上的差异优势。实施差异化战略和差异聚集战略的企业并不否定成本战略的重要性。实施差异化战略需要支付额外的成本，这种成本有时很昂贵。要想获取有别于竞争对手的差异，必须以追加成本为代价。判断战略成败的标志之一是实现差异化所增加的收入是否超过为此而追加的成本。实施差异化战略的企业必须在降低成本的同时不影响产品的性能，还要保持与竞争对手相近的成本，使企业能够以较低的成本维持产品的差异性。这一原理同样适用于实施差异聚集战略的企业。

第二节　战略成本管理的方法

战略成本管理需要一套实用的方法。从理论角度看，战略成本管理方法的构造是战略成本管理体系建设的关键内容；从实务角度看，战略成本管理方法的合理使用决定着成本管理战略目标的实现。战略成本管理的基本分析方法有很多，这些方法并非孤立的，而是有着紧密联系。例如，价值链分析法是战略成本管理的基本分析方法，也是其他分析方法的基础；SWOT 分析法适宜对企业进行环境分析；标杆法旨在提升企业日常经营活动的效率，落实成本规划。在获取企业成本优势的过程中，这些方法相辅相成，形成一个有机的方法体系。

一、价值链分析法

波特认为："每一个企业都是在设计、生产、销售、发送和辅助其产品的过程中进行种种活动的集合体，所有这些活动可以用一个价值链（Value Chian,VC）来表明。"企业的一切互不相同但又相互关联的生产经营活动形成了创造价值的动态过程，企业每项生产经营活动都是创造价值的经济活动。企业反映在价值链上所创造的价值，如果超过成本便有盈利，如果超过对手便有竞争优势。而成本作为价值创造过程中的一种代价，其分析只能放在与价值创造有关的活动之中进行。价值链分析的任务就是确定企业的价值链，明确各价值活动之间的联系，提高企业创造价值的效率，增加企业降低成本的可能性，为企业取得成本优势和竞争优势提供条件。

（一）企业内部价值链分析

企业内部价值链是企业进行价值链分析的起点。企业的每一项业务都是由设计、生产、市场营销、发货、产品和服务的支持等一系列活动组成的，这一系列活动的连接就形成了企业内部价值链。每一项活动都会带来成本，而且由于活动之间都有联系，一项活动的展开往往会影响另一项活动展开的成本，因此每一项活动的成本都会影响企业与竞争对手的整体相对成本地位。所有这些活动的成本之和构成企业内部成本，如果内部价值链上所有活动的累计成本小于竞争对手，企业就具有了战略成本优势。

企业内部价值链可分解为许多单元价值链，商品在企业内部价值链上的转移完成了价值的逐步积累与转移。价值链中的每个单元链都要消耗一定的成本，都会占用企业的一部分资产并产生价值。将企业的经营成本和资产在价值链的每一项活动中进行分配，可以估测出每一项活动的成本，再对比其创造的价值就可以衡量其作业的效率。

可见，企业内部价值链分析的目的就是找出最基本的价值链，然后分解为单独的作业，并根据其战略目标进行价值作业之间的权衡、取舍、调整，对比单元（基本）价值链的成本与效益，发现在企业内部价值链上哪些是不增值的链接，判断是否可通过价值链重构予以消除。例如，实施准时生产系统，在企业生产经营的各个环节上力求零存货；实施全面质量管理，在原材料、外购件的供应与在产品、半成品、产成品生产的各个环节上力求零缺陷；等等。

（二）行业价值链分析

一个企业的成本竞争力不仅取决于该企业的内部活动，还取决于一个更大的活动体系，即包括企业的上游供应商以及将产品送至最终用户的下游客户或联盟的价值链。在这个价值链上，企业各自发挥自己最大的优势，与其他各种有利的竞争资源相结合，弥补自身的不足和局限性，共同完成价值链的全过程。这不仅能大幅度地降低成本，实现更多的利润，还能提高企业的核心竞争能力。例如，供应商产品的适当包装能减少企业的搬运费用，并且改善价值链的纵向联系，使得企业与其上、下游企业共同降低成本，提高这些相关企业的整体竞争优势。

企业必须与处于价值链上的其他企业合作，强强联合，实现双赢，构成行业价值链，即企业外部纵向价值链。行业价值链分析就是从战略上明确企业在行业价值链中的位置，分析企业自身与价值链上游（供应商）和下游（分销商和顾客）的关系，充分利用上游与下游活动，促进成本的降低，调整企业在行业价值链中的位置与范围，把握成本优势。

通过行业价值链分析，企业可以决定是否需要实施纵向一体化战略（见图12-2）。纵向一体化是一种在供产两个方向上扩大企业规模的增长方式，可分为前向一体化和后向一体化。后向一体化是通过对原材料供应商进行收购或兼并完成的，这样做有利于企业避免原材料短缺、成本受制于供应商的危险。例如，外包就是一体化战略的逆过程，当企业一体化的收益小于一体化的成本时，就应采取外包方式将这些业务部门予以出售。通过外包，企业可以消除规模不经济的状况，减少组织成本，使企业把目光集中于对于价值链关键环节的核心业务，增强竞争力。而前向一体化通过收购批发商和零售商或建立战略联盟来降低成本实现竞争优势。例如，通过组建战略联盟，企业之间以一定的契约或资产联系起来对资源进行优化配置，成本降低的压力在集团内部传递，促使集团内的所有企业共同降低成本，提高整个集团的竞争地位。

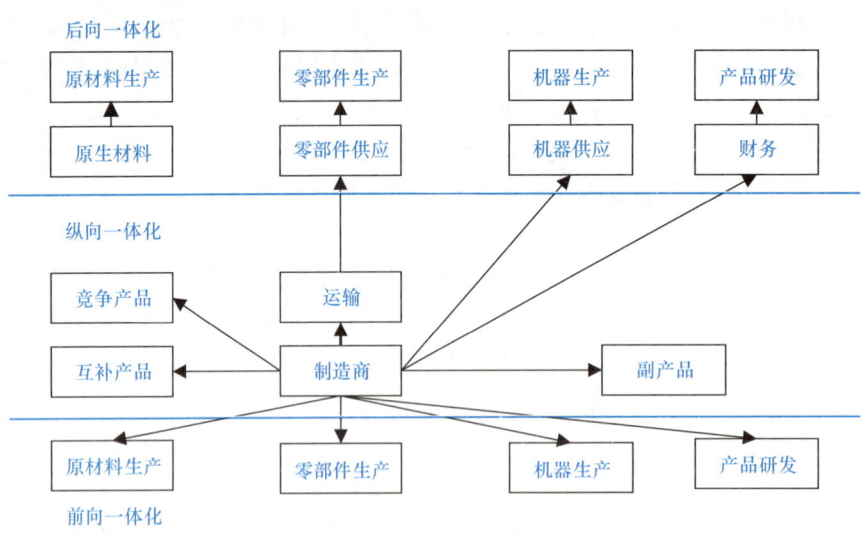

图12-2　企业价值链一体化发展示意图

在战略成本管理中，企业往往突破自身的价值链，将价值链的分析延伸到企业之外，向上延伸到与供应商协作，向下延伸到与顾客协作。每一个行业中，企业本身即位于行业价值链的某个阶段。将企业置身于行业价值链中，从战略高度进行分析，是否利用上、下游，进一步降低成本和调整企业在行业价值链中的位置及范围，往往可以十分显著地影响自身成本，甚至使企业与其上、下游共同降低成本，提高这些相关企业的整体竞争优势。例如，企业通过向供应商提供其生产进度表，使供应商能将生产所需的元器件及时运过来，同时降低了双方的库存成本。

在分析各类联系的基础上，企业可求出各作业活动的成本、收入及资产报酬率等，从而判断哪一类活动具有竞争力、哪一类活动价值较低，再决定往其上游或下游并购或将自身价值链中一些价值较低的作业活动出售或外包，以逐步调整企业在行业价值链中的位置及范围，从而实现价值链的重构，从根本上改变成本地位，提高企业竞争力。如果从更广阔的视野分析纵向价值链，就是产业结构分析，这对企业进入某一市场时如何选择入口及占有哪些部分，以及在现有市场中外包、并购、整合等策略的制定都有极其重大的指导作用。

以机械制造厂为例，机械制造厂的行业价值链可以采用纵向分析的方法，通过追踪物质实体的运动轨迹得到，金属矿山—金属冶炼公司—机械制造厂—批发商1—批发商2—零售商—消费者，在机械设备从出厂到消费者手中的过程中，经历了两个批发商和一个零售商三个环节（即三层网络），每一个环节都是一次价值增值活动，这样就抬高了市价，削弱了竞争力。如果削减一个批发商，即企业将产品卖给批发商，然后批发商将产品分销给零售商，最后只需要通过一个批发商将机械设备供应给零售商，价格显然就降低了。再进一步，如果跳过这两个环节实行直销，将零售商也甩开，企业不经过任何一个中间流通环节，直接将产品卖给消费者，那么就不存在不正当竞争，就不会存在经销商之间的压价、倾销、窜货等问题。如果企业采用直营制，像可口可乐一样直接面向零售店铺货，那么就不存在降价倾销、窜货的问题，缺点是它要求企业的分销能力很强。例如，在市场上有4万家左右零售店，如果企业要想直接面向4万家零售店铺货，那么企业所需要的人工成本会大幅度上升，所需费用会大量增加，这将会对企业的管理能力提出更高的要求。

价值链的优化，要合理考虑企业产品特点和企业自身的竞争优势。

（三）企业竞争对手价值链分析

在行业中往往存在与企业生产同类产品的竞争者，它们或者与企业处于同一价值链环节，或者跨越价值链的几个环节。竞争对手的价值链和本企业的价值链在行业中处于平行位置。通过对竞争对手价值链分析即企业外部横向价值链分析，测算出竞争对手的成本水平、成本构成与成本支出情况，并与企业产品成本一一比较，根据企业不同战略，确定扬长避短的策略，争取成本优势。此时，企业可能的战略行为就是水平一体化，通过对同类企业所有权的控制，或实行各种形式的联合经营，扩大企业经营规模和实力。

一个企业的价值链以及各项活动展开的方式往往反映出企业业务及内部运作、公司的战略、公司执行战略的途径以及各项活动的基本经济特性的演变，因此其与竞争对手的价值链往往存在差异。有时这种差异还可能是巨大的差异，既可能是由于竞争双方垂直一体化程度的不同而产生的，也可能来自其供应商所开展的活动。评价一个企业的价值和成本是否具有竞争力，除了要考察企业内部的成本之外，还需要考察对企业的竞争力有重要影响的供应商的活动和成本。

比如，通过对企业自身各经营环节的成本测算，不同成本额的公司可采用不同的竞争方式。面对成本较高但实力雄厚的竞争对手，可采用低成本策略，扬长避短，争取成本优势，使得规模小、资金实力相对较弱的小公司在大公司的压力下能够求得生存与发展；而相对于成本较低的竞争对手，可运用差异化战略，注重提高质量，以优质服务吸引顾客，而非盲目进行价格战，使自身在面临价格低廉的小公司挑战时，仍能保持自己的竞争优势。

企业充分利用价值链管理能力是建立持久竞争优势的关键，其竞争优势往往是建立在相对于竞争对手更好的技能、诀窍和能力等基础上的，换言之，是建立在具有至关重要影响的价值链活动方面，并比竞争对手做得更好的能力基础上的。企业可以创建全新的价值链体系，也可以通过重组现行价值链，剔除那些创造极少价值而成本高昂的价值链活动，以获得巨大的成本优势。

（四）价值链重构

价值链分析作为一种战略成本分析方法，主要目的是通过分析全面了解企业以上三类价值链的强与弱、优与劣，并通过价值链重构回避或者消除弱点和进一步提升优势，来增强企业竞争优势。

价值链分析分为三步：第一步要确定行业的、企业的价值链，并将收入与资产分摊到价值链的各种活动中；第二步要确认各种活动的成本动因，即分析导致各价值活动（作业）的成本元；第三步是价值链重构，即通过控制成本动因或重新优化价值链，构建具有自身特色的价值链，以取得竞争优势。在对各类联系进行深入分析的基础上，根据所处产业竞争环境的变化，企业可对其价值链进行适应性重构。例如，可通过改变产品组合、工艺流程、服务方式与服务范围，重新选择价值链的上游、下游与购销渠道或调整它们之间的联系等方式来进行价值链的剪裁与重新构建，以从根本上改变其成本地位，提高其核心竞争力。

二、战略定位分析方法

价值链分析为战略成本管理提供了一个总体分析框架，但并没有解决如何将成本管理与企业战略相结合的问题。只有通过战略定位分析，确定企业战略，才能将成本管理的特别方法与特定战略进行功能展开与运用。从战略成本管理角度看，战略定位分析就是通过战略环境分析，确定应采取的战略，明确成本管理方向，实施与战略相适应的战略成本管理。

（一）宏观环境分析的 PEST 法

宏观环境又称一般环境，是指影响一切行业和其企业的各种宏观力量。尽管根据自身特点和经营需要，不同行业和企业分析宏观环境因素的具体内容会有差异，但一般都应对政治、经济、社会和技术这四大类影响企业的主要外部环境因素进行分析。PEST 分析法（见表 12-1）是企业进行外部环境分析时较为实用的分析工具，它通过分析四大类影响企业的因素从总体上把握宏观环境，并评价这些因素对企业战略目标和战略制定的影响。

表 12-1　企业外部环境分析因素

项目	分析因素
重点	哪些环境因素正在对企业产生影响 目前哪些因素的影响最重要，未来几年变化如何
政治因素（P）	关贸总协定、竞争与环保立法、消费者保护立法、税收政策、就业政策与法规、企业与政府的关系、贸易规定等
经济因素（E）	经济周期、GNP 趋势、货币政策、利率、失业与就业、可支配收入、能源供应及成本、行业投资规模
社会因素（S）	人口数量和质量、收入分配、人群的稳定性、生活方式的变化、价值观念的变化、对工作和休闲的态度、团队合作的精神等
技术因素（T）	政府对研究的投入、政府和行业对技术创新的扶持、新技术的发明和传播速度、劳动方式的改变、劳动生产率的提高

P 即 Politics，政治因素。政治因素是指对组织经营活动具有实际与潜在影响的政治力量和有关的法律、法规等因素。当政治制度与体制、政府对组织所经营业务的态度发生变化或者政府发布了对企业经营具有约束力的法律、法规时，企业经营战略必须随之做出调整。

E 即 Economy，经济因素。经济因素是指一个国家的经济制度、经济结构、产业布局、资源状况、经济发展水平以及未来的经济走势等。

S 即 Society，社会因素。社会因素是指组织所在社会中成员的民族特征、文化传统、价值观念、年龄结构、宗教信仰、教育水平、人口规模以及风俗习惯等因素。其中，人口规模直接影响一个国家或地区市场的容量，年龄结构则决定消费品的种类及推广方式。

T 即 Technology，技术因素。技术因素不仅包括那些引起革命性变化的发明，还包括与企业生产有关的新技术、新工艺、新材料的发展及应用前景。技术革新是利润的源泉，有助于企业获取长久的竞争力。

（二）SWOT 分析

环境是影响系统运行的外部因素，是存在于控制系统之外而又影响控制系统的客观影响因素的集合体。环境对企业产生双重影响：一方面为企业发展提供机遇，另一方面又制约着企业的经营活动，甚至给企业带来风险。成本是企业业务活动过程、环境影响因素和企业内部条件相互作用的结果，受到环境影响因素和企业内部条件的强烈影响。企业有必要从战略角度分析环境可能给企业成本带来的受益机会和应当回避的威胁，以便结合内部条件分析的结果采取必要的战略措施。

1. SWOT 分析方法构成要素

优势（S）—劣势（W）—机会（O）—威胁（T）分析方法（见表 12-2），是将外部环境分析和内部条件分析结合起来形成企业成本控制战略的一种有效方法。其中，S、W 是内部因素，O、T 是外部因素。

表 12-2 SWOT 的构成要素

外部环境		内部条件	
外部威胁	外部机会	内部优势	内部劣势
市场增长较慢	纵向一体化	成本优势	设备老化
行业成本水平提高	市场快速增长	知识产权	战略方向不明确
竞争压力较大	互补产品销量增加	竞争优势	竞争地位恶化
新的竞争者加入本行业	新的消费者加入	特殊能力	产品线范围太窄
替代品销售量或销售额逐步增加	市场容量逐步变大	产品创新	技术开发滞后
用户讨价还价能力增强	有合并或重组的机会	具有规模效益	资金周转困难
用户偏好逐步改变	在同行业中竞争业绩良好	适应力强的经营战略	不明原因导致的利润下降
通货膨胀的影响	拓宽产品线满足用户需求	公认的行业领导者	营销水平低于同行业其他企业
		良好的财务资源	相对竞争对手成本过高及其他
		其他	设备恶劣

将 SWOT 分析运用于企业成本战略分析可以发挥企业优势，利用机会克服弱点，回避风险，获取或维护成本优势，将企业成本控制战略建立在对内外部因素分析及对竞争态势的判断等基础上。SWOT 分析的核心思想是通过分析企业外部环境与内部条件，明确企业优势、机会、弱点和风险，并将这些机会和风险与企业优势和弱点结合起来，形成企业成本控制的不同战略措施。

2. SWOT 分析的基本步骤

（1）分析环境因素。运用各种调查研究方法，分析公司所处的各种环境因素，即外部环境因素和内部能力因素。外部环境因素包括机会因素和威胁因素，它们是外部环境中对公司的发展直接有影响的有利和不利因素，属于客观因素；内部能力因素包括优势因素和劣势因素，它们是公司在其发展中自身存在的积极和消极因素，属主动因素，在调查分析这些因素时，不仅要考虑到历史与现状，而且要考虑未来发展问题。

（2）构造 SWOT 矩阵。将调查得出的各种因素根据轻重缓急或影响程度等排序，构造 SWOT 矩阵。在此过程中，将那些对公司发展有直接的、重要的、很大的、迫切的、久远的影响的因素优先排列出来，而将那些有间接的、次要的、少许的、不急的、短暂的影响的因素排列在后面。

（3）制订行动计划。在完成环境因素分析和 SWOT 矩阵的构造后，便可以制订相应的行动计划。制订计划的基本思路是：发挥优势，克服劣势，利用机会，化解威胁；考虑过去，立足当前，着眼未来。运用系统分析和综合分析方法，将排列与考虑的各种环境因素匹配起来加以组合，得出一系列公司未来发展的可选择对策。在 SWOT 分析之后需用 USED 技巧来产出解决方案，USED 是四个单词的首字母，如用中文的四个关键字，会是"用、停、成、御"。SWOT 分析在最理想的状态下，是由专属的团队来完成的，一个 SWOT 分析团队，最好由一个会计相关人员，一位销售人员、一位经理级主管、一位工程师和一位专案管理师组成。

3．SWOT 分析的组合模型

将企业与成本相关的优势（S）、劣势（W）和机会（O）、威胁（T）组合起来，形成四种不同的应对措施。因此，SWOT 分析有四种不同类型组合（见表 12-3）：优势—机会（SO）组合、劣势—机会（WO）组合、优势—威胁（ST）组合和劣势—威胁（WT）组合。

表 12-3　SWOT 分析的组合类型

	优势 S＝{S1，S2，S3，…}	劣势 W＝{W1，W2，W3，…}
机会 O＝{O1，O2，O3，…}	SO 组合：依靠内部优势；利用外部机会	WO 组合：克服内部劣势；利用外部机会
威胁 T＝{T1，T2，T3，…}	ST 组合：依靠内部优势；回避外部威胁	WT 组合：克服内部劣势；回避外部威胁

注：O1 代表机会 1，O2 代表机会 2；其他以此类推。

（1）优势—机会（SO）战略是一种发挥企业内部优势与利用外部机会的战略，是最理想的战略模式。当企业具有特定方面的优势，而外部环境又为发挥这种优势提供有利机会时，可采取该战略。例如，在产品市场前景良好、供应商规模扩大和竞争对手有财务危机等外部条件下，配以企业市场份额提高等内在优势、扩大生产规模的有利条件。再如，企业获得一项专利技术，大幅降低成本，同时市场需求上升。针对这种情况，企业应采取加大投资促进发展的措施，将成本优势转化为竞争优势。

（2）劣势—机会（WO）战略是利用外部机会来弥补内部弱点，企业改变劣势而获取优势的战略。这种情况下，企业通常有两种战略可供选择：一是主动放弃；二是克服弱点，积极利用市场机会，如与竞争对手联合或模仿竞争对手。例如，若企业弱点是原材料供应不足和生产能力不够，从成本角度看，前者会导致开工不足、生产能力闲置、单位成本上升，进而因生产能力不足加班加点而导致一些附加费用。在产品市场前景较好的前提下，企业可利用供应商扩大规模、新技术设备降价、竞争对手财务危机等机会，实施纵向整合战略，重构企业价值链，以保证原材料供应，同时可考虑购置生产线来克服生产能力不足及设备老化等弱点。通过克服这些弱点，企业可进一步利用各种外部机会，降低成本，取得成本优势，最终赢得竞争优势。

（3）优势—威胁（ST）战略是指企业利用自身优势，回避或减轻外部威胁所造成的影响。如竞争对手利用新技术大幅度降低成本，给企业带来成本压力；原材料供应紧张，其价格可能会上涨；消费者要求大幅度提高产品质量；企业还要支付高额环保成本等问题都会导致企业成本状况进一步恶化，使之处于非常不利的竞争地位。但若企业拥有充足现金、熟练的技术工人和较强的产品开发能力，便可利用这些优势开发新工艺，简化生产工艺过程，提高原材料利用率，从而降低材料消耗和生产成本。另外，开发新技术产品也是可选择的战略，新技术、新材料和新工艺的开发与应用是最具潜力的成本降低措施，同时也可提高产品质量，回避外部威胁。

（4）劣势—威胁（WT）战略是一种旨在减少内部弱点，回避外部威胁的防御性战略。当企业存在内忧外患时，往往面临生存危机，降低成本成为改变劣势的主要措施。若企业成本状况恶化，原材料供应不足，生产能力不够，无法实现规模效益，且设备老化，使企业在成本方面难以有大作为，将迫使企业采取目标聚集战略或差异化战略，以回避成本方面的劣势，并回避成本动因带来的威胁。

三、产品成本战略定位方法

（一）产品生命周期成本法

产品生命周期理论认为，任何产品从导入市场到最终退出市场都是一个有限的生命周期。从生产经营者角度来看，产品生命周期指产品从"孕育"到"消亡"的全过程，包括产品研究和初始设计、产品开发和测试、生产作业、市场营销、顾客使用、产品（生产设施）废置等六个阶段。产品在上述六个阶段中所发生的全部耗费，即产品生命周期成本。目前，产品废置之后对环境的影响所造成的产品废置成本也被考虑进来，以全面地反映其生命周期成本。

产品生命周期成本法具有以下特点：第一，关注产品相关的收入和成本，克服了传统成本管理只重视制造成本，而忽略上游领域（如研究与开发）和下游领域（如客户服务）成本的缺点；第二，突出产品生命周期中各阶段成本发生比率的差异，有利于明确成本管理的重点，突出各类成本之间的联系。产品生产各个环节的成本往往存在此消彼长的关系，如不联系起来考虑，则所提供的信息与战略决策可能缺乏相关性。企业为了取得竞争优势，最主要的是满足顾客在质量、价格、交货期等方面的要求，因此不得不重视产品生命周期成本，尽可能降低顾客使用成本。

全面计量与分析产品生命周期成本，目的有三个：一是帮助企业更好地计算产品的全部成本，便于企业在将产品推向市场之前，做好总体成本效益预测，以决定开发该产品是否有利可图；二是帮助企业根据产品生命周期成本各阶段的分布状况来确定成本控制的主要阶段，而产品成本在产品设计阶段已基本确定，以后各阶段只能在这一框架内进行小幅调整，成本降低空间不大；三是由于扩大了对成本的理解范围，有利于在产品设计阶段便考虑顾客使用与产品废置成本，以更有效地管理这些成本。

（二）目标成本规划法

20世纪60年代，目标成本规划法由日本丰田汽车公司发明，它大幅度提高了日本工业企业（尤其是汽车制造业）的经济效益与竞争实力。20世纪80年代以来，这一方法被欧美许多著名企业（如福特汽车）相继采用，大大改进了其成本与财务状况。

目标成本是指企业在新产品开发设计过程中，为了实现目标利润而必须达到的成本目标值，即产品生命周期成本下的最大成本允许值。目标成本规划法的核心工作就是制定目标成本，并且通过各种方法不断地改进产品与工序设计，最终使得产品的设计成本小于或等于其目标成本。这一工作需要由包括营销、开发与设计、采购、工程、财务与会计甚至供应商与顾客在内的设计小组或工作团队来进行。

目标成本规划法的主要操作过程如下：

1. 制定目标成本

由于"目标成本＝目标售价－目标利润"，制定目标成本主要分三步：首先，在大量市场调查的基础上，根据客户认可的价值和预期的竞争程度，估计出产品目标价格；其次，根据企业中长期的目标利润计划，考虑对投资报酬与现金流量的期望等因素确定目标利润（率），计算企业目标利润；最后，由目标价格减去目标利润得到目标成本。

2. 分解成本差距，确定改进途径

目标成本确定之后，可与公司目前的相关产品成本相比较，确定成本差距。而这一差距就是设计小组的成本降低目标，也是其所面临的成本压力。设计小组可把这一差距从不同角度进行分解，如可分解为各成本要素（原材料、配件、人工等）或各部分功能的成本差距，也可按上述设计小组内的各部门（包括零部件供应商）来分解，以使成本压力得以分配和传递，并为实现成本降低目标指明具体途径。

3. 确定产品与工序设计方案

找出成本差距后，设计小组可运用质量功能分解、价值工程法、流程再造法等方法来寻找满足要求的产品与工序设计方案。质量功能分解旨在识别顾客需求，并比较分析其与设计小组计划满足的需求的差距，以支持价值工程的设计过程。价值工程法是一种评价与改进设计方案、实现成本降低目标、提高产品价值的系统性方法：一是在保证产品功能的前提下，削减其零部件成本和制造成本；二是通过削减不必要的产品功能来降低成本。流程再造法通过对已设计的或已存在的加工过程进行再设计，进一步降低成本。

（三）标杆法

取得成本优势和竞争优势，有赖于通过分析竞争态势和竞争对手揭示竞争对手的价值链、其所采用的基本战略和其降低成本的战略措施，以此明确企业的相对成本地位和应该采取的成本改进措施。采用标杆法有助于该目标的实现。

标杆法是指通过将企业业绩与已存在的最佳业绩进行对比，以寻求不断改善企业作业活动、提高企业业绩的有效途径和方法。这一分析方法提供了公司与最佳业绩者之间现在和未来的成本差异，反映了公司所处相对位置，并指出了改进的具体目标与途径，在削减成本的同时改进企业产品和过程特性，提升战略地位。最佳业绩通常有内部标杆、竞争对手标杆和通用标杆三类。比较理想的是与竞争者比较，即使用竞争标杆来确认竞争中最佳实务者，判断其取得最佳实务的因素以资借鉴，这实质上是分析竞争对手。

标杆法的操作过程主要有三步：首先，估计竞争对手的各项成本指标，如找出竞争对手的供应商以及其提供的零部件的成本，分析竞争对手的人工成本及其效率，评估竞争对手的资产状态及其利用能力等，此外，还可采用拆卸分析法将竞争对手的产品分解为零部件，以明确产品的功能与设计特点，推断产品的生产过程，对产品成本进行深入了解；其次，根据竞争对手其他信息调整上述估计指标，如竞争对手现在及未来战略及其所导致的成本水平变化、企业环境的新趋势以及产业的潜在进入者的行为；最后，当竞争对手成本结构的可接受的估计被确定下来之后，企业可以使用这一成本信息作为计量自身成本业绩的标杆，即以此作为目标和尺度来进行系统的、有组织的学习与超越。

利用标杆法进行竞争对手分析要注意以下三点：第一，要明确谁是企业的真正竞争对手。第二，要明确竞争对手所采用的基本竞争战略，因为它决定了企业对成本采取的措施。采用成本领先战略的企业以低成本为第一目标，使用各种方式和手段来降低成本；采用差异化战略的企业则以差异化为第一目标，降低成本的方式和手段以不影响企业差异化为限度；实行目标聚集战略的企业以占领

特定细分市场为目标，在特定细分市场里，它们仍然会采用成本聚焦或差异化战略。成本标杆分析应该分析采用相同基本竞争战略的竞争对手，这是最具有价值的。第三，要分析竞争对手的价值链和成本动因，并与企业自身价值链和成本动因比较。若竞争对手向目标市场提供相似产品或服务，并采用相同的基本竞争策略，且双方所处的市场环境基本相同，分析重点应是企业内部因素。

标杆分析在成本控制中的用途是多重的。首先，它是企业进行优势与弱势分析的有效手段，能确定竞争者中最佳实务及其成功因素，并且通过价值链和成本动因分析后，能认识企业自身的优势与威胁，是 SWOT 分析方法的基础。其次，标杆分析可以改进企业实务，通过与最佳实务相比，明确企业需改进的方面，并提供方法与手段。最后，标杆分析为业绩计量提供了一个新基础，它以最佳实务为标准计量业绩，使各部门目标确定在先进水平的基础上，使业绩计量具有科学性并起到指针作用。

（四）持续改善成本法

持续改善成本法源于日语的"Kaizen"，意指小的、连续的、渐进的改进。持续改善成本法是指企业通过改进一系列生产经营过程中的细节活动，如持续减少搬运等非增值活动、消除原材料浪费、改进操作程序、提高产品质量、缩短产品生产时间、不断地激励员工等，来获取竞争优势。该方法的指导思想是企业有能力不断地降低产品成本，这是一种永无止境、目标不断提高的成本管理思想和方法，这种成本意识是企业长期保持成本优势的基础。设计过程中，确定的产品各功能和企业各部门的目标成本是产品制造及销售过程的成本控制依据，在这个过程中，企业可利用持续改善成本法来逐步降低成本以达到或超过这一目标，并分阶段、有计划地达到预定的利润水平。

四、成本动因分析法

价值链分析和战略定位分析能帮助企业确定其应采取的成本管理战略，但为进一步明确成本管理的重点，还需要找出企业成本的驱动因素，将成本控制在目标以内，保证成本管理战略的有效性，促进企业战略目标的实现。

成本动因是指导致企业成本发生的所有因素，也就是成本驱动因素。成本是多重成本动因共同作用的结果，各相关成本动因结合起来可以决定一种既定活动的成本。成本动因或多或少能够置于企业控制之下，想控制成本，就要控制引起成本发生和变化的原因。而成本动因分析能够揭示影响企业成本的因素，指出企业应采取什么方法来控制这些因素，以更好地为战略成本管理系统服务，实现战略成本管理的目标。

按照所涉及的层面和领域，成本动因分析包括战术层面的作业成本动因分析和战略层面上的成本动因分析，丹尼尔·赖利进一步将战略成本动因划分为结构性成本动因和执行性成本动因两类（见图 12-3）。能够与企业战略相匹配的是战略成本动因分析，战略成本动因分析超出了传统成本分析的狭隘范围，以更宽广的视野，采用与战略相结合的方式来分析成本是否应该发生，这也是战略成本管理的内在要求。

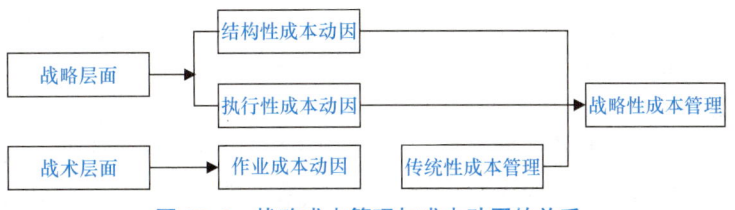

图 12-3　战略成本管理与成本动因的关系

（一）结构性成本动因分析

大部分企业成本在其具体生产经营活动展开之前就已被确定，这部分成本的影响因素即称为结构性成本动因。结构性成本动因是指与组织企业基础经济结构和影响战略成本整体相关的成本驱动因素。波特认为，影响企业价值活动的十种结构性成本驱动因素（即成本动因）分别是：规模经济、学习、生产能力利用模式、联系、相互关系、整合、时机选择、自主政策、地理位置和机构因素。

结构性成本动因从深层次上影响企业成本地位。例如，产业政策、产业规模、厂址选择、市场定位、工艺技术与产品组合的决策等，将会长久地决定其成本地位。结构性成本动因分析的是以上成本驱动因素对价值链活动成本的直接影响以及它们之间的相互作用对价值链活动成本的影响，最终可归纳为一个"选择"问题。例如，企业采用何等规模和范围、如何设定目标和总结学习经验以及如何选择技术和多样性等，这种选择能够决定企业"成本地位"。

为了创建长期成本优势，企业应比竞争对手更有效地控制这类成本动因。如美国西南航空公司为了应对激烈竞争，将其服务定位在特定航线而非全面航线的短途飞行，避免从事大型机场业务，采取取消用餐、订座等特殊服务，以及设立自动售票系统等措施来降低成本。最终，其每日发出的众多航班与低廉的价格吸引了众多短程旅行者，得以建立成本领先优势。

企业通过价值链分析和战略定位分析明确基本的成本定位以后，就应该深入规模、业务范围、经验、技术、多样性和厂址等结构性成本动因的选择或配置。规模的大小、范围上的垂直整合程度、经验积累的多少、低取得成本的旧技术与高取得成本的新技术之间的取舍、产品的多样性与专一性、厂区所处的地理位置与交通条件是否便利等，这类取舍与权衡显然受到企业上层战略的制约，其结果又对企业产品成本高低及其结构产生决定性影响。结构性成本动因分析就是从影响企业成本高低的关键因素入手，以企业基础经济结构的战略选择为出发点，分析战略成本。

（二）执行性成本动因分析

执行性成本动因是指与企业执行作业程序相关的成本驱动因素，通常包括劳动力对企业投入的向心力、全面质量管理、能力利用等。在企业基础经济结构既定的条件下，通过执行性成本动因分析，可以提高各种生产执行性因素的能动性及优化它们之间的组合，使价值链活动达到最优化，从而降低价值链总成本。尤其应注意分析与控制在总成本中占有重大比例或比例正在逐步增长的价值活动的资源动因，如可通过减少作业人数、降低作业时间、提高设备利用率等措施来减少资源消耗、提高作业效率和降低产品成本。

与结构性成本动因分析不同，劳动力参与、全面质量管理、生产能力利用、工厂布局的效率、产品外观、内部职能联系等都是执行性成本动因分析的对象。一般来说，企业为降低成本而采取的措施往往强调劳动力的全员参与，这也是出自长期、持续地降低成本的考虑。全面质量管理中，质量成本控制的理念要贯穿从原材料的购入、加工生产到产品的售后服务的全过程。例如，生产能力利用与厂内布局都是为提高效率而采取的强化措施。产品外观则往往结合技术成本的因素加以考虑，其目的也是针对成本高盈利目标采取措施。价值链各环节间的联系，也需要企业将生产的组织与实施很好地统一起来，以实现对"空间过程"成本的控制。

执行性成本动因分析，是在结构性成本动因确定以后对企业的基本作业程序所做出的规划，是对企业既定战略选择下成本管理战略的细化。

（三）作业成本动因分析

战术层面的作业成本动因与企业的具体生产作业相关，普遍存在于企业日常生产经营过程的有关作业之中，如采购订单数量、检验次数、物品搬运次数、产品产量、客户订货单数量、设备运转时间和设备检修时间等。

（四）成本动因的相互作用

尽管某一个成本动因可能对一类价值活动的成本产生最大影响，但一项成本的发生通常取决于若干个成本动因的相互作用。这种相互作用分为两种形式：相互加强或相互对抗。例如，规模经济或学习效应可以强化企业在时机选择中的优势，而纵向整合的成本优势也可能被生产能力利用不足所抵消。企业还应重视分析各成本动因之间的相互作用，以避免成本动因间的相互抵触，并充分利用成本动因间相互加强的效果来获得持久竞争优势。

结构性成本动因分析要求从战略成本管理的视野来选择企业的规模、业务范围、经验、技术、产品多样性和厂址等，旨在通过对企业的基础经济结构的合理安排，促进企业成本竞争优势的形成。执行性成本动因分析要求从战略成本管理的视野来强化企业的劳动力参与、全面质量管理、生产能力利用、工厂布局的效率性、产品外观、内部职能联系等方面的作业程序安排，为战略成本管理目标的实现提供效率保证。

第三节　战略成本管理的具体措施

战略成本管理需要一套实用的方法措施。从理论角度看，战略成本管理方法措施的选择是战略成本管理体系建设的关键内容；从实务角度看，战略成本管理方法措施的合理使用决定着成本管理战略目标是否能够实现。战略成本管理的方法措施体系在内容上包括分析成本抉择关系、改变成本发生条件、健全成本保障制度等。

一、分析成本抉择关系

成本是多重成本动因共同作用的结果，没有一种成本动因会成为企业成本地位的唯一决定因素。成本管理涉及诸多的相互对立、相互冲突的成本动因。

抉择关系是指在相互对立的事物中保持可以接受的平衡，而成本抉择关系是指特定成本动因、措施和方法变动所引起的不同方面成本之间的反向变化关系，以及成本变动与收益变动之间的关系。成本抉择关系主要表现为活动方式和政策措施的变化导致多个成本（两个及以上）之间的反向变化。

一方面，一项成本管理措施的实施往往会引起不同方面的成本发生反向变化。成本的代偿性特征揭示出成本的构成要素之间存在一定的代偿性，一种构成要素的增加有可能减少另一种构成要素的消耗，一种成本的降低有可能以另一种成本增加为代价，低技术装备程度发生较低的折旧费用等有可能要以较高的材料、动力、人工消耗为代价，低质材料发生较低的材料采购成本可能要以较高的人工等加工费用为代价，等等。为了避免采用相互矛盾的措施，成本管理需要进行成本抉择关系分析以揭示成本间的变动关系。

另一方面，成本关联到质量、效率、产品价格等因素，这些错综复杂关系的存在使成本管理面临一系列的抉择关系分析。为了避免采用相互矛盾的措施，成本管理还要进行成本抉择关系分析以揭示成本与关联因素之间的变动关系。

成本抉择关系分析主要包括：成本与质量抉择关系分析、成本与效率抉择关系分析、成本与竞争能力抉择关系分析、成本之间的抉择关系分析，以及成本与收益抉择关系分析。其中，较为典型的成本抉择关系分析包括经济订货批量模型、等级材料和替代材料的选择、设备技术性能的选择、生产组织方式的选择等。这些分析旨在揭示成本之间、成本与相关因素之间的变动关系，以便采取有效的控制措施，避免采用相互矛盾的措施。

二、改变成本发生条件

管理成本要从成本发生的源流着手，成本管理的重点内容应该是成本发生的源流，成本管理措施的着力点也应该是成本发生的源流。选择战略成本管理措施的重点要放在成本发生的源流上，成本发生的源流包括时间源流、空间源流和业务源流。从成本发生的角度来看，成本发生的基础条件是成本发生的三大源流的交汇点。

成本的源流管理思想揭示出，控制成本发生的基础条件是成本降低的深刻根源。以改变成本发生的基础条件为目的的措施主要有：

（1）重构价值链。拥有根本优势的企业，其价值链往往与竞争对手的价值链存在显著差异。重构价值链能从根本上改变企业的成本结构，为进一步降低成本提供新的基础。

（2）控制成本动因。企业的成本地位源于其价值活动的成本行为，成本行为取决于成本动因。成本动因控制的重点内容应该是规模经济、企业政策、技术措施及其时机选择、时间成本与质量成本管理、改善成本动因之间的联系等。控制成本动因要避免采用相互矛盾的措施。

（3）长期成本计划与目标成本管理。价值链重构、成本动因控制和成本抉择关系分析构成了成本控制内部条件分析的主要方面，战略成本分析为明确应该采取的战略方法和措施提供了依据。而为了满足获取成本优势、提高企业利润和降低成本的要求，企业还需要采取长期成本计划与目标成本管理等科学管理方法控制成本。

三、健全成本保障制度

战略成本管理保障体系包括制度保障体系、组织保障体系和成本预警分析系统三个方面。

（1）采用制度保障措施是实现战略成本管理的制度性保障。战略成本管理的制度保障措施是以日常成本管理为主要目的的一种制度性控制方法。制度性控制方法是指能够通过制度进行规范，并有可能与成本预算制度结合运用的方法，主要包括责任成本制度、标准成本（或定额成本）制度等。

（2）保障措施体系是实现战略成本管理的组织保障。采用成本管理保障措施是为了保证成本管理方法措施的有效性。管理者应将目光聚集到成本管理的战略影响上，即将成本管理与战略管理理论有机结合起来，形成战略成本管理理论。

（3）成本预警分析是实现战略成本管理的前提。

本章小结

战略成本管理是企业运用一系列成本管理方法来降低成本和提升战略地位的一种管理行为。战略成本管理具有成本管理目的的长期性、成本管理领域的开放性、成本管理的重点转移和成本管理的方法更新四个特点。战略成本管理的关键是做好企业的战略定位：一是要确定企业战略的类型（成本领先战略、差异化战略、目标聚集战略）；二是要确定战略成本管理在企业战略中的定位。战略成本管理的基本方法包括价值链分析法、战略定位分析法（PEST分析法、SWOT分析法）、产品成本战略定位方法（产品生命周期成本法、目标成本规划法、标杆法、持续改善成本法）和成本动因分析法。战略成本管理的措施包括分析成本抉择关系、改变成本发生条件和健全成本保障制度等。

复习思考题

1. 简述战略成本管理的含义和特点。
2. 战略成本管理的具体措施是什么?
3. 产品成本战略的定位方法有哪几种?
4. 简述SWOT分析法的基本步骤和组合类型。

参考文献

[1] 王秀芬，张桂玲，王佳凡. 成本管理会计［M］. 北京：清华大学出版社，2023.
[2] 本书编写组. 财务成本管理［M］. 北京：中国财政经济出版社，2023.
[3] 张海梅. 管理会计［M］. 上海：立信会计出版社，2023.
[4] 宋粉鲜. 成本与管理会计［M］. 上海：立信会计出版社，2022.
[5] 尹美群. 成本管理会计［M］. 北京：高等教育出版社，2022.
[6] 崔国萍. 成本管理会计［M］. 北京：机械工业出版社，2021.
[7] 朱琦，南玮玮. 成本管理会计［M］. 北京：北京理工大学出版社，2019.
[8] 王冰. 成本会计［M］. 上海：同济大学出版社，2017.